한 눈에 들어오는 컴퓨터 보조 번역

정채관·현성필

SDL Trados Studio 입문

INU 인천대학교 출판부

축사 및 추천사

"4차 산업혁명 시대에 걸맞은 인공지능 자동번역과 인간 번역가의 협업을 위한 입문서이다."

권혁승 교수 / 서울대학교 영어영문학과

"이 책은 인공지능 자동번역과 인간 번역가의 협업을 위한 명쾌한 입문서이다."

전지현 교수 / 이화여자대학교 국제사무학과

"기술번역가를 꿈꾸는 학생들에게 훌륭한 입문서이다."

이혜경 교수 / 아주대학교 영어영문학과

"인공지능과 머신러닝의 시대로 접어들며 많은 교육적 변화와 도전이 계속되고 있다. 이 책은 국내에서 드문 컴퓨터 보조 번역에 관한 교재로서 연구자와 학습자들에게 기계 번역에 대한 실질적인 솔루션을 제공할 것이다."

권선희 교수 / 부산외국어대학교 영어학부

"4차산업을 선도하는 신개념 번역의 노하우를 소개하는 교재이며, 초연결시대에 꼭 필요한 필독서이다."

조기석 교수 / 사이버한국외국어대학교 영이학부

"인공지능 번역의 미래를 확인하고 이에 대비할 수 있는 최상의 입문서이다."

이상모 센터장 / 한국법제연구원 법령번역센터

"국내 번역 산업에 새로운 이정표가 될 SDL Trados Studio 입문서 출간을 진심으로 축하합니다."

곽권기 부장 / SDL Korea

"어려운 기술번역의 세계, 긴 팔을 뻗어 스위치로 불을 밝힌 것처럼 알게 되면 모든 게 쉬워질 것이다."

김영택 대표 / (주)솔트룩스파트너스

"신규 번역사, 번역 업계에 취업하려는 취준생 분들을 비롯해 번역회사 내에서도 CAT Tool 교육 시 꼭 필요했던 교재입니다."

이상환 부사장 / 무사이스튜디오

"SDL Trados Studio가 한국에 출시된 지 20년이 넘도록 국내 사용자를 위한 변변한 설명서가 없어서 아쉬웠는데, 이렇게 집대성한 책이 나오게 되어 정말 기쁘다. AI 번역 시대에 더욱 필수적인 도구가 된 SDL Trados Studio를 이제 국내 사용자도 쉽게 배워서 작업에 적극 활용할 수 있게 되기를 바란다."

조유미 본부장 / (주)이포넷

"컴퓨터 보조 번역이라는 학문에 관한 이해를 높일 수 있는 책일 뿐 아니라 전 세계적으로 널리 사용되는 SDL Trados Studio 입문에 도움이 되는 책이다."

최향미 대표 / (주)베리타스

"『한 눈에 들어오는 컴퓨터 보조 번역: SDL Trados Studio 입문』은 SDL Trados Studio라는 새로운 도구와 기술을 채택하여 번역에 생산성을 높이고 더 빠른 결과를 제공함으로써 어렵다고 생각했던 번역에 길라잡이가 되어줄 것이다."

열린출판

목 차

감사의 말

이 책은 4차 산업혁명 시대에서 인간 전문 번역가가 더 주목받을 수 있는 새로운 번역 방법에 관한 학문적 탐색과 기계 번역 후 편집과정을 통한 취업 및 창업에 관심 있는 다양한 독자를 위한 책입니다.

이 책의 토대는 2019년부터 2020년까지 [대학혁신지원사업]의 하나로 사회 수요를 반영한 유망 분야 직무 능력 향상에 필요한 교육과정을 단기 비교과로 운영한 Nano Degree 교육과정입니다. 이 과정을 통해 진행한 컴퓨터 보조 번역 실무 교육(2019), 컴퓨터 보조 번역 실무 및 응용(2020)이 이 책을 준비하는 데 도움이 되었습니다. 지원을 아끼지 않은 국립인천대학교 교육혁신원 이창연 원장님, 장진주 선생님, 노지현 선생님의 노고에 감사드립니다. 이 책이 출간되기 전에 원고 검토를 해주신 국립인천대학교 코퍼스연구소 김태국 초빙위원님께 감사드립니다. SDL Trados Studio 실습 도움과 다양한 지원을 아끼지 않은 SDL Korea 곽권기 부장님을 비롯한 SDL Korea 관계자 여러분께도 감사드립니다.

흔쾌히 축사 및 추천사를 주신 서울대학교 영어영문학과 권혁승 교수님, 이화여자대학교 국제사무학과 전지현 교수님, 아주대학교 영어영문학과 이혜경 교수님, 부산외국어대학교 영어학부 권선희 교수님, 사이버한국외국어대학교 영어학부 조기석 교수님, 한국법제연구원 법령번역센터 이상모 센터장님, (주)솔트룩스파트너스 김영택 대표님, 무사이 스튜디오 이상환 부사장님, (주)이포넷 조유미 본부장님, (주)베리타스 최향기 대표님, 열린출판에 감사드립니다. 정신적·물질적 지원을 아끼지 않으셨던 국립인천대학교 경영학부 겸 인천대학교출판부 김창희 교수님, 꼼꼼한 편집으로 늘 고생하신 이기원 선생님을 비롯한 관계자 여러분께 진심으로 감사의 말씀을 전합니다.

마지막으로 이 책이 출간되기 전까지 배려해준 가족에게 감사드립니다.

2021년 2월 송도에서
정채관 · 현성필

머리말

인공지능을 활용한 자동번역의 점진적 품질향상으로 인간 번역가 직업이 사라질 것으로 보는 시각이 있었지만, 유럽에서는 오히려 '기계 번역 후 편집'(Machine Translation Post Editing MTPE) 과정이 개발되어, 인공지능 자동번역을 통한 초벌 번역 후 이를 편집 및 검토하고, 재검토하는 일을 인간 번역가가 하게 되는 새로운 직업이 생겨났다. 회사의 명운을 가르는 계약서, 입찰서류, 인증문서, 감사보고서 등을 인공지능 자동번역에 의존할 수는 없으며, 이러한 기조는 인공지능 자동번역의 품질이 향상되고 정교화되더라도 100% 신뢰할 수 있을지는 미지수이다. 인공지능 자동번역으로 인간 번역가의 직업이 사라질 것이라는 주장과 달리 고부가가치의 인간 번역가 직업은 유지될 수밖에 없는 상황이 되었다.

이 책은 번역에 관심 있는 독자를 위한 실용서일 뿐 아니라, 기존 번역과 기계 번역의 차이점, 번역의 뉘앙스 등을 다룬다. 현재 유럽 대학을 중심으로 개설되어 운영되고 있는 '기계 번역 후 편집'이라는 새로운 학문 영역 탐색을 통한 학술적 기여도 할 수 있을 것으로 판단된다. 이 책에서 채택하여 설명하는 SDL Trados Studio는 국제적으로 널리 사용되는 컴퓨터 보조 번역 도구이며, 국제적인 문서 편집기인 MS Word와 비슷한 위상을 보유한다. 이 책에서는 국내뿐 아니라 해외의 글로벌 번역회사들이 SDL Trados를 사용하여 번역의뢰를 하는 상황임을 고려하여, SDL Trados Studio 입문서를 쉽게 이해할 수 있도록 출간하여 컴퓨터 보조 번역에 관심 있는 학생, 직장인, 주부, 퇴직자, 취업준비생 등에게 새로운 진로와 창업을 제안하는 계기가 되기를 희망한다.

한 눈에 들어오는 컴퓨터 보조 번역

정채관·현성필

SDL Trados Studio 입문

INU 인천대학교 출판부

1 장 번역이란?

1.1 번역이란 무엇인가?

영어 'translation'(번역)은 라틴어 'translatio'에서 유래하였다. 'trans'와 'latio'를 합쳐 한 언어에서 다른 언어로 텍스트를 전달하다(또는, 보내주다)는 의미를 갖는다. 학자마다 주장하는 바가 다르지만, 흔히 '한 언어'를 '출발어(Source Language, SL)', 또는 '출발 텍스트(Source Text, ST)'라고 부르고, '다른 언어'를 '도착어(Target Language, TL)', 또는 '도착 텍스트(Target Text, TT)'라고 부른다. 어떤 학자는 '한 언어'를 'A언어(A Language, AL)'이라고 부르고, '다른 언어'를 'B언어(B Language, BL)'이라고 부르기도 한다. 예컨대, 코난 도일(1887)이 쓴 『The Adventure of Sherlock Homes』를 한국어로 번역하면 『셜록 홈즈의 모험』이 된다. 이때, 영어인 'The Adventure of Sherlock Homes'가 출발어, 출발텍스트, A언어이고, 한국어인 '셜록 홈즈의 모험'가 도착어, 도착텍스트, B언어가 된다(이후 이 책에서는 출발어, 출발텍스트, A언어를 통칭하여 'ST'라 칭하고, 도착어, 도착텍스트, B언어를 통칭하여 'TT'라고 부른다).

번역의 정의가 학자마다 다를 수 있지만, 분명한 것은 번역이란 것이 단순히 표면적으로 보여지는 '한 언어'를 단어 대 단어로 '다른 언어'로 전달하는 것이 아니라 출발부터 도착까지 중간에 분석, 전환, 재구성 등의 과정이 있다는 점이다. 앞서 예를 든 『The Adventure of Sherlock Homes』를 한국어로 번역하면 『셜록 홈즈의 모험』이지만, 시중에는 『셜록 홈즈의 대모험』이나 『명탐정 셜록 홈즈의 모험』 등 다양한 한국어로 출간된 경우가 꽤 있다. 단순한 '모험'이 아니라 '대모험'이라고 부르며 독자에게 더 흥미를 유발하고, 셜록 홈즈 앞에 '명탐정'을 추가함으로써 셜록 홈즈가 누구이고 뭐 하는 사람인지(혹은, 무엇인지) 잘 모르는 독자에게 힌트를 주기도 하는 것이다.

1.2 번역하는 사람들

번역을 하는 사람을 부르는 호칭은 다양하며, 번역하는 이유도 다양하다. 정호정(2007, pp. 58-60)은 "번역자는 전문적, 직업적 자격을 갖추지 않는 사람이 부수적 업무의 일부로서 혹은 외국어 학습 등의 목적을 갖고 번역을 수행하는 사람", "번역사는 전문적 훈련과정을 거쳐 직업적으로 번역하는 사람", "번역가는 직업적 훈련 여부에 관계없이 번역에 매우 능해 결과적으로 사회적 합의에 의해 일정 수준 이상의 번역능력을 가진 것으로 인정받는 사람"(이용성, 이주은, 2019, p. 14. 재인용)이라고 구분하였다.

이 책에서는 학문적으로 번역하는 사람에 관한 세세한 구분보다는 '번역가'로 부른다. 물론 스포츠에서도 프로페셔널 선수와 아마추어 선수가 있듯이 번역도 대가를 받고 번역을 하는 번역가와 번역 자체를 좋아해서 돈을 받지 않고 번역을 하는 번역가로 구분할 수는 있다. 댓가를 받는다는 점에서 회사에 고용되어 정규직으로 번역만 하는 번역가가 있고, 프리랜서로 번역과 다른 일을 병행하는 번역가도 있다. 이 책을 읽는 독자를 포함하여 최근에는 댓가를 받지 않고 본인 스스로가 좋아하기 때문에 취미로 번역하는 번역가가 점차 늘고 있다.

간혹 SDL Trados Studio를 배우려 하는 이유는 물어보면 번역을 생전 처음 하는 사람도 있지만, 그동안 번역을 해왔고, 중장기적으로 자신만의 번역 틀을 체계적으로 잡고 싶다는 사람이 꽤 있다. 번역하다 보면 그동안 뭔가를 전문적인 학습 과정을 통해 번역 훈련 후 번역해왔다기보다는 다소 주먹구구식으로 번역을 해왔다는 생각이 들고, 번역할 때마다 번역이 늘 새롭다는 생각이 든다. 결과적으로 번역을 할 때마다 시간도 계속 오래 걸리고 앉아 있는 것도 힘들다고 토로한다. 사정이 이렇다 보니 SDL Trados Studio를 배우는 학생 중에는 번역을 처음 시작하는 때도 있지만, 이미 번역을 오랫동안 해온 번역가도 적지 않은 것이다.

1.3 번역의 종류

이용성과 이주은(2019, pp. 29-32)는 번역을 크게 문학번역(Literary Translation, LT), 기술번역(Technical Translation, TT), 복합모드 텍스트 번역(Multimodal Text Tanslation, MTT)으로 구분한다. 이들은 "문학은 독특한 문화적 배경에서 펼쳐지는 삶의 이야기이다. 여기에는 시대적, 상황적 정보가 담겨 있을 뿐 아니라 독자의 마음을 움직이는 감동이 있으며 작가의 가치관과 상상력과 감성이 녹아 있다. 문학번역을 하기 위해서는 TL에 대한 수준 높은 구사력뿐만 아니라 작가와 독자가 속한 문화에 대한 충분한 이해가 수반되어야 하며 문학적인 감수성과 창의적인 표현력까지 갖추어야 한다. 즉 문학번역사는 원작의 의미와 가치가 공유되고 작가와의 소통이 이루어지게 하는 중재자이다. 한편, 문학은 내용의 중요성 못지않게 아름다운 표현도 메시지 전달에 중요한 몫을 담당하기에 작가 출신 중에 문학번역사가 되는 경우도 종종 있다. 문학적 소양과 작가적 기량을 갖춘 이들은 원문의 문학적 가치를 전수하는 데 있어 일반 번역사보다 유리할 수 있다"(pp. 29-30)고 말한다.

국내에 있는 글로벌 번역회사나 규모가 꽤 큰 번역회사에서 전문 번역가로 정규직으로 일하는 경력직 중에 상당수가 10년 차가 될 즈음 회사를 그만두는 경우가 있다. 이유 중 하나는 직업으로서 번역가의 일상과 원래 본인이 하고 싶어 하는 문학번역에 대한 갈증이 심해지기 때문이다. 전문 번역가 중에는 원래 문학에 관심이 많고, 문학번역을 좋아해서 번역하다 보니 자연스럽게 번역을 업으로 삼게 된 경우가 많다. 하지만 현실적으로 회사에서 내가 좋아하는 문학번역을 할 수는 없고 생계를 위한 번역을 하다 보니 늘 내가 하고 싶은 문학번역에 대한 갈증이 점차 심해지고, 어느 정도 생계를 위한 수입은 프리랜서로 활동하며 벌 수 있다는 판단이 서면 사직을 하는 것이다. 그중 다수는 SDL Trados Studio를 사용하여 매뉴얼적으로 할 수 없는 나만의 번역 메모리를 만들어 사용할 수도 있지만, 성향과 개인적인 철학의 문제로 문학번역은 아날로그 방식으로 해야 한다고 생각하는 번역가가 적지 않다. SDL Trados Studio로는 문학번역을 할 수 없다고 단언하는 예도 있다. 하지만 인공지능 번역에만 전적으로 의존하지 않고, 이후 편집과정을 거치면 오히려 더 문학적인 감수성과 창의적인 표현까지도 더 다양하게 제시할 수도 있는 생각 자체를 안 하는 것은 다소 극단적이지 않을

까 하는 생각도 든다.

이용성과 이주은(2019)은 기술번역에 대해 "비문학번역은 원문의 정보와 지식을 전달하는 것이 주목적이기 때문에 내용의 정확성이 강조된다. 신문이나 잡지와 같은 시사적인 기사, 학술적인 연구물, 보고서와 같은 기술적인 문서 등을 아우르며 다양한 종류의 텍스트가 번역 대상이 된다. 번역사는 관련 분야에 대한 해박한 배경지식을 이용해 독자의 이해를 돕기 위해 최대한 자연스러운 표현으로 원문의 의미를 전달하되 때로는 다시 쓰기(re-writing)의 방법을 적용해 수용 문화권의 규범에 부합하는 글쓰기를 해야 한다"(p. 31)고 설명한다. 문학 이외의 텍스트를 비문학이라고 규정하고, 비문학번역을 기술번역으로 지칭하기에는 전적으로 동의하기 어렵지만, 장르 특성상 문학과 그 이외의 것으로, 이분법적으로 분류하자면 이해도 된다.

1.4 특수목적번역

기술번역(Technical Translation)은 통상 산업번역(Industrial Translation)이라고도 부른다. 대표적으로 제품 설명서, 사용자 가이드 등이 기술번역을 떠올리면 언급되는 텍스트이다. '기술(Technology)'과 관련된 텍스트가 주를 이루지만 기술번역을 산업번역으로 확장하면 '산업(Industry)'에 해당하는 영역은 매우 다양해진다. 예를 들면, 국내에서 번역을 오랫동안 해온 인천광역시 송도 소재 A번역센터는 일반번역, 기술번역, 전문번역, 사이트번역, 영상자막, 매뉴얼번역, 의학번역, 인문·사회, 논문번역, 군수·무기, 기초과학 등 다양한 분야에 대해 서비스한다. 기술번역이라는 이름으로 분야를 국한하기 보다는 서비스 분야를 포괄적인 기술번역(위성통신, 패킷 공중 데이터 교환망, 개인 휴대전화, 소프트웨어 및 하드웨어 등의 시스템 설명서, 사용자 매뉴얼, 기술 규격서, 등)을 포함하여, 기업IR, 기업실사·진단·감사, 기업 인수·합병, 외자 도입 관련 자료 등의 전문번역, 각종 의학전문지, 의·약학 논문 및 서적, 신약개발 관련 임상시험, 식약처 등록자료 등의 의학번역, 법령, 정관, 약관, 내규, 사규, 특허 등의 법률번역, 기초과학 관련 물리, 화학, 생물 분야 학계 발표 자료와 기초 자료 등의 번역을 서비스한다.

이상과 같은 측면에서 보면, 기술번역이라는 광범위한 용어보다는 특정 분야 전문 용어와 번역 메모리 사용이 토대가 되는 '특수목적번역(Translation for Specific Purposes, TSP)'가 보다 적절한 분류로 보인다. 이 책에서 다루는 TSP 분야의 특징은 첫째 일관된 용어와 이를 위한 용어 데이터베이스 사용, 둘째 용어나 문구의 반복 사용 특성을 반영한 번역 메모리 사용, 셋째 전문번역을 위한 컴퓨터와 컴퓨터 보조 번역 도구의 사용이라고 할 수 있다. 특수목적번역가는 단순히 정보의 전달 역할만을 하지 않는다. 폭넓고 해박한 지식을 바탕으로 번역해야 하는 특정 분야의 전문 지식을 겸비해야 한다.

번역 대상이 특수목적텍스트인 경우, 특수목적번역가는 본격적인 번역에 앞서 텍스트를 둘러싸고 있는 상황(Textual Situatedness, Jung, 2009)를 우선 이해할 필요가 있다. 예컨대, 영국 A자동차 회사에서 만든 B자동차의 사용자 매뉴얼을 영어(ST)에서 한국어로 번역(TT)해야 하는 일이라면 ST와 TT에 관한 분석을 먼저 수행해야 한다. 즉, 사용자 매뉴얼이라는 장르, 스타일과 어조 등 자동차의 사용자 매뉴얼이 한국어로 기술되었는지를 사전 조사를 통해 분석할 필요가 있다. 왜냐하면, 사용자 매뉴얼도 산업 분야가 자동차, IT, 의학, 군수 등 분야에 따라 스타일이 조금씩 다르고, 해당 분야의 사용자들이 늘 접하던 텍스트의 분위기를 파악하는 것이 중요하기 때문이다. 텍스트에 관한 분석이 끝나면, 그다음 필요한 건 텍스트 내용 이해이다. 자동차 사용자 매뉴얼 번역을 주로 하던 번역가에게 갑자기 기업의 정관을 번역하라고 하면 당황해한다. 평상시에 접하던 담화가 아니므로 텍스트 자체에 관한 이해가 어렵고, 자칫 잘못 번역했다가는 해당 텍스트가 일상적인 담화커뮤니티에서 부정적인 반응을 접할 수 있기 때문이다. 문제는 거의 모든 TSP는 공식적인 문서가 대부분이어서 일반적인 텍스트와 달리 잘못된 번역으로 인한 고소·고발의 위험이 늘 있으므로 매우 신중해야 한다는 점이다. 따라서 필요하다면 TSP를 할 때 ST 작성자와의 면담이나 관련 전문가의 도움이 유용하다.

1.5 번역가의 딜레마

최근 김범수 카카오 의장이 죽기 전에 재산 10조원을 기부하겠다는 기사가 언론에 보도되었다. 한 언론사에서는 김의장의 결심에 대해 그가 평소에 미국 시인 랠프 월도 에머슨의 시 '무엇이 성공인가'를 이유로 꼽았다(https://www.chosun.com/opinion/taepyeongro/2021/02/15/XWRRO7JV3FFPNJFTQ4WFUXNULQ/). 랠프 월도 에머슨은 미국 보스톤에서 태어난 수필가, 강사, 철학자이자 시인이다. 다양한 에세이와 수천번의 공개 강연을 통해 자신의 철학과 사상을 전파하였고, 미국 낭만주의 운동의 핵심 인물이다.

랠프 월도 에머슨
(1803~1882)

에머슨이 남긴 시 중에서 김의장이 좋아한다는 '무엇이 성공인가'의 ST는 아래와 같다.

What is Success?

To laugh often and much;

To win the respect of intelligent people
and the affection of children;

To earn the appreciation of honest critics
and endure the betrayal of false friends;

To appreciate beauty;
To find the best in others;

To leave the world a bit better, whether by
a healthy child, a garden patch
or a redeemed social condition;

To know even one life has breathed
easier because you have lived;

This is to have succeeded.

번역에는 정답이 없다. 장르에 따라 TT를 읽는 독자의 눈높이에 맞춰 번역의 기본인 충실성과 가독성을 적절하게 균형을 맞춰야 한다. 〈표 1〉은 ST와 TT를 기사에 실린 번역, 구글 인공지능 번역, 네이버 인공지능 번역, 검토자 번역으로 비교한 것이다. 우선 기사에 실린 번역 결과를 살펴보자. ST는 제목 포함 9문장으로 이루어져있고, 제목인 'What is Success'와 마지막 문장인 'This is to have succeeded'를 제외하곤, 문장이 세미콜론(;)으로 연결되어 있다. 세미콜론은 한국어에는 없는 문장부호이며, 문장을 일단 끊었다가 이어서 설명을 더 할 때 쓰는 기능을 한다. 따라서 세미콜론 이전과 이후의 문장은 독립된 문장으로 보아도 무방하다.

ST	기사에 실린 번역 결과	구글 인공지능 번역 결과	네이버 인공지능 번역 결과	검토자 번역 결과
What is success?	무엇이 성공인가?	성공이란 무엇입니까?	성공이란 무엇인가?	성공이란 무엇인가?
To laugh often and much;	자주 그리고 많이 웃는 것/	자주 그리고 많이 웃는다.	자주 그리고 많이 웃는 것;	자주 많이 웃는 것
to win the respect of intelligent people and the affection of children;	현명한 이에게 존경을 받고/ 아이들에게 사랑을 받는 것/	지적인 사람들의 존경과 아이들의 애정을 얻기 위해;	지적인 사람들의 존경과 아이들의 애정을 얻는 것;	현명한 사람들의 존경을 받고, 아이들의 사랑을 받는 것
to earn the appreciation of honest critics and endure the betrayal of false friends;	정직한 비평가의 찬사를 듣고/ 친구의 배반을 참아내는 것/	정직한 비평가의 감사를 얻고 거짓 친구의 배신을 인내합니다.	정직한 비평가의 감사를 받는 것 그리고 거짓 친구의 배신을 견뎌내는 것;	정직한 비평가의 평가를 받고, 거짓 친구의 배신을 감내하는 것
to appreciate the beauty;	아름다움을 식별할 줄 알며/	아름다움을 감상하기 위해;	아름다움을 감상하는 것;	아름다움의 진가를 아는 것
to find the best in others;	다른 사람에게서 최선의 것을 발견하는 것/	다른 사람에게서 최고를 찾기 위해;	다른 사람에게서 최고를 찾는 것;	다른 사람의 장점을 발견하는 것
to leave the world a bit better, whether by a healthy child, a garden patch or a redeemed social condition;	건강한 아이를 낳든/ 한 뙈기의 정원을 가꾸든/ 사회 환경을 개선하든/ 자기가 태어나기 전보다/ 세상을 조금이라도 살기 좋은 곳으로/ 만들어 놓고서 떠나는 것/	건강한 아이, 정원 패치 또는 회복된 사회적 조건에 의해 세상을 조금 더 나아지게 하는 것;	건강한 아이에 의해서든, 정원 지대에 의해서든, 또는 회복된 사회적 조건에 의해서든, 세상을 조금 더 잘 떠나는 것;	건강한 아이를 낳거나, 정원을 가꾸거나, 사회 환경을 개선해서 세상을 조금 더 낳게 하는 것
to know even one life has breathed easier because you have lived.	자신이 한때 이곳에 살았음으로 해서/ 단 한 사람의 인생이라도 행복해지는 것/	당신이 살았기 때문에 한번이라도 더 쉽게 숨을 쉬었다는 것을 알 수 있습니다.	아는 것.당신이 살아왔기 때문에 하나의 삶도 더 쉽게 숨쉬었습니다.	내가 살았기 때문에 단 한 사람의 인생이라도 더 편안해졌음을 아는 것
This is to have succeeded!	이것이 진정한 성공이다!	이것은 성공한 것입니다!	성공하기 위해서야!	이런 것이 성공한 것이다.

〈표 1〉 ST와 다양한 TT 결과물

〈표 1〉에서 볼 수 있듯이, 동일한 ST를 번역한 결과물을 세부적으로 살펴보면 작은 차이가 있다. 특히 ST를 번역한 결과물을 실은 기사에서는 ST에서는 한 문장이었지만, 두 문장으로 나누거나 심지어 여섯 문장으로 나누는 파격적인 번역을 보인다. 또한 ST에서 TT로의 번역을 하며 문장 길이가 길어진 점도 흥미롭다. 구글 인공지능 번역과 네이버 인공지능 번역 결과물은 '성공이란 무엇입니까?'(구글 인공지능 번역) vs. '성공이란 무엇인가?'(네이버 인공지능 번역), '자주 그리고 많이 웃는다.'(구글 인공지능 번역) vs. '자주 그리고 많이 웃는 것;'(네이버 인공지능 번역), '아름다움을 감상하기 위해;'(구글 인공지능 번역) vs. '아름다움을 감상하는 것;'(네이버 인공지능 번역)과 같이 거의 똑같이 번역된 문장이 있다.

반면, '이것은 성공한 것입니다!'(구글 인공지능 번역) vs. '성공하기 위해서야!'(네이버 인공지능 번역)과 같이 다소 다르게 번역한 문장도 있고, '건강한 아이, 정원 패치 또는 회복된 사회적 조건에 의해 세상을 조금 더 나아지게 하는 것;'(구글 인공지능 번역) vs. '건강한 아이에 의해서든, 정원 지대에 의해서든, 또는 회복된 사회적 조건에 의해서든, 세상을 조금 더 잘 떠나는 것;'(네이버 인공지능 번역)과 같이 매우 다르게 번역한 문장도 있다. 또한, '당신이 살았기 때문에 한번이라도 더 쉽게 숨을 쉬었다는 것을 알 수 있습니다.'(구글 인공지능 번역) vs. '아는 것. 당신이 살아왔기 때문에 하나의 삶도 더 쉽게 숨쉬었습니다.'(네이버 인공지능 번역)과 같이 틀리게 번역한 문장도 있다.

검토자는 기사에 실린 번역결과, 구글 인공지능 번역 결과, 네이버 인공지능 번역결과를 토대로 부족하거나 뉘앙스에서 일정부분 적절하지 못한 부분을 검토하여 최종적인 번역 결과를 제시하였다. 이때 검토자는 ST에 있는 세미콜론 문장부호를 TT에서도 살릴 것인지를 고려해야 하고, 기사에 실린 번역 결과처럼 한국어에 조금 더 익숙하도록 한 문장을 두개로 나눌 것인지도 고려해야 한다. 또한, 기존 번역과 인공지능 번역 결과물들을 비교하여 단순히 단어에서 단어의 번역이 아닌 문맥에서의 번역을 할 필요가 있다. 생략에 대한 결정과 간혹 인공지능뿐 아니라 인간 번역가의 번역결과에서도 나타난 오역에 관한 판단도 심사숙고할 필요가 있다. 예컨대, ST에는 'endure the betrayal of false friends'로 되어있지만, 기사에 실린 번역 결과에는 '친구의 배반을 참아내는 것/'으로 번역되어 '거짓 친구'에서 '거짓'을 생략한 경우에 어떤 판단을 할지 결정해야 한다. ST에는 'to appreciate the beauty;'

로 되어있지만, 기사에 실린 번역 결과에서는 '아름다움을 식별할 줄 알며/'로 번역되어 있다. 뉘앙스 측면에서 단순히 아름다움을 식별하는 것이 중요한 게 아니라 아름다운 그림이나 음악의 진가를 알고 감상하는 것이라는 의미로 해석하는 것이 적절해 보인다.

2장 컴퓨터 보조 번역

2.1 컴퓨터 보조 번역이란?

컴퓨터 보조 번역(Computer Assisted Translation, 이하 'CAT')은 전통적인 번역 방식에 컴퓨터를 보조 툴로 사용하여 번역하는 방식이다. CAT 툴은 이 책에서 다루는 'SDL Trados Studio' 이외에도 'memoQ' 등이 있다. 이 책에서 채택하여 설명하는 SDL Trados Studio는 번역가들 사이에서 국제적으로 널리 사용되는 CAT 툴이며, 국제적인 문서 편집기인 MS Word와 비슷한 위상을 보유한다.

〈그림 2.1〉 SDL Trados Studio 2021

2.2 CAT 툴을 사용하는 이유

CAT 툴을 번역 업계에서 사용하는 이유는 번역회사와 프리랜서 번역가 모두 비슷하다. 번역회사는 대규모 번역을 할 때가 많은 데 CAT 툴을 사용함으로써 번역 일관성 유지, 번역비를 획기적으로 절감할 수 있다. 또한, 자동으로 장착된 구글 인공지능 번역기를 사용하여 번역 단가가 낮아지자 그동안 고액의 번역 비용으로 인해 번역을 시도조차 하지 않던 개인 웹사이트, 블로그 등과 같은 사용자 생산 콘텐츠도 번역하려는 수요가 늘어났다. 또한, 전 세계 인터넷 콘텐츠의 많은 부분이 영어로 작성되어 있고, 특히 사용자 커뮤니티가 글로벌이라는 점에서 번역해야 할 대상이 폭발적으로 증가하였다. 구글이나 네이버 인공지능 번역기술의 발달로 저가의 번역비에도 불구하고 인간 번역가의 검토 과정을 통해 고품질 번역을 제공할 수 있게 된 것은 번역회사에서 더 많은 번역 일감을 가져오게 되는 선순환 효과를 불러왔다.

한편, 번역회사 직원이나 기업 내 번역 담당자, 번역 교육기관 종사자, 학생, 프리랜서 번역가, 기자 등은 CAT 툴을 사용함으로써 개인적으로 번역의 일관성을 향상할 수 있고, 번역 단가를 절감하여 비용 측면에서 프리랜서 번역가로서 가격 경쟁력을 키울 수 있는 계기가 되었다. 또한, 양질의 번역 메모리를 확대해가며 번역의 수월성이 개선되어 전통적인 방식의 번역가보다 높은 생산성과 신속성을 확보할 수 있게 되었다. 고수익뿐 아니라 생존을 위해 프리랜서 번역가들이 점차 CAT 툴을 사용할 수밖에 없는 구조가 된 것이다.

2.3 번역 메모리

번역 메모리(Translation Memory, 이하 'TM')은 ST를 TT로 번역할 때 세그먼트, 즉 조각으로 나누어 저장하는 일종의 데이터베이스이다. 이때 세그먼트는 일반적으로 문장 단위를 의미하지만, 'Getting Together'와 같이 구 단위일 수 있다. 왜냐하면, ST가 모두 완전한 문장의 형태를 갖추고 있지 않기 때문이다. 따라서 SDL Trados Studio 는 문장 대신에 세그먼트 단위로 문장을 구분한다. TM은 번역된 각 세그먼트를 하나의 번역 단위(Translation Unit, TU)로 저장한다.

예를 들어, "What is success?" 라는 세그먼트를 "성공이란 무엇인가?" 라고 번역하면 TM은 이 한 쌍의 세그먼트를 TM 데이터로 저장한다. 이때, "What is success?" 라는 세그먼트를 '소스'라 말하고 이 '소스' 세그먼트를 번역한 "성공이란 무엇인가?"를 세그먼트를 '타겟'이라고 한다. 이러한 기능을 활용해서 같거나 유사한 세그먼트가 나중에 다시 나오면 처음부터 번역할 필요 없이 TM에서 쉽게 번역문을 불러와 자동으로 번역할 수 있다. TM 기술은 반복되는 내용을 신속하게 번역할 수 있으므로 번역 시간이 단축된다. 번역 시간이 단축된다는 것은 곧 비용의 절감으로 이어진다. 동일한 문장을 반복 사용할 때 다르게 번역되지 않으므로 일관성 유지에 탁월하다. 번역의 일관성은 곧 번역의 품질 향상과 직결되는 중요한 부분이다.

2.4 텀베이스

텀베이스(Termbase, 이하 'TB')는 문장 위주의 TM과 달리 단어 위주의 데이터베이스이다. TB는 전체 세그먼트를 저장하는 대신, 단일 단어 또는 어구를 포함한다. TB는 일종의 전자사전과 유사한 모습을 한다. 특히 일반적인 표준 사전에서는 찾을 수 없는 특정 분야나 클라이언트가 사용하는 용어나 특수 제품별 용어를 저장하는 데 유용하다. 예컨대, 소프트웨어 분야에 사용되는 TB에는 '대화상자', '드롭다운메뉴', '작업표시줄', '명령어' 등이 포함될 수 있다. TB는 CAT 툴에서 사용할 수 있다. 이때 소스는 입력된 문장은 입력된 TB에서 관련 용어를 자동으로 검색한다. 이렇게 검색된 용어를 TB에서 가져와 TT에 쉽게 넣을 수 있다.

2.5 CAT 번역 과정

CAT 툴을 활용한 번역은 대략 다음과 같은 과정을 거친다. 우선 클라이언트로부터 번역을 해야 할 ST를 받는다. 때에 따라 TM과 TB 파일을 둘 다 받을 때도 있고, 둘 중 하나만 받을 때도 있고, 아무것도 받지 못할 때도 있다. TM이나 TB를 받지 못할 때는 보유하고 있는 TM을 사용하거나, 해당 ST 분야에 적합한 TM을 새로 만든다. 그다음 클라이언트가 TM이나 TB를 함께 제공하였다면, 해당 파일을 사용하여 번역한다. 만일 보유하고 있는 TM이나 TB 중 도움이 될 것으로 판단되는 데이터베이스가 있다면 함께 작업하는 것도 좋은 방법이다.

그다음 단계는 클라이언트로부터 받은 ST를 CAT 툴로 불러와 번역한다. 번역을 모두 마치게 되면 ST와 TT를 직접 출력하여 1차 검수를 한다. 검수 중에 발견된 오류나 수정 사항이 있다면, 이들을 종합적으로 반영한 검토본을 TT에 반영한 후, TM에 수정한 문장을 업데이트한다. 2차 검수를 진행한 후, 완성된 TT를 클라이언트에게 전달한다. 이상의 과정은 매우 간략하게 CAT 툴로 번역이 어떻게 이루어지는지를 설명한 것이고, 반드시 위의 과정을 거치지 않을 수도 있으며, 번역 과정에서 클라이언트의 요구에 따라 번역 과정이 변경될 수도 있다.

3장 SDL Trados Studio 2021 시작하기

이 장에서는 SDL Trados Studio 2021 처음 시작하기, 사용자 프로파일 설정하기, 사용자 인터페이스에 관한 내용을 다룬다. SDL Trados Studio 2021은 SDL Korea의 온라인 스토어(https://www.sdltrados.com/kr/store) 에서 구매할 수 있다. 구매 가격은 정규가격도 있지만, 크리스마스, 연말, 연초 등에는 파격적인 할인가를 제공하기도 한다. 따라서 SDL Korea 홈페이지에 있는 뉴스레터 구독하기에 이메일 주소를 남겨두면 저렴한 가격에 SDL Trados Studio 2021를 구입할 수 있다. 제품 구입은 온라인을 통해 신용카드로 구매할 수 있으며, 구매가 끝나면 SDL 본사에서 제품 라이선스가 이메일로 발송된다. 참고로 SDL Trados Studio 2021은 컴퓨터 한 대에서만 사용할 수 있고, 컴퓨터에 이상이 생겨 포맷을 시켰다면 온라인에서 라이선스를 초기화하고 다시 라이선스를 입력해야 한다. 자세한 내용은 도움말을 참고한다.

3.1 SDL Trados Studio 2021 처음 시작하기

SDL Trados Studio 2021을 구매하면 이메일로 다운로드를 할 수 있는 링크가 발송된다. SDL에서 받은 다운로드 링크를 클릭하여 바탕화면에 저장한 후 설치 파일을 실행하면 SDL Trados Studio 2021 설치가 시작된다. 설치가 끝난 후에는 SDL에서 받은 라이선스를 입력하여 〈그림 3.1〉과 같이 제품 활성화를 한다.

〈그림 3.1〉 SDL Trados Studio 2021 제품 활성화

〈그림 3.2〉는 SDL Trados Studio 2021 제출 활성화 화면이다. 중간에 있는 활성화 코드 박스에 활성화 코드를 입력하면, 오른쪽 아래에 있는 활성화 버튼이 선명해지며 클릭할 수 있게 된다. 활성화 버튼이 선명해지면 활성화 버튼을 클릭한다. 참고로 이 단계에서 활성화 코드가 없어도 SDL Trados Studio 2021 데모 버전으로 30일 동안 사용할 수 있다. 하지만 기간 만료 후에는 활성화 코드를 반드시 입력하여야 한다. 또한, 활성화 코드는 컴퓨터 한 대에서만 활성화할 수 있으며, 다른 컴퓨터에서 SDL Trados Studio 2021을 사용하려면 SDL에서 받은 활성화 코드를 초기화한 다음 사용하여야 한다.

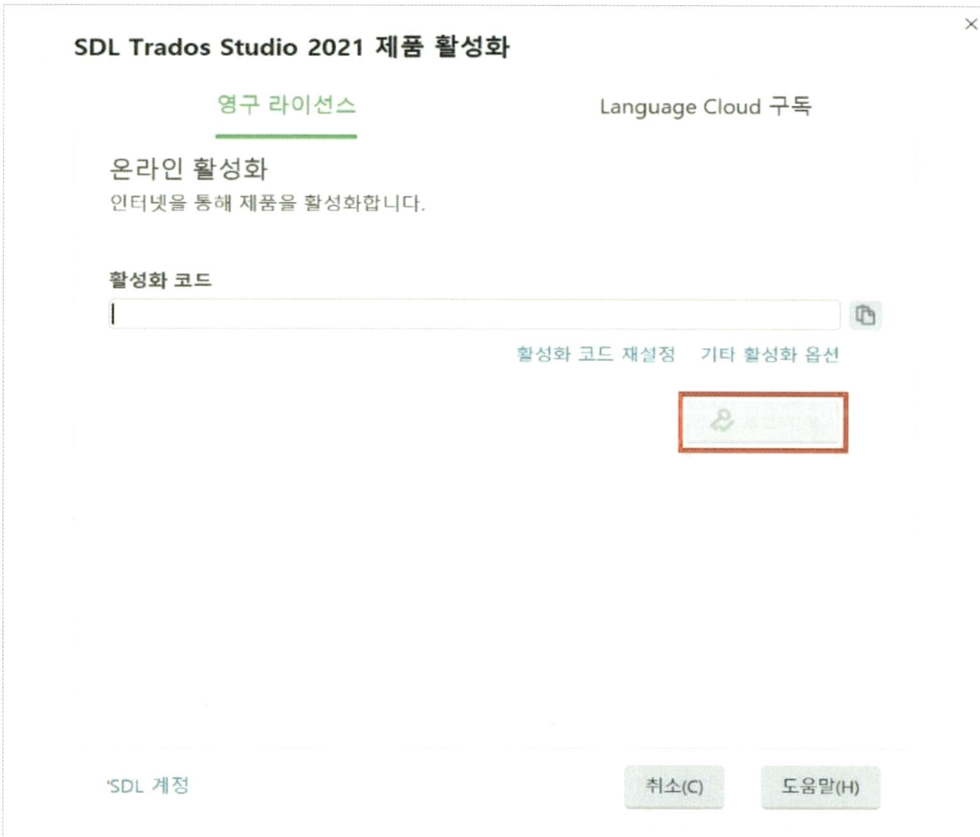

〈그림 3.2〉 활성화 코드 입력

인터넷 연결이 불안정하거나 문제가 있는 특수한 경우에는 〈그림 3.3〉과 같이 기타 활성화 옵션을 사용할 수 있다. 기타 활성화 옵션 링크를 클릭하면 제품을 활성화할 수 있는 다양한 옵션들이 나타난다. 원하는 기타 활성화 옵션을 선택하고 각 옵션의 지시 사항에 따라 제품을 활성화한다.

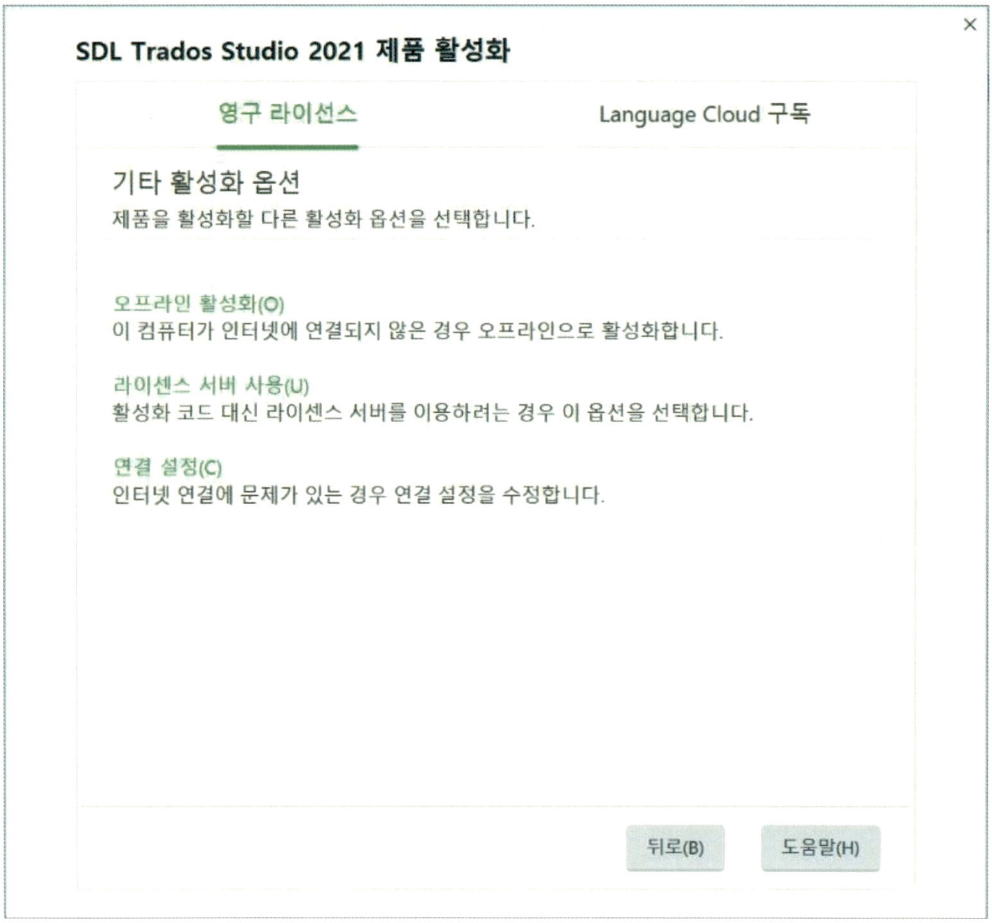

〈그림 3.3〉 SDL Trados Studio 2021 기타 활성화 옵션

3.2 사용자 프로파일 설정하기

SDL Trados Studio 2021이 성공적으로 활성화되면 〈그림 3.4〉와 같은 SDL Trados Studio 2021 설치 마법사가 열린다. 설치 마법사가 시작되면, 현재 사용자 정보 화면에서 이름과 기타 정보를 입력한 후 다음 버튼을 클릭한다.

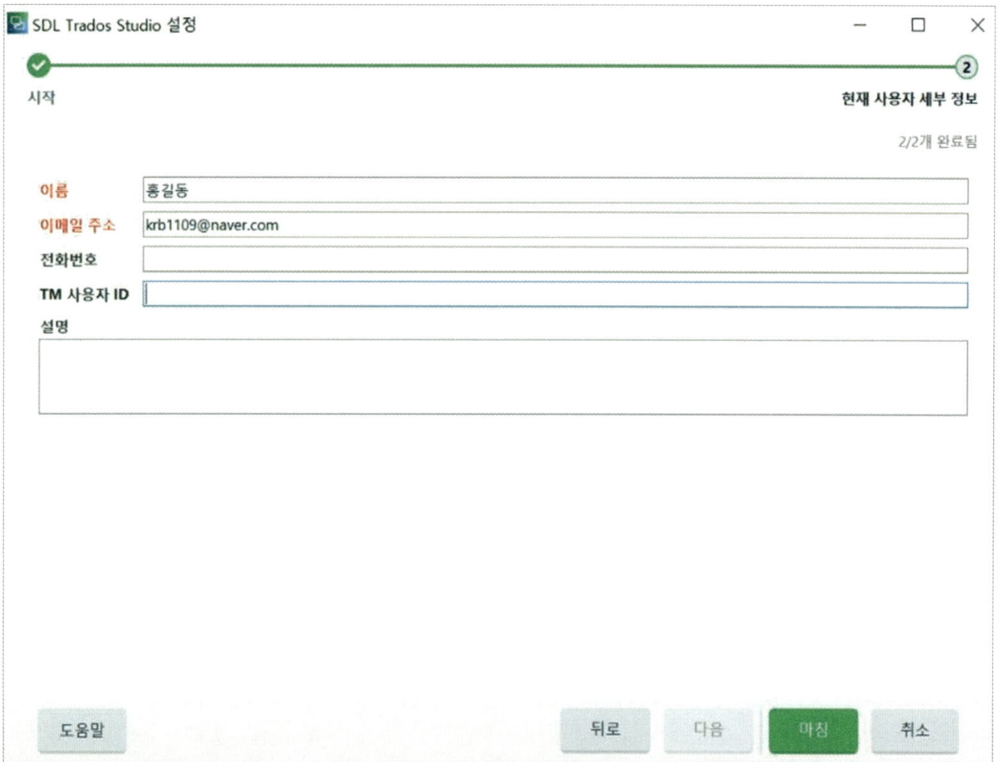

〈그림 3.4〉 사용자 정보 입력하기

현재 사용자 정보 입력을 마치면, 〈그림 3.5〉와 같이 SDL Trados Studio 2021 고객 경험 개선 프로그램에 참여할 것인지 묻는 메시지가 나타난다. Studio 개선 프로그램에 참여할 것인지, 참여하지 않을 것인지를 선택한 후 확인 버튼을 클릭한다. 참고로 이상의 과정은 SDL Trados Studio 2021을 처음 시작할 때 한 번만 설정하면 된다.

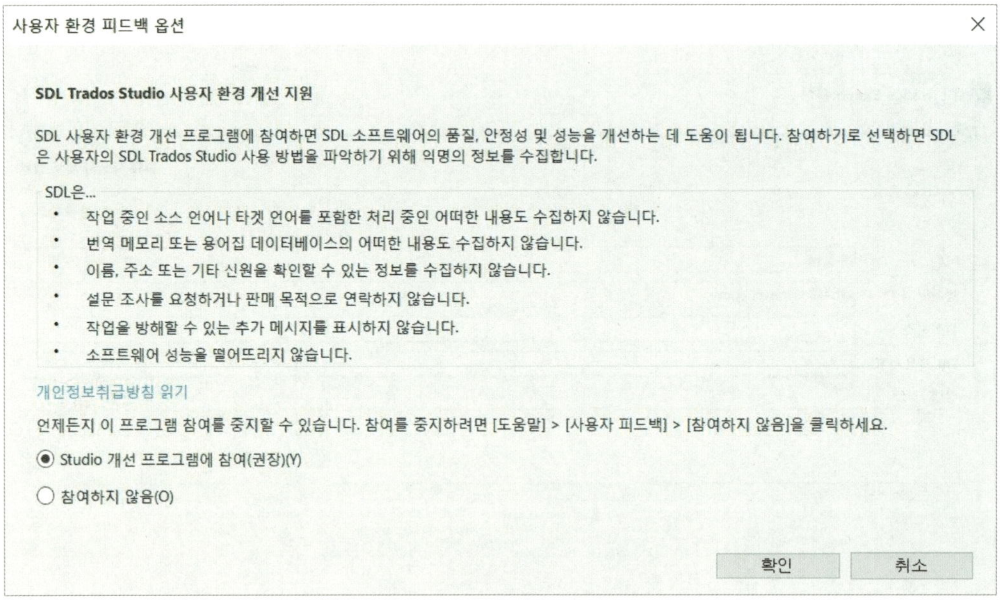

〈그림 3.5〉 고객 경험 개선 프로그램

3.3. SDL Trados Studio 2021 사용자 인터페이스

이 절에서는 본격적으로 SDL Trados Studio 2021의 사용자 인터페이스를 살펴본다. 〈그림 3.6〉에서 볼 수 있듯이 SDL Trados Studio 2021의 첫 시작 화면에서는 사용자가 자주 사용하는 기능을 바로 이용할 수 있다.

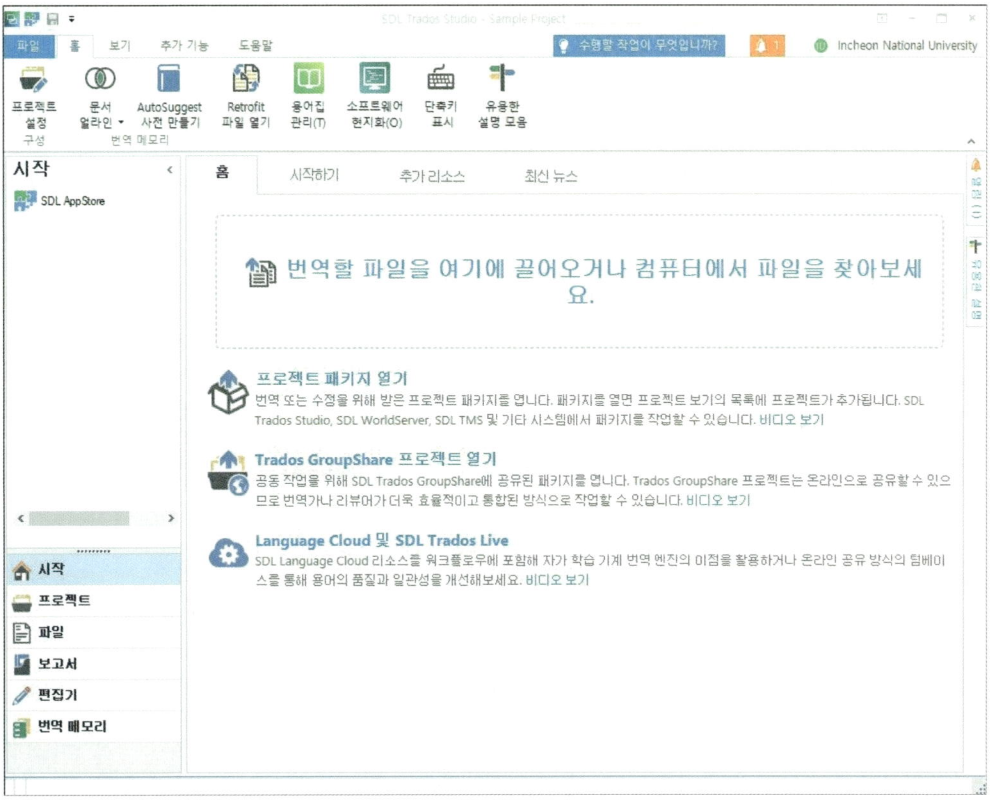

〈그림 3.6〉 SDL Trados Studio 2021 첫 화면

번역할 파일을 여기로 끌어오거나 컴퓨터에서 파일을 찾아보세요. 번역할 파일을 선택할 수 있는 기능이며, 이때 파일은 하나 이상 선택할 수 있다. 번역할 파일을 직접 드래그하거나 버튼을 클릭해서 원하는 파일을 선택할 수 있다. **프로젝트 패키지 열기.** 번역 또는 편집을 위해 프로젝트 관리자가 보낸 프로젝트 패키지를 여는 기능이다. 프로젝트 관리자도 이 버튼을 사용하여 번역가나 검토자가 보낸 패키지를 열 수 있다. 이 기능에 관한 자세한 설명은 뒤쪽에서 하기로 한다. **Trados GroupShare 프로젝트 열기.** 하나의 번역 프로젝트를 여러 사용자가 동시에 작업할 수 있는 GroupShare Server를 사용하여 온라인 프로젝트를 진행할 수 있다. GroupShare 기능은 하나의 번역 프로젝트를 온라인 서버에서 작업하기 때문에 TM과 TB가 함께 제공된다. 프로젝트 관리자가 먼저 GroupShare 프로젝트를 생성한 후, 번역가가 프로젝트에 접근할 수 있도록 서버를 열어준다. GroupShare 프

로젝트는 온라인에서 작업하므로 프로젝트 관리자는 프로젝트의 진행 상황을 확인할 수 있다. 이 기능은 주로 소규모 회사나 단일 번역팀을 위해 마련된 것이므로 SDL Trados Studio 2021과 별개로 구매해야 한다. 따라서 이 책에서는 GroupShare 기능을 따로 다루지 않는다. **Language Cloud 및 SDL Trados Live.** 해당 버튼을 누르면 SDL 계정 로그인이 필요한 SDL Language Cloud 홈페이지가 열리게 된다. 여기서 사용자의 SDL 계정에 대한 정보(SDL Trados Studio 2021 구독 갱신 날짜, 계정 정보 등)를 확인할 수 있다.

첫 화면 왼쪽 아래에 있는 탐색 창에는 〈그림 3.7〉에서 볼 수 있듯이 **시작, 프로젝트 파일, 보고서, 편집기, 번역 메모리**와 같은 여러 버튼이 있다. 탐색 창에 있는 각 버튼을 클릭하면 각 버튼에 해당하는 영역으로 화면이 바뀐다.

〈그림 3.7〉 탐색 창

〈그림 3.8〉은 시작의 화면 모습이다. **시작** 영역에는 **홈, 시작하기, 추가리소스, 최신뉴스** 탭이 있다. **시작하기** 탭을 클릭하면 1) **빠른 시작 설명서**, 2) **SDL Trados Studio 비디오**, 3) **SDL MultiTerm 비디오**, 4) **SDL Trados Studio의 새로운 기능**과 같은 하부 메뉴가 나타난다. 1) 빠른 시작 설명서는 ① **번역 및 검토**, ② **프로젝트 관리**, ③ **TM 관리** PDF 문서로 구성되어 있다. SDL Trados Studio를 사용하며 궁금한 점이 있을 때 학습할 수 있는 자료다. 2) SDL Trados Studio 비디오는 ① **문서번역**, ② **프로젝트 생성 및 관리**, ③ **프로젝트 패키지로 작업하기**, ④ **Trados GroupShare 온라인 프로젝트로 작업하기**로 구성되어 있다. 해당 비디오를 클릭하면 SDL 홈페이지로 연결되어 비디오를 시청할 수 있다. 3) SDL MultiTerm 비디오는 ① **SDL MultiTerm 시작하기-텀베이스 생성 및 용어 입력**, ② **SDL MultiTerm 시작하기 - 용어 사용**, ③ **SDL Trados Studio에서 용어 작업** 비디오로 구

성되어 있다. 해당 비디오를 클릭하면 SDL 홈페이지로 연결되어 비디오를 시청할 수 있다. 4) SDL Trados Studio의 새로운 기능은 SDL Trados Studio의 새로운 기능을 YouTube에서 볼 수 있도록 제공한다. 추가리소스 탭을 클릭하면 1) **릴리스 노트**, 2) **도움말 시스템, SDL Trados 마이그레이션 가이드**, 4) **SDL AppStore**와 같은 하부 메뉴가 나타난다. 1) **릴리스 노트**는 현재 사용중인 버전의 SDL Trados Studio에 관한 최신 정보를 확인할 수 있다. 2) **도움말 시스템**을 클릭하면 종합적인 도움말 시스템을 열어 SDL Trados Studio 사용 방법에 관한 자세한 정보를 파악할 수 있다. 3) **SDL Trados 마이그레이션 가이드**는 SDL Trados 2007 또는 SDLX와 같은 레거시 시스템에서 마이그레이션하는 사용자를 위한 안내이다. 4) **SDL AppStore**를 클릭하면 SDL AppStore에서 다양한 SDL Trados Studio 및 SDL MultiTerm과 관련된 앱과 컨텐츠를 다운로드할 수 있다.

〈그림 3.8〉 시작 영역

프로젝트는 프로젝트 파일을 관리하는 영역이며 여러 파일을 동시에 관리할 수 있다. 프로젝트를 클릭하면 〈그림 3.9〉와 같이 1) **프로젝트 정보**, 2) **확정 상태 통계**, 3) **분석 통계**, 4) **작업 내역**, 5) **프로젝트 속성**과 같은 하부 메뉴가 나타난다. 프로젝트와 관련된 자세한 내용은 뒤에서 다루기로 한다.

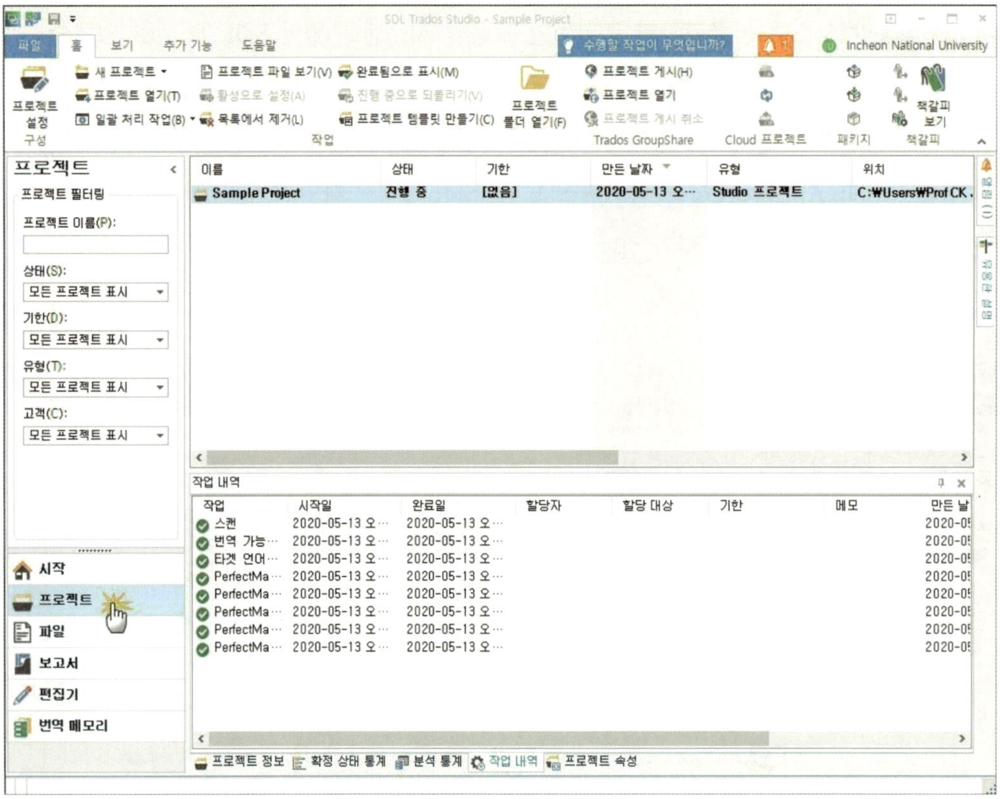

〈그림 3.9〉 프로젝트 영역

파일은 단일 문서를 관리하는 영역이며, 〈그림 3.10〉과 같이 이곳에서 현재 번역 중인 파일이나 SDL Trados Studio 2021에서 사용하는 전체 파일을 볼 수 있다. 파일도 프로젝트와 비슷하게 1) **파일 정보**, 2) **확정 상태 통계**, 3) **분석 통계**, 4) **작업 내역**, 5) **파일 속성**과 같은 하부 메뉴가 있으며, 각 파일에 관한 내용을 자세히 살펴볼 수 있다. 파일과 관련된 자세한 내용은 뒤에서 다루기로 한다.

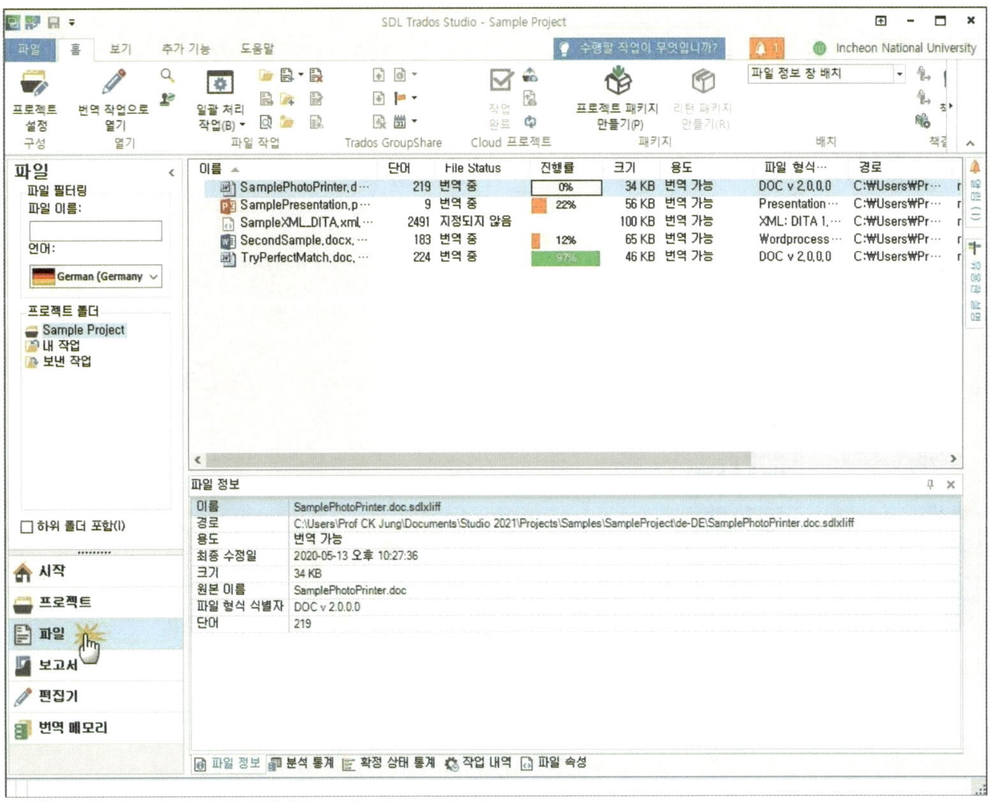

〈그림 3.10〉 파일 영역

보고서는 〈그림 3.11〉에서 볼 수 있듯이 작업한 프로젝트를 분석한 보고서이다. **프로젝트 이름, 번역 공급원, 언어, 몇 개의 파일을 사용했는지, 작성일, 작업 기간**에 관한 요약이 있고, **세그먼트, 단어, 문자, 비율** 등 자세한 분석 내용이 자동으로 출력된다. 보고서와 관련된 자세한 내용은 뒤에서 다루기로 한다.

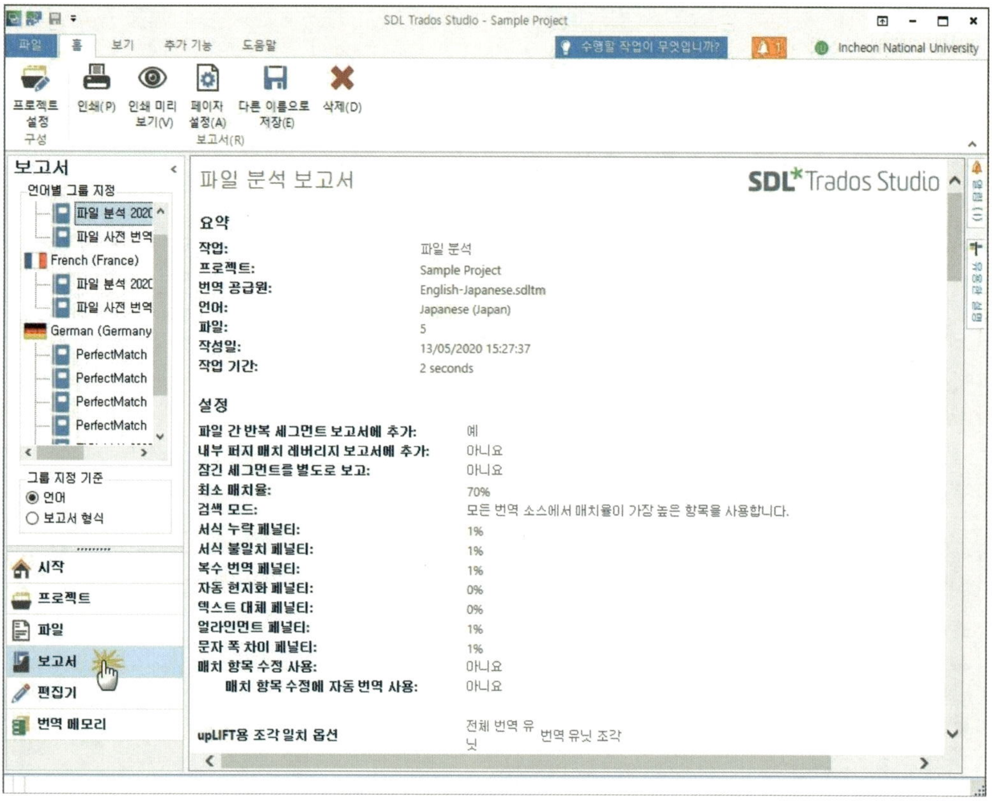

〈그림 3.11〉 보고서 영역

편집기는 SDL Trados Studio 2021에서 주로 사용하는 영역이며, 〈그림 3.12〉에서 볼 수 있듯이 1) **번역 결과**, 2) **조각 일치**, 3) **콘코던스 검색**, 4) **메모**, 5) **TQA 창**, 6) **메시지**와 같은 하부 메뉴가 있고, 그밖에 **용어인식, 텀베이스 검색**과 같은 추가 메뉴도 있다. 편집기는 이 책의 가장 핵심적인 내용이므로 뒤에서 더 자세히 다루기로 한다.

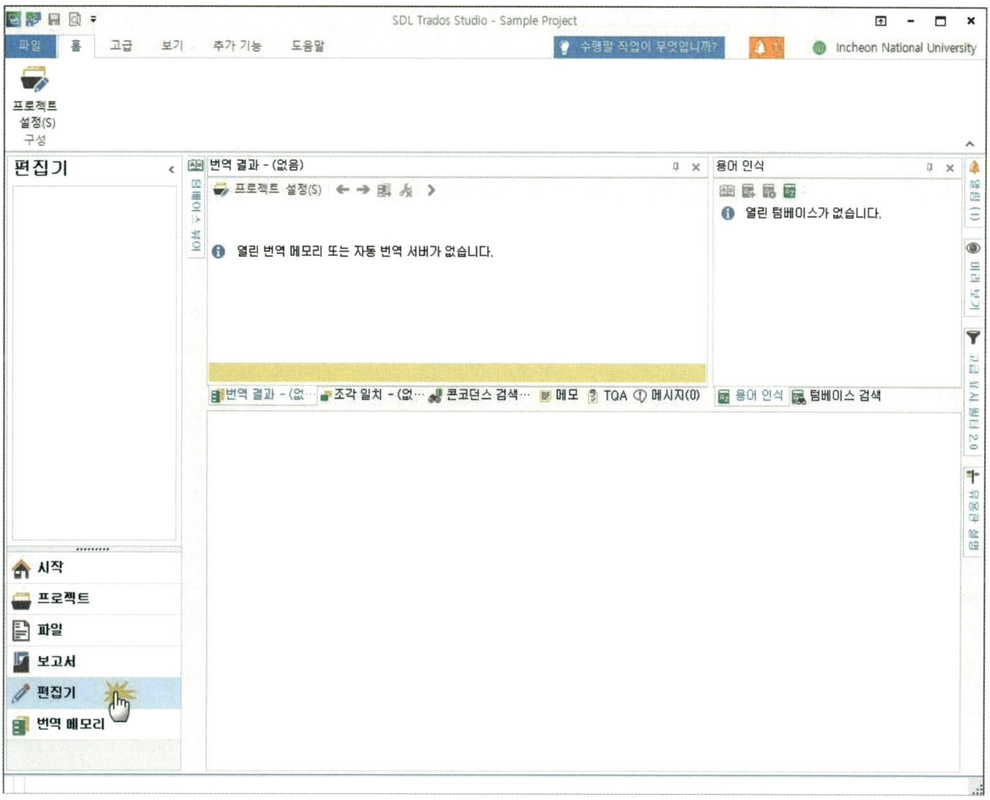

〈그림 3.12〉 편집기 영역

번역 메모리는 〈그림 3.13〉에서 볼 수 있듯이 번역 메모리에 담긴 번역 유닛(문장)을 확인하거나, 번역 메모리를 생성 및 삭제를 할 수 있는 곳이다. 번역 메모리와 관련된 자세한 내용은 뒤에서 다루기로 한다.

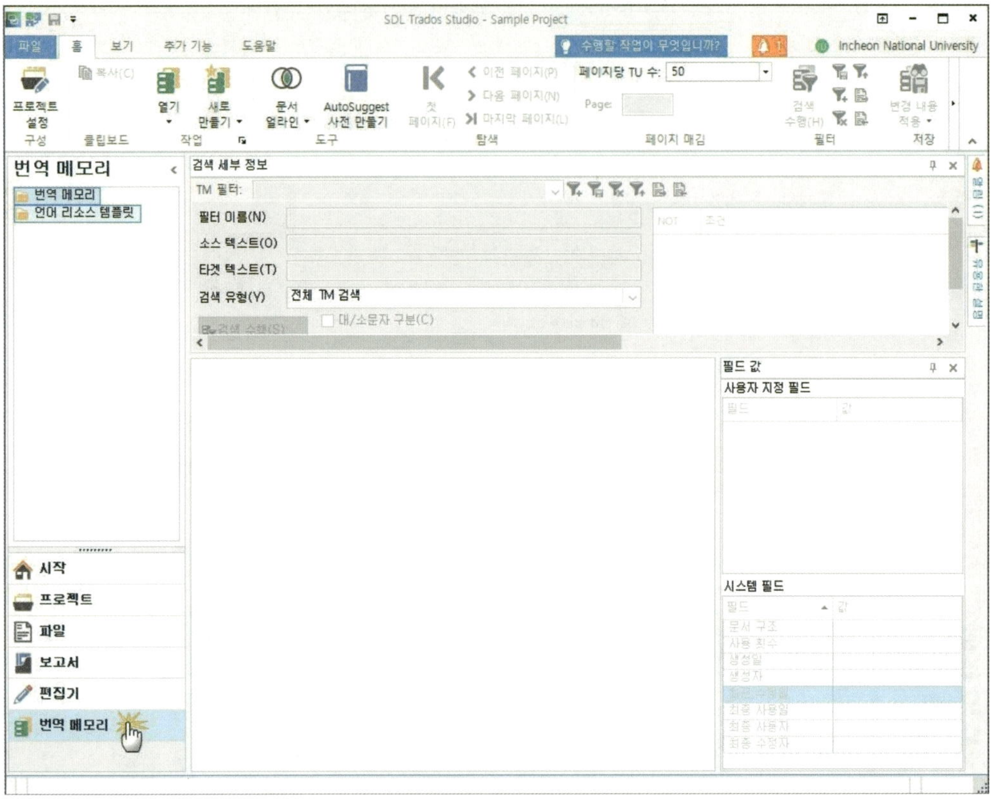

〈그림 3.13〉 번역 메모리 영역

SDL Trados Studio 2021은 MS Office와 유사한 리본 메뉴를 사용한다. 리본 메뉴는 MS Office 2007에서 처음 도입된 개념으로, 기존 텍스트 기반의 드롭다운 메뉴를 보완하기 위해 만들어진 메뉴이다. SDL Trados Studio 2021을 시작하면 〈그림 3.14〉와 같이 **파일, 홈, 보기, 추가기능, 도움말** 탭이 나타난다. 각 탭을 클릭하면 하부 메뉴를 볼 수 있는데, 디폴트는 홈 탭이다. 〈그림 3.14〉에서 볼 수 있듯이 홈 탭에는 1) **프로젝트 설정,** 2) **문서 얼라인**, 3) **AutoSuggest 사전 만들기**, 4) **Retrofit 파일 열기**, 5) **용어집 관리(T)**, 6) **소프트웨어 현지화(O),** 7) **단축키 표시**, 8) **유용한 설명 모음**과 같은 하부 메뉴가 있다. 다른 메뉴는 뒤에서 더 자세히 다루기로 하고, 홈 탭에서 가장 주목할 하부 메뉴 중 하나는 **유용한 설명 모음**이다. 유용한 설명 모음은 〈그림 3.15〉에서는 모두 보이지 않지만, ① **Trados Studio 2021에 오신 것을 환영합니다**, ② **프로젝트 관리**, ③ **파일로 작업하기**, ④ **편집 창으로 작업하기**, ⑤ **번역 메모리로 작업하기**, ⑥ **용어 작업**, ⑦ **보고서로 작업하기**, ⑧ **통합 및 워크플로우**와 같이 총 8개의 세부 영역으로 구성되어 있다.

〈그림 3.14〉 애플리케이션 리본

〈그림 3.15〉는 유용한 설명 모음 화면이다. ① **Trados Studio 2021에 오신 것을 환영합니다**에는 Studio 2021의 새로운 기능, SDL Trados Live 소개, SDL Trados Live 모바일 앱 소개, Trados Studio 시작하기, 인공신경망 기반 SDL Machine Translation, 유용한 팁 및 Tell Me, 리본 사용자 지정, My SDL Trados 앱과 같은 세부 항목이 있다. ② **프로젝트 관리**에는 프로젝트 생성 방법, 프로젝트 패키지로 작업하기, GroupShare 프로젝트로 작업하기, SDL PerfectMatch, AnyTM, 빠른 시작 설명서: 프로젝트 관리와 같은 세부 항목이 있다. ③ **파일로 작업하기**에는 번역 및 리뷰용으로 파일 열기, PDF 파일로 작업하기, 이중 언어 Excel 파일로 작업하기, 파일 병합, 파일 유형 미리 보기 사용 방법와 같은 세부 항목이 있다. ④ **편집 창으로 작업하기**에는 편집창 보기 시작, Trados Studio에서 편집하기, Trados Studio에서 리뷰하기, 하드 줄 바꿈이 있는 세그먼트 병합 방법, 북마크 사용 방법, 자동저장 설정을 업데이트하는 방법, upLIFT Fragment Recall 및 퍼지 수정, 빠른 시작 설명서: 번역 및 리뷰와 같은 세부 항목이 있다. ⑤ **번역 메모리로 작업하기**에는 번역 메모리 생성 방법, Trados Studio에서 얼라인먼트 사용 방법, upLIFT를 위해 TM을 업그레이드하는 방법, 텀베이스 또는 글로서리에서 TM을 생성하는 방법, 빠른 시작 설명서: TM 관리와 같은 세부 항목이 있다. ⑥ **용어 작업**에는 Trados Studio에서 용어집으로 작업하기, MultiTerm

Desktop으로 작업하기, SDL Language Cloud 용어집과 같은 세부 항목이 있다. ⑦ **보고서로 작업하기**에는 파일 분석 보고서 사용 방법, QA 검사 실행 및 QA 보고서 검토와 같은 세부 항목이 있다.

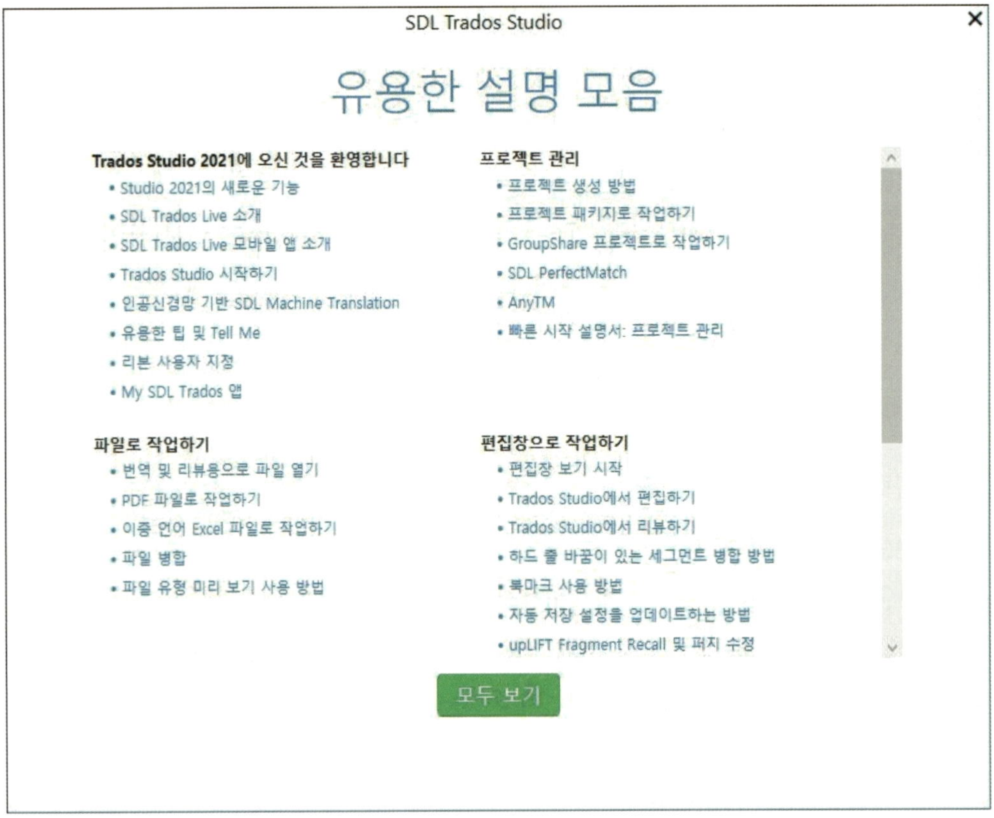

〈그림 3.15〉 유용한 설명 모음

<그림 3.16>과 같이 ① Trados Studio 2021에 오신 것을 환영합니다의 세부 항목인 **Trados Studio 시작하기**를 클릭하면, <그림 3.17>과 같이 Trados Studio 시작하기 창이 새로 나타난다.

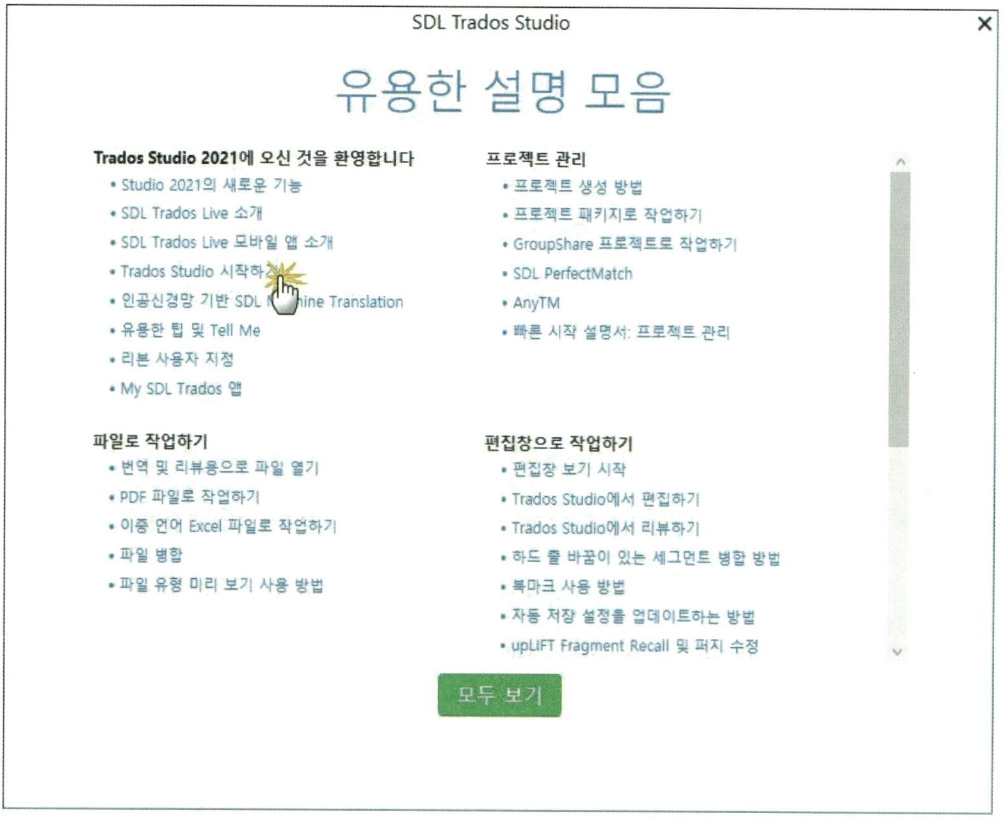

〈그림 3.16〉 세부 항목 클릭하기

〈그림 3.17〉은 Trados Studio 시작하기를 클릭하면 나타나는 알림창이다.

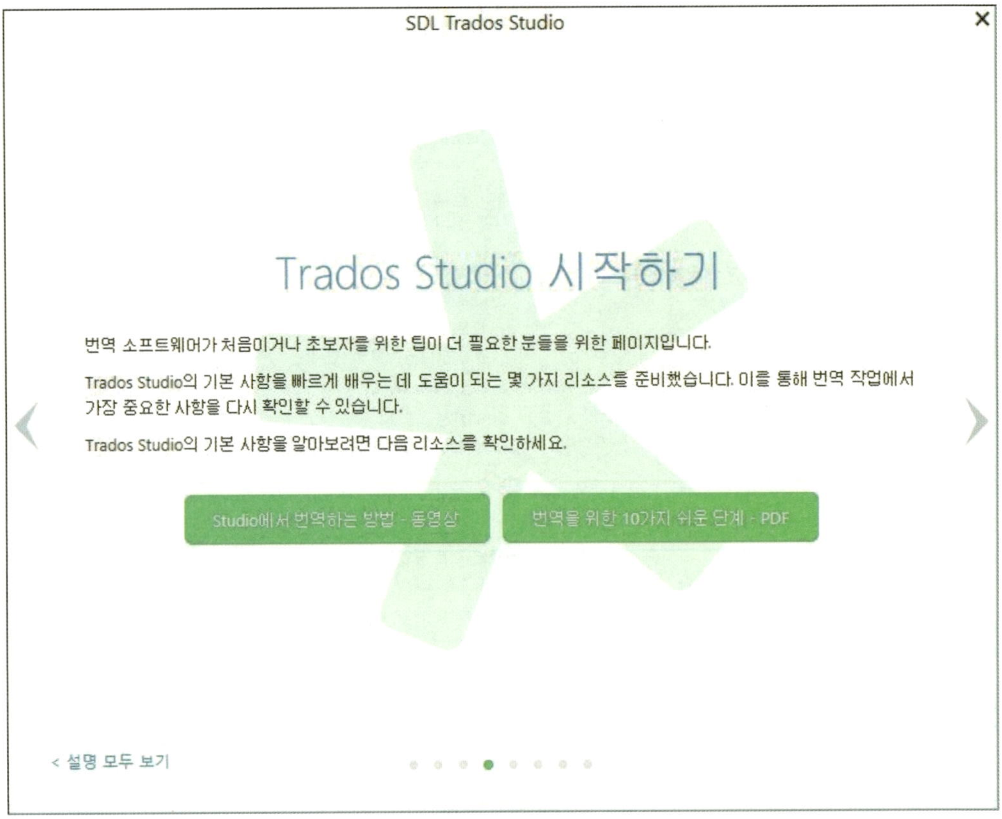

〈그림 3.17〉 유용한 설명 모음 〉 Trados Studio 2021에 오신 것을 환영합니다 〉 Trados Studio 시작하기

홈 탭 이외에도 **파일, 보기, 추가 기능, 도움말** 탭이 있다. 우선 보기 탭을 클릭하면, 〈그림 3.18〉과 같이 탐색, 사용자 인터페이스, 정보와 같은 세 개의 하위 메뉴가 나타난다. 우선 탐색 메뉴에는 1) **시작**, 2) **프로젝트**, 3) **파일**, 4) **보고서**, 5) **편집기**, 6) **번역 메모리**와 같이 SDL Trados Studio를 처음 구동하였을 때 탐색 창에서 봤던 하위 메뉴가 나타나고, 사용자 인터페이스 메뉴에는 7) **사용자 인터페이스 언어**, 8) **색 구성표**, 9) **보기 새로 고침**, 10) **전체 화면**, 11) **안전 모드로 전환**, 12) **리본 메뉴 사용자 지정**, 13) **창 배치 재설정**과 같은 세부 항목이 나타난다. 마지막으로 정보 메뉴에는 14) **유용한 설명**과 같은 세부 항목이 나타난다. 각 메뉴와 세부 항목에 대해서는 뒤에 더 자세히 다룬다.

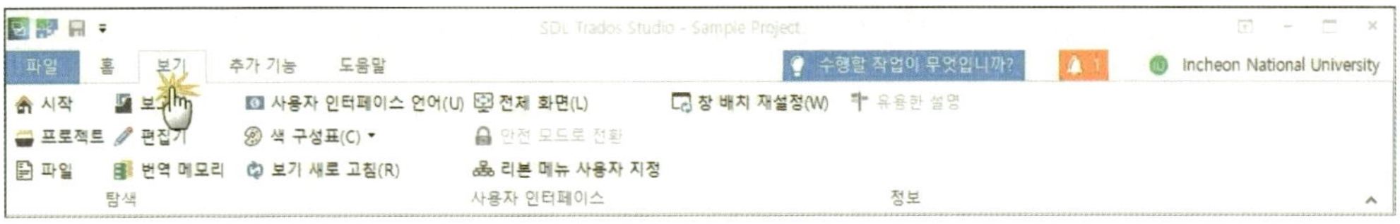

〈그림 3.18〉 보기 탭 하위 메뉴 구성

추가 기능 탭을 클릭하면, 〈그림 3.19〉와 같이 SDL AppStore와 플러그인과 같은 두 개의 하위 메뉴로 구성된 것을 확인할 수 있다.

〈그림 3.19〉 추가 기능 탭 하위 메뉴 구성

도움말 탭을 클릭하면, 〈그림 3.20〉과 같이 크게 온라인 도움말, 동영상, 웹 리소스, 작업, 설명과 같이 다섯 개의 하위 메뉴가 나타난다. 우선 온라인 도움말 메뉴에는 1) **도움말** 항목이 있고, 동영상 메뉴에는 2) **튜토리얼**, 웹 리소스 메뉴에는 3) SDL **기술 자료**, 4) SDL **포럼**, 5) SDL Trados, 6) SDL **계정**, 7) SDL **홈페이지**, 8) SDL Trados **이벤트**, 9) Studio **블로그**, 10) SDL **커뮤니티**, 11) SDL **지원**이 있고, 작업 메뉴에는 12) **업데이트 확인**, 13) **제품 활성화**, 14) **사용자 피드백**이 있고, 설명 메뉴에는 15) **유용한 설명 모음**과 같은 세부 항목이 나타난다. 각 메뉴와 세부 항목에 대해서는 뒤에 더 자세히 다룬다.

〈그림 3.20〉 도움말 탭 하위 메뉴 구성

〈그림 3.21〉은 마지막으로 파일 탭이다. 파일 탭을 클릭하면, 〈그림 3.22〉가 나타난다.

〈그림 3.21〉 파일 탭 클릭

파일 탭을 클릭하면 나타난 〈그림 3.22〉에서 볼 있듯이, 파일은 1) **닫기**, 2) **모두 닫기**, 3) **저장**, 4) **열기**, 5) **새로 만들기**, 6) **고급 저장**, 7) **인쇄 및 보기**, 8) **설정**, 9) **레거시 DTP 형식**, 10) **로그 파일 보기**, 11) **옵션**, 12) **종료**의 하위 메뉴로 구성되어 있다. 처음 화면에서 디폴트는 4) 열기로 되어있음을 〈그림 3.22〉를 통해 확인할 수 있다. 4) 열기 메뉴는 **패키지 열기, 프로젝트 열기, Trados GroupShare 프로젝트 열기, 단일 문서 번역, 번역 메모리 열기, 서버 기반 번역 메모리 열기, 언어 리소스 템플릿 열기, 얼라인먼트 열기, Retrofit 파일 열기**와 같은 세부 항목이 있다.

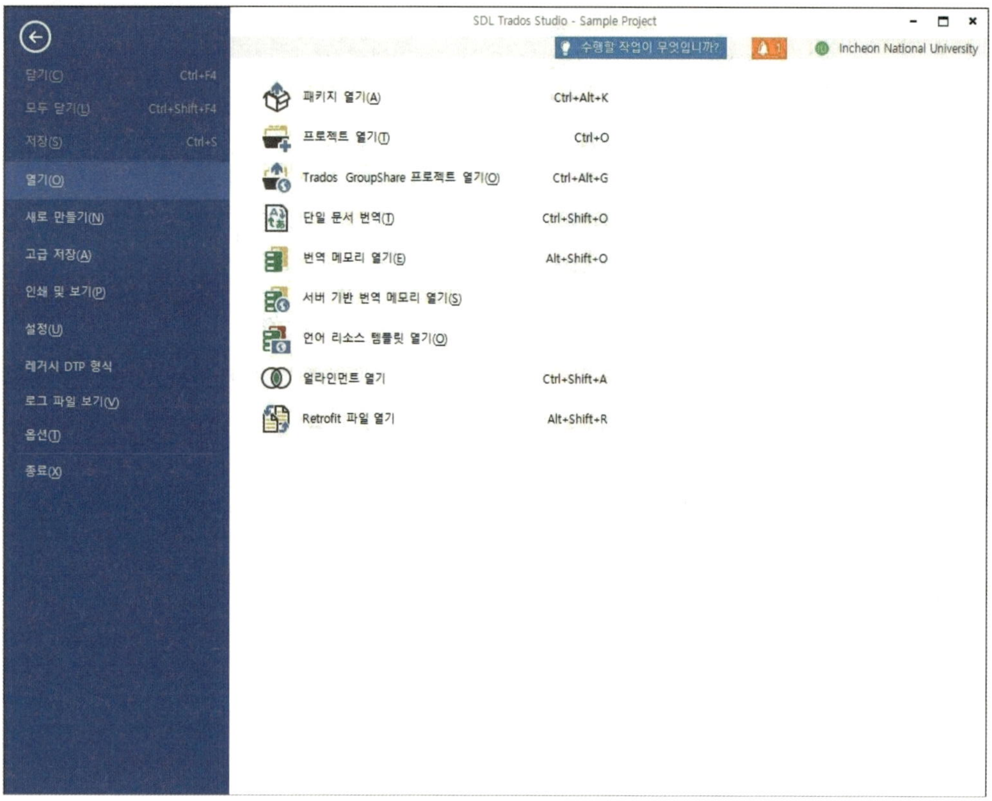

〈그림 3.22〉 파일 탭 하위 메뉴 구성

〈그림 3.23〉은 새로 만들기 탭을 클릭했을 때 나타난 화면이다. 하위 메뉴로 **새 로컬 프로젝트, 새 Cloud 프로젝트, 새 번역 메모리, 새 서버 기반 번역 메모리, 새 언어 리소스 템플릿**과 같은 세부 항목이 있는 것을 볼 수 있다.

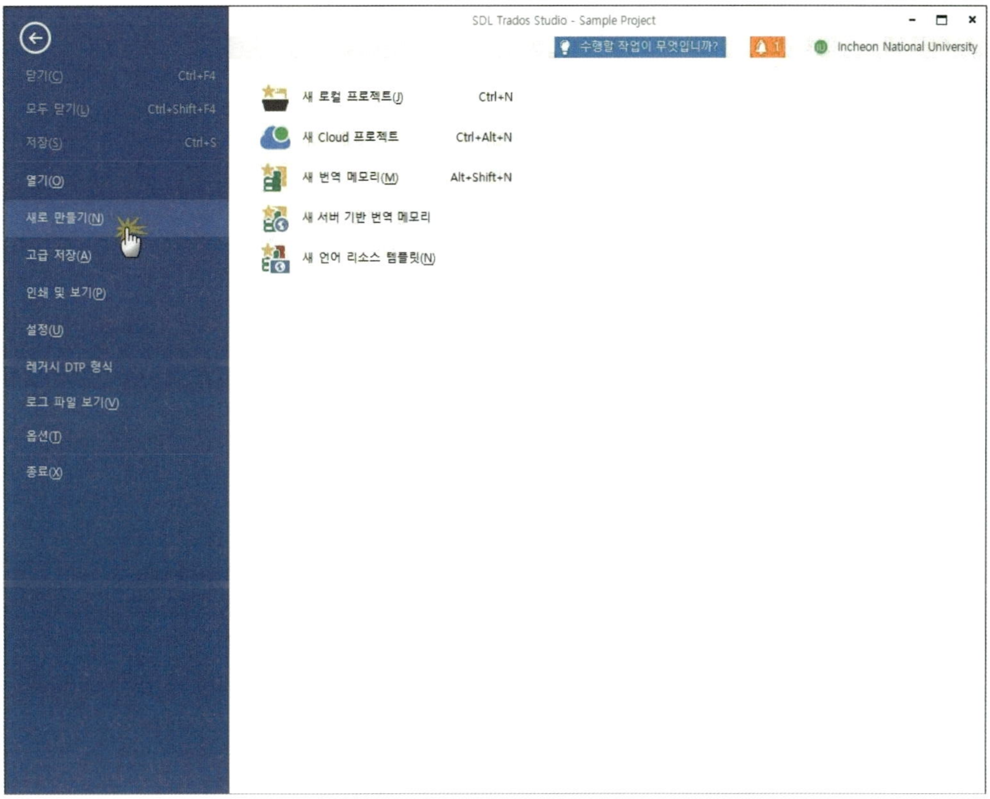

〈그림 3.23〉 새로 만들기 탭 하위 메뉴 구성

〈그림 3.24〉는 **고급 저장** 탭을 클릭했을 때 나타난 화면이다. 하위 메뉴로 **모두 저장, 다른 이름으로 소스 저장**과 같은 세부 항목이 있는 것을 볼 수 있다.

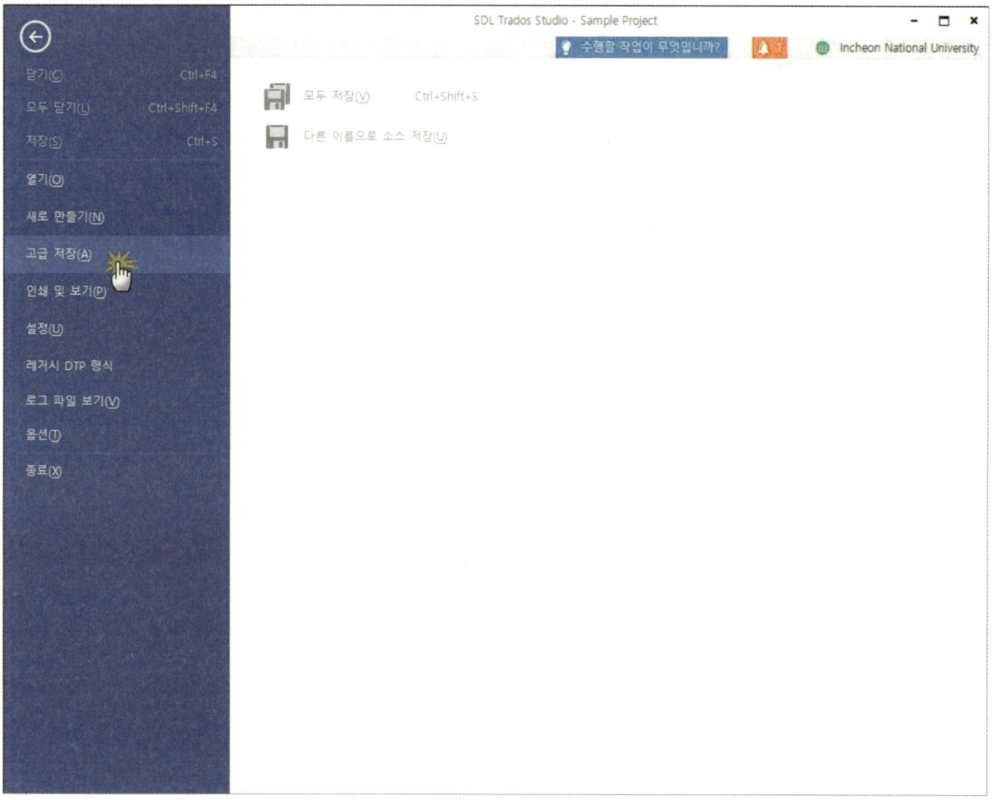

〈그림 3.24〉 고급 저장 탭 하위 메뉴 구성

〈그림 3.25〉는 **인쇄 및 보기** 탭을 클릭했을 때 나타난 화면이다. 하위 메뉴로 **인쇄 미리 보기**와 같은 세부 항목이 있는 것을 볼 수 있다.

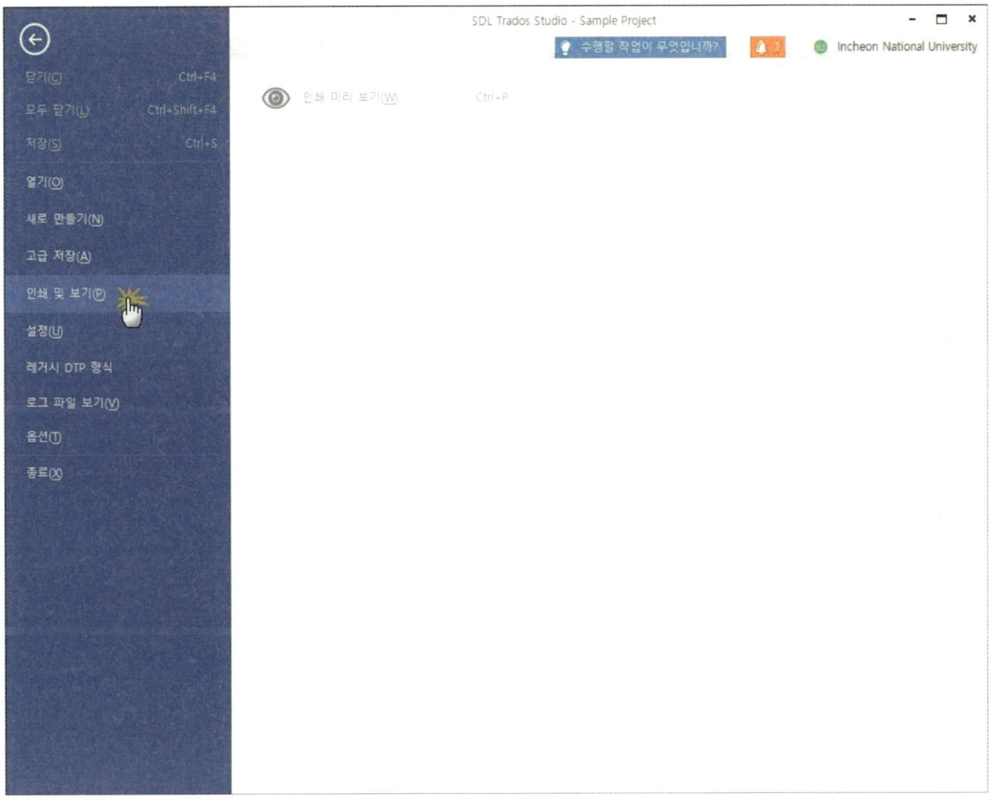

〈그림 3.25〉 인쇄 및 보기 탭 하위 메뉴 구성

〈그림 3.26〉은 설정 탭을 클릭했을 때 나타난 화면이다. 하위 메뉴로 **서버, 프로젝트 템플릿, 작업 시퀀스, 수동 작업, 사용자, 고객, 사용자 프로파일 관리**와 같은 세부 항목이 있는 것을 볼 수 있다.

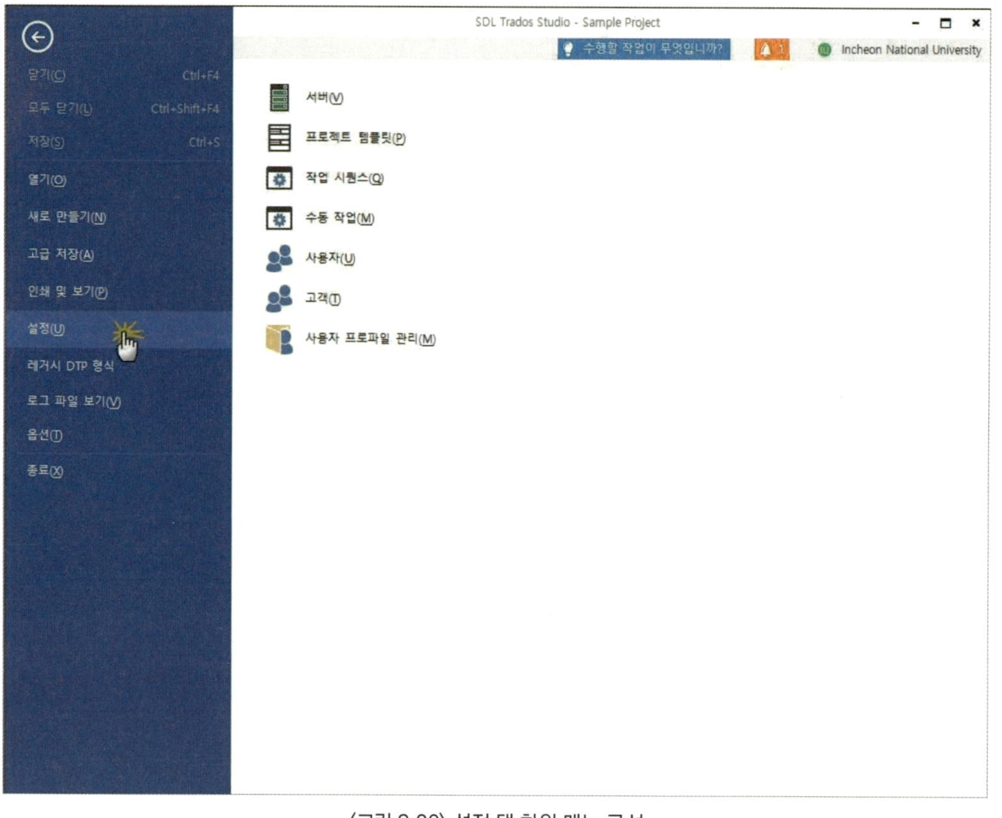

〈그림 3.26〉 설정 탭 하위 메뉴 구성

〈그림 3.27〉은 **레거시 DTP 형식** 탭을 클릭했을 때 나타난 화면이다. 하위 메뉴로 FrameMaker 7 **파일 준비**, QuickSilver **파일 준비**와 같은 세부 항목이 있는 것을 볼 수 있다.

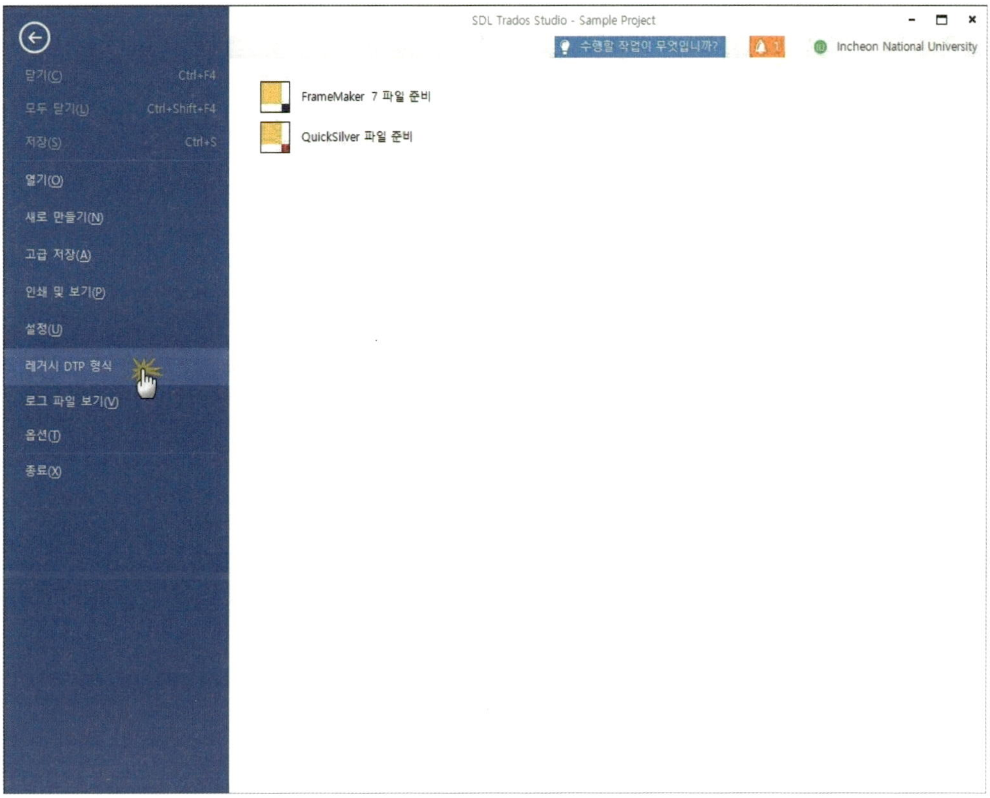

〈그림 3.27〉 레거시 DTP 형식 탭 하위 메뉴 구성

로그 파일 보기를 클릭하면 화면이 갑자기 SDL Trados Studio 2021을 시작했을 때 첫 화면으로 바뀌고, 〈그림 3.28〉과 같은 로그 기록 파일이 나타난다.

SDL Trados Studio_460744 - Windows 메모장
파일(F) 편집(E) 서식(O) 보기(V) 도움말(H)
INFO [2021-02-16 14:39:18,558] Job - Start#Id=04d66a96-659c-4310-8593-b663ba365088#Name=보고서 로드 중...#ProcessName=SDLTradosStudio#PhysicalMemorySize=316022784#VirtualMemorySize=267812864#ThreadCount=39#HandleCount=2122#GdiHandleCount=1627#UserHandleCount=895#TotalProcessorTime=00:00:37.7343750
INFO [2021-02-16 14:39:22,386] Job - Finish#Id=04d66a96-659c-4310-8593-b663ba365088#Name=보고서 로드 중...#ProcessName=SDLTradosStudio#PhysicalMemorySize=325955584#VirtualMemorySize=271085568#ThreadCount=45#HandleCount=2186#GdiHandleCount=1544#UserHandleCount=877#TotalProcessorTime=00:00:38.5781250
INFO [2021-02-16 15:26:08,011] ActionService - Start#Id=3a483592-5145-426e-860c-70c3fcbb1fbd#Name=LaunchMultiTermAction#ProcessName=SDLTradosStudio#PhysicalMemorySize=339062784#VirtualMemorySize=284225536#ThreadCount=37#HandleCount=2188#GdiHandleCount=1716#UserHandleCount=1068#TotalProcessorTime=00:00:45.9843750
INFO [2021-02-16 15:26:08,115] ActionService - Finish#Id=3a483592-5145-426e-860c-70c3fcbb1fbd#Name=LaunchMultiTermAction#ProcessName=SDLTradosStudio#PhysicalMemorySize=341274624#VirtualMemorySize=284442624#ThreadCount=39#HandleCount=2206#GdiHandleCount=1716#UserHandleCount=1069#TotalProcessorTime=00:00:46.0781250
INFO [2021-02-16 15:26:14,923] ActionService - Start#Id=e2564a66-e45c-4c9d-b87d-16f6fcc2cecf#Name=GenerateAutoSuggestDictionaryAction#ProcessName=SDLTradosStudio#PhysicalMemorySize=342286336#VirtualMemorySize=284504064#ThreadCount=39#HandleCount=2208#GdiHandleCount=1715#UserHandleCount=1073#TotalProcessorTime=00:00:46.2031250
Ln 1, Col 1 100% Windows (CRLF) UTF-16 LE

〈그림 3.28〉 로그 기록 파일

〈그림 3.29〉는 **옵션**을 클릭하면 나타나는 화면이다. SDL Trados Studio 2021에서 선택할 수 있는 옵션에 관한 자세한 내용은 뒤에서 더 자세히 다룬다.

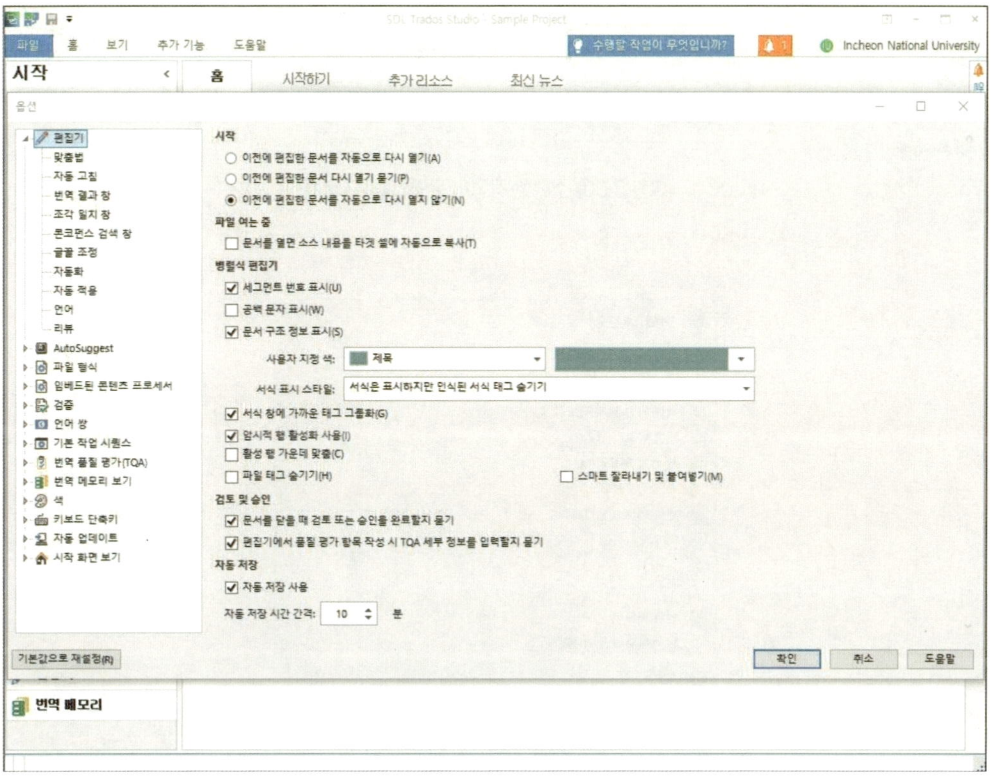

〈그림 3.29〉 옵션 화면

〈그림 3.30〉에서 볼 수 있듯이 메뉴 우측에는 파란색으로 **수행할 작업이 무엇입니까?** 버튼이 있다. 이 버튼을 클릭하면 원하는 작업을 검색해서 바로 실행할 수 있다. 예컨대, 〈그림 3.31〉은 번역 메모리를 검색한 화면이다.

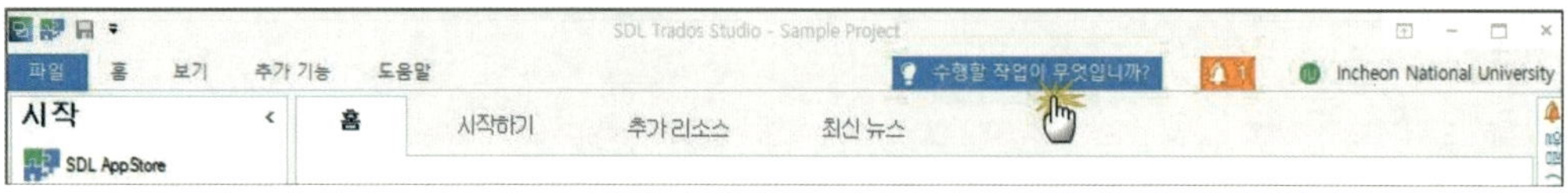

〈그림 3.30〉 수행할 작업이 무엇입니까? 버튼

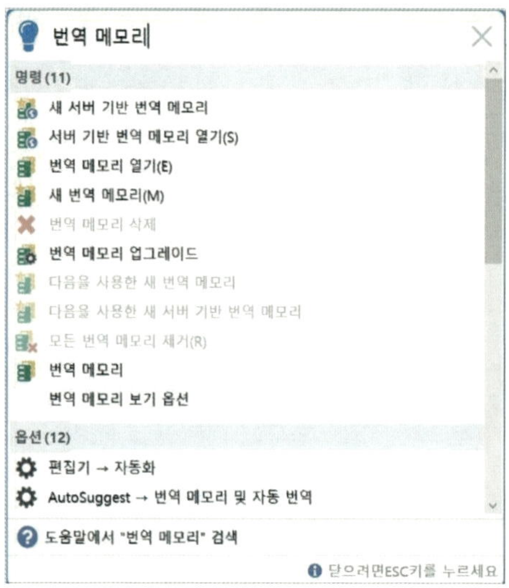

〈그림 3.31〉 수행할 작업이 무엇입니까? - 번역 메모리

노트북을 사용할 때는 작업할 때 화면 크기가 다소 문제가 될 수 있다. 〈그림 3.32〉에서 볼 수 있듯이 시작 우측에 있는 꺾쇠를 클릭하면 탐색 창을 최소화할 수 있다. 물론 화면이 접히더라도 왼쪽 아래에 있는 시작, 프로젝트, 파일, 보고서, 편집기, 번역 메모리 아이콘은 그대로 있으므로 해당 메뉴를 사용하는 데 전혀 문제가 없다. 그 밖에 키보드의 단축기 **F11**을 누르면 현재 사용하는 화면을 전체 화면으로 전환할 수 있다. 그 전에 사용하던 화면으로 복귀할 때는 **F11**을 다시 누르면 된다.

〈그림 3.32〉 탐색 창 최소화하기

한편, 사용자가 원하는 창을 SDL Trados Studio 2021 화면의 특정 부분에 고정시키거나 숨길 수 있다. 〈그림 3.33〉에서 볼 수 있듯이, 이때 **자동 숨기기** 기능을 활용할 수 있는데 원하는 창을 드래그해서 원하는 위치에 고정할 수 있다. 만일 창을 다시 원상복구 시키려면 **보기 〉 창 배치 재설정**을 선택한다.

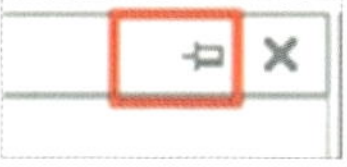

〈그림 3.33〉 자동 숨기기 활성화

4장 SDL AppStore

SDL Trados Studio 2021의 주요 기능을 학습하기에 앞서, SDL AppStore에 대해 알아본다. SDL AppStore는 사용자가 SDL Trados Studio 2021을 사용하며 추가로 필요하거나 유용하다고 판단되는 플러그인을 다운로드하여 SDL Trados Studio 2021에 새로운 기능을 추가할 수 있는 온라인 홈페이지이다.

4.1. SDL AppStore 살펴보기

SDL AppStore는 탐색 창의 시작화면에서 〈그림 4.1〉과 같이 **SDL AppStore** 를 클릭하여 AppStore로 이동할 수 있다.

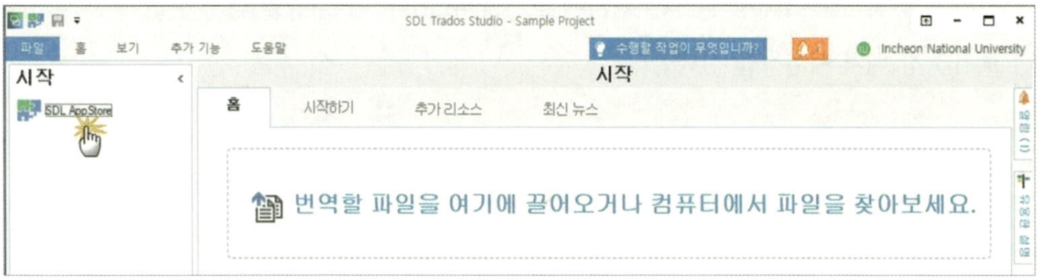

〈그림 4.1〉 탐색 창에 있는 시작화면에서 SDL AppStore 클릭하기

<그림 4.1>과 같이 SDL AppStore를 클릭하면, <그림 4.2>와 같이 현재 SDL Trados Studio 2021에 설치된 플러그인이 모두 표시된다. 이미 설치된 앱이 있으면, 이곳에서 한 번에 업데이트하거나 삭제할 수 있는 플러그인 관리 창이 나타난다. <그림 4.2>와 같이 화면의 왼쪽 아래에 있는 **AppStore로 이동**을 클릭하면 SDL AppStore 홈페이지로 이동할 수 있다.

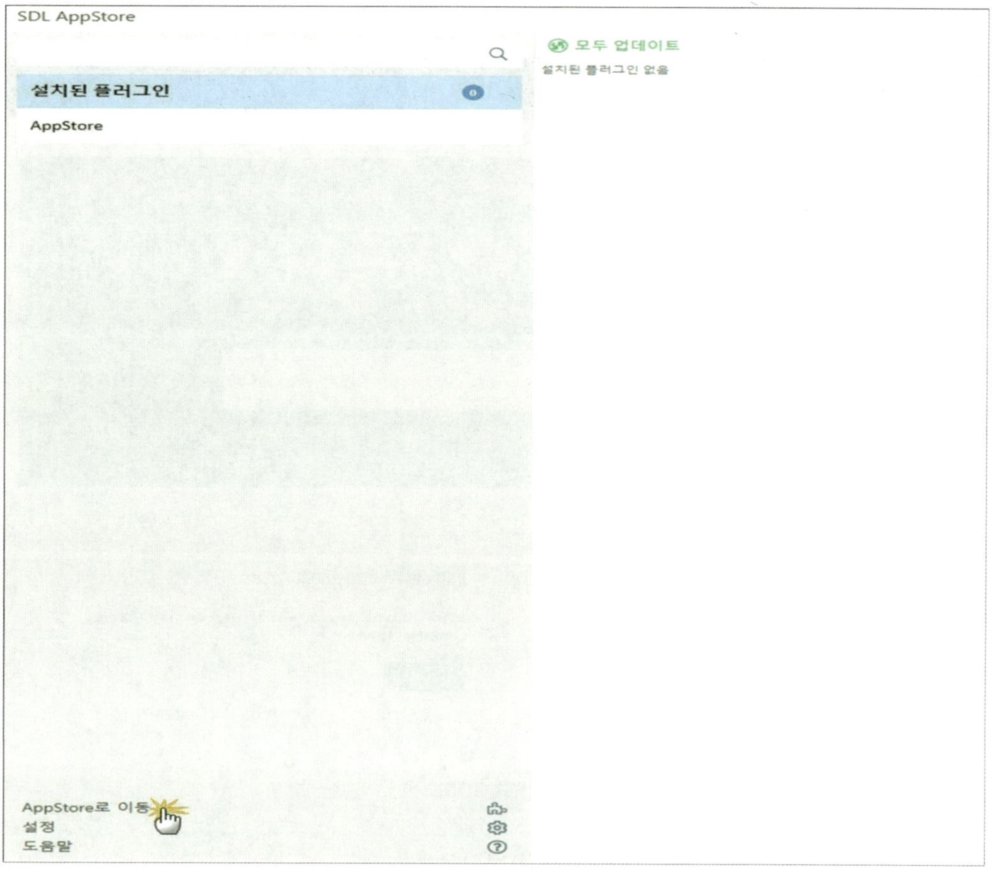

<그림 4.2> 플러그인 관리 창

〈그림 4.3〉은 SDL AppStore 첫 화면 모습이다. SDL AppStore에 있는 플러그인은 대부분 무료이며, SDL Trados Studio 영문 가이드 등과 같은 유료 안내 책자도 이곳에서 구매할 수도 있다. 로그인을 안 하고 무료로 다운로드할 수 있는 플러그인도 꽤 있지만 제5장에서 다룰 인공지능 자동번역 기능을 추가하는 데 필요한 플러그인을 다운로드하기 위해서는 로그인을 해야 한다.

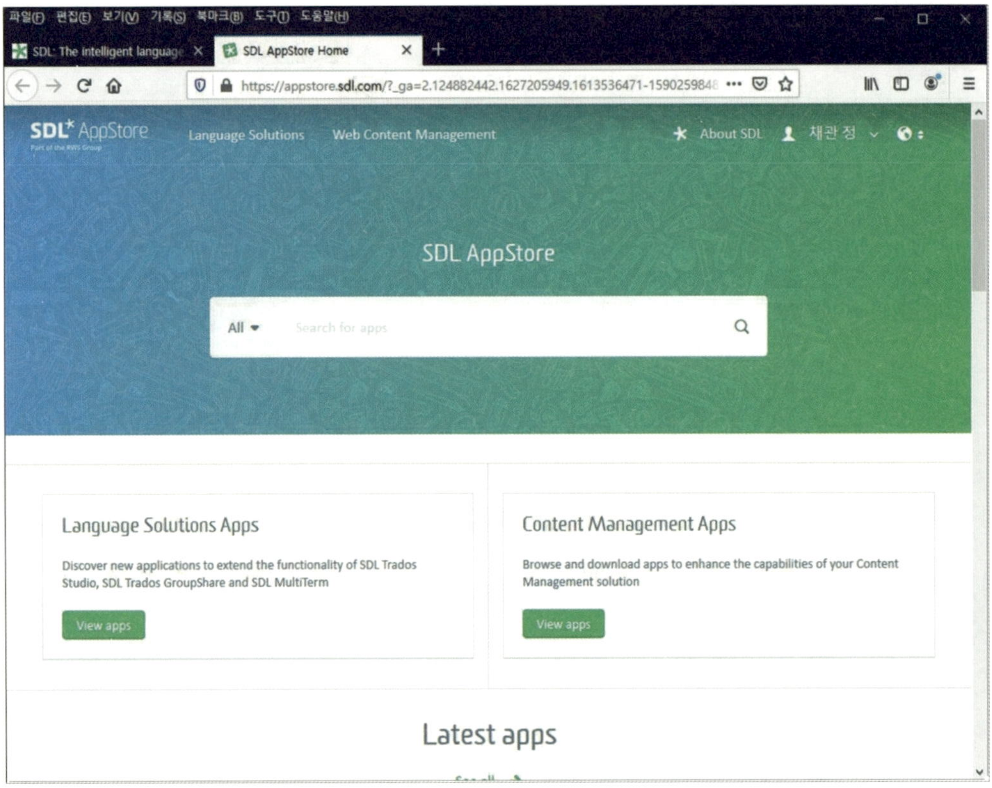

〈그림 4.3〉 SDL AppStore

4.2. 플러그인 다운로드하기

SDL AppStore에서 제5장에서 사용할 플러그인을 다운로드해본다. **MT Enhanced Plugin**은 인공지능 자동번역 기능을 탑재할 수 있도록 도와주는 플러그인이다. 〈그림 4.4〉와 같이 중앙에 있는 검색 창에 다음 장에서 필요한 MT Enhanced Plugin을 입력하고 돋보기를 클릭한다.

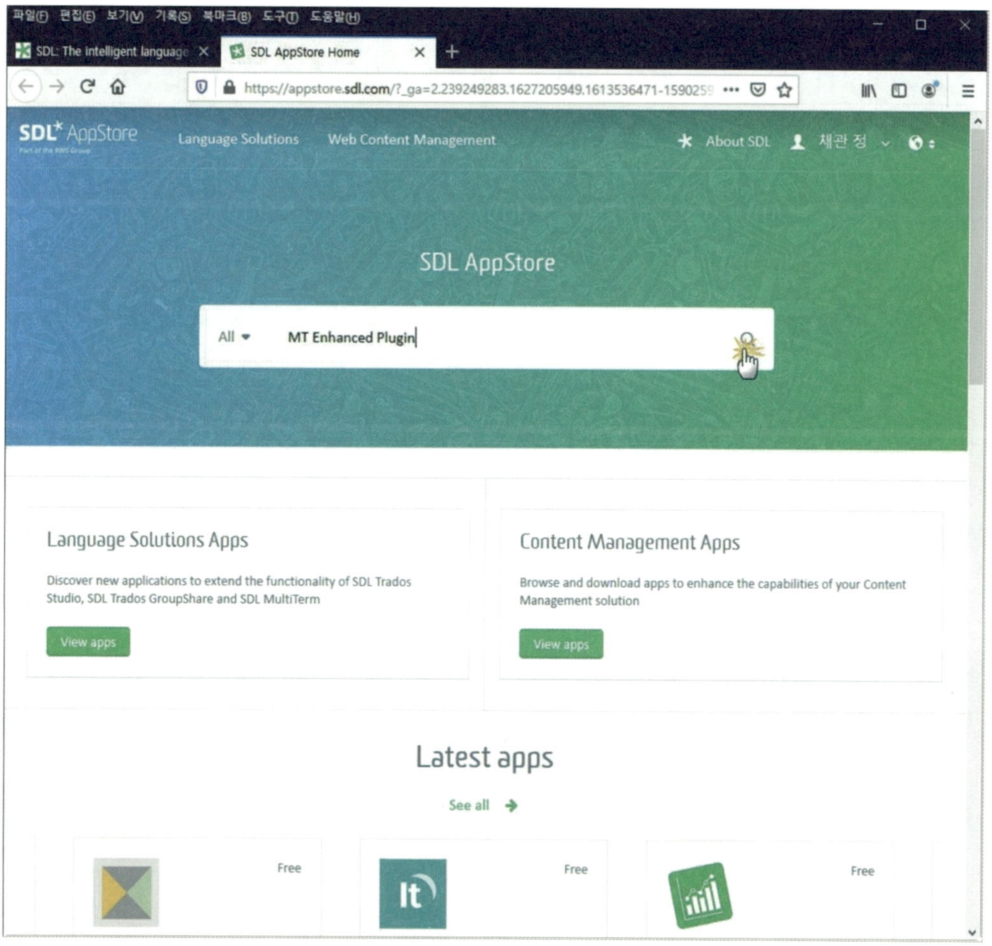

〈그림 4.4〉 MT Enhanced Plugin 검색하기

〈그림 4.5〉는 MT Enhanced Plugin을 검색한 후에 나타난 결과 화면이다. MT Enhanced Plugin은 무료로 다운로드할 수 있는 플러그인이고 현재 3,469회 다운로드되었다는 정보를 확인할 수 있다. 해당 플러그인을 클릭한다.

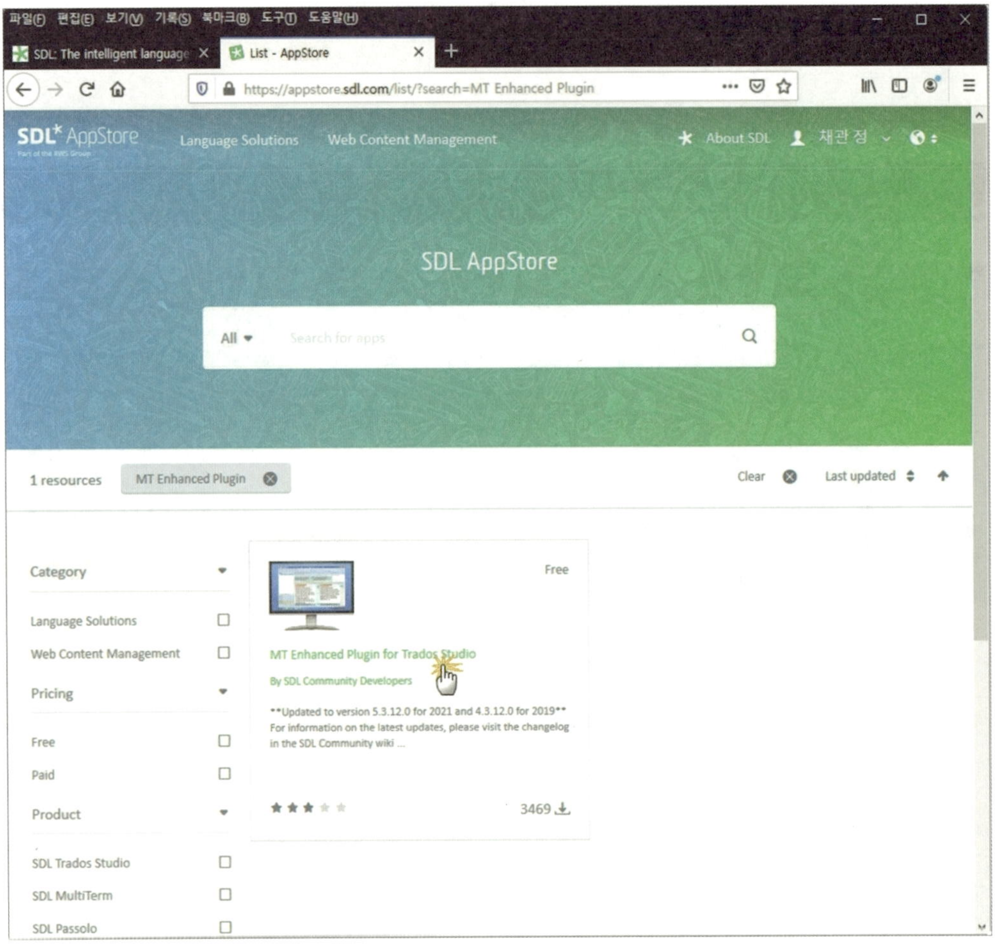

〈그림 4.5〉 MT Enhanced Plugin 검색하기

〈그림 4.6〉은 MT Enhanced Plugin 검색 결과를 클릭하면 나타나는 화면이다. 해당 플러그인이 언제 업데이트가 되었고, 어떤 기능을 가졌는지에 관한 자세한 설명이 나와 있다. 화면의 우측에 있는 **Download**를 클릭하여 바탕화면에 저장한다.

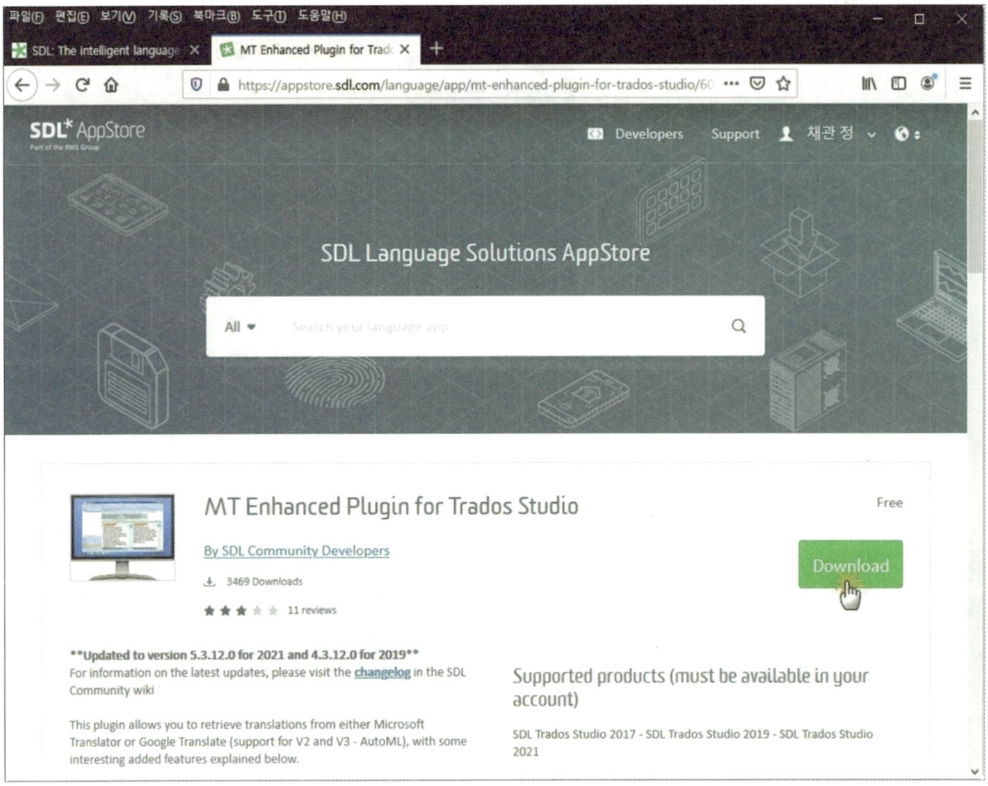

〈그림 4.6〉 MT Enhanced Plugin 다운로드

4.3. 플러그인 설치하기

〈그림 4.7〉은 MT Enhanced Plugin을 바탕화면에 다운로드한 것이다. 다운로드한 Sdl.Community.MtEnhancedProvider 파일을 〈그림 4.7〉과 같이 더블 클릭하면 설치가 시작된다.

〈그림 4.7〉 Sdl.Community.MtEnhancedProvider 더블클릭하기

〈그림 4.8〉은 SDL 플러그인 설치 마법사 시작화면이다. Next 버튼을 클릭하여 설치를 시작한다.

〈그림 4.8〉 플러그인 설치 시작

〈그림 4.9〉는 SDL AppSotre 사용자 약관 화면이다. 화면 아래에 있는 **동의**를 선택한 다음, Next 버튼을 클릭한다.

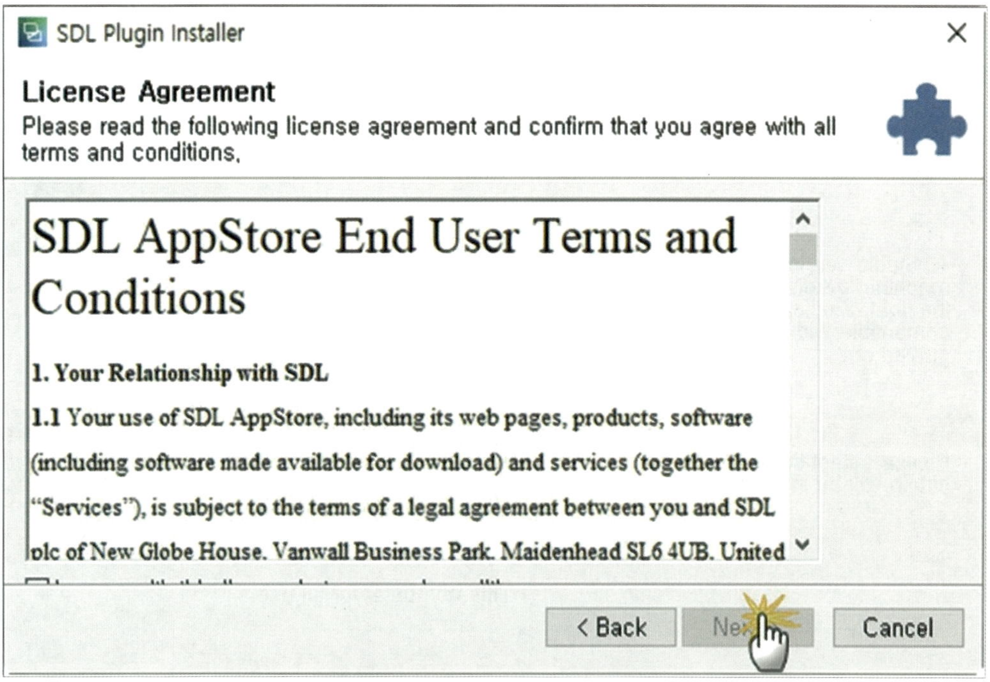

〈그림 4.9〉 SDL AppStore 사용자 약관

〈그림 4.10〉은 설치하고자 하는 SDL Trados Studio 사용 버전을 선택해야 하는 화면이다. 첫 화면에는 선택이 되어있지 않으며, SDL Trados Studio 2021 앞에 있는 박스를 선택한 다음, **Next** 버튼을 클릭하여 설치한 후 종료한다.

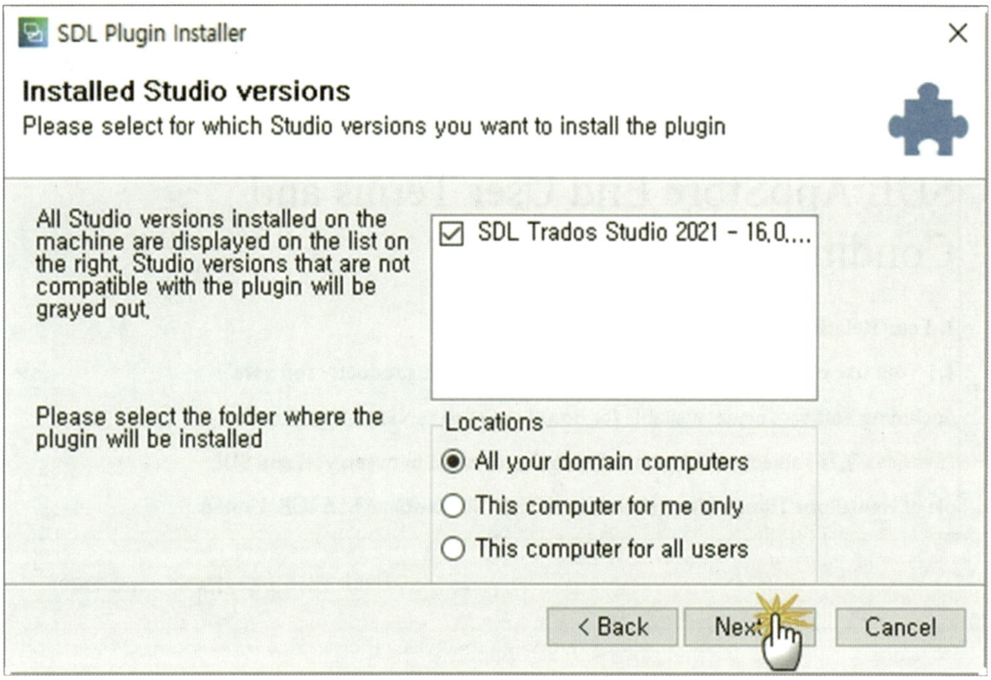

〈그림 4.10〉 설치 파일 선택 후 Next 버튼 클릭하기

5장 TM 만들기

이 장에서는 새로운 TM 데이터베이스를 만들어 본다. TM은 CAT의 가장 핵심적인 기능 중 하나이며, 번역의 일관성을 유지하고 번역 시간을 단축해줄 뿐 아니라 번역의 효율성을 높이는 데 큰 역할을 한다. 사용자가 사용할 의료, 게임, 법 등과 같은 특수 분야의 고품질 TM이 많으면 많을수록 번역의 품질이 높아지며 번역이 훨씬 수월해진다. 이 장에서는 새로운 TM을 만든 다음, 샘플 문서를 번역해본다.

5.1. 새로운 TM 만들기

새 TM을 만들려면 〈그림 5.1〉과 같이 SDL Trados Studio 2021 화면 왼쪽 아래에 있는 **번역 메모리**를 클릭해 **번역 메모리** 보기로 전환한다.

〈그림 5.1〉 번역 메모리 클릭하기

메뉴에서 홈 탭을 선택한 다음, 새로 만들기 하위 메뉴를 선택하면 **새 번역 메모리**가 나타난다. 〈그림 5.2〉와 같이 새 번역 메모리를 선택한다.

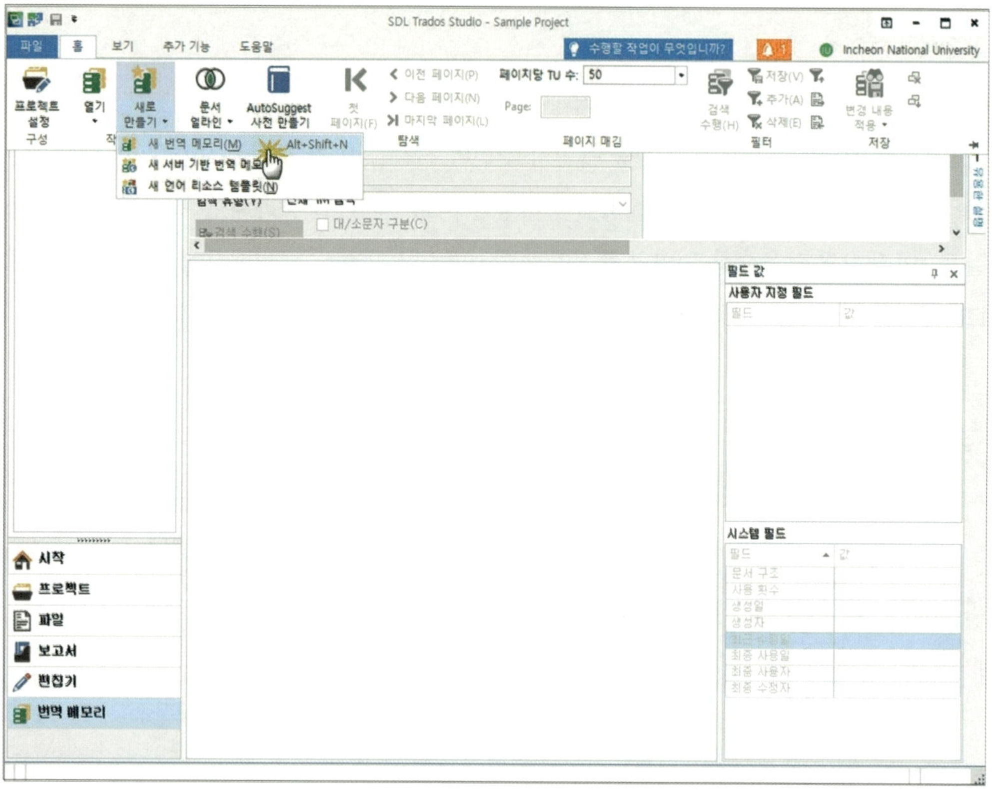

〈그림 5.2〉 새 번역 메모리 만들기 선택하기

처음 새 번역 메모리를 클릭하면, 〈그림 5.3〉과 같은 알림창이 나타난다. 처음에 사용자 설정에서 사용자가 주로 사용하는 언어를 변경하지 않았다면 이곳에서 변경한다. 〈그림 5.3〉과 같이 디폴트로 소스 언어는 English (United States)로 되어있고, 타겟 언어는 German (Germany)로 되어있다.

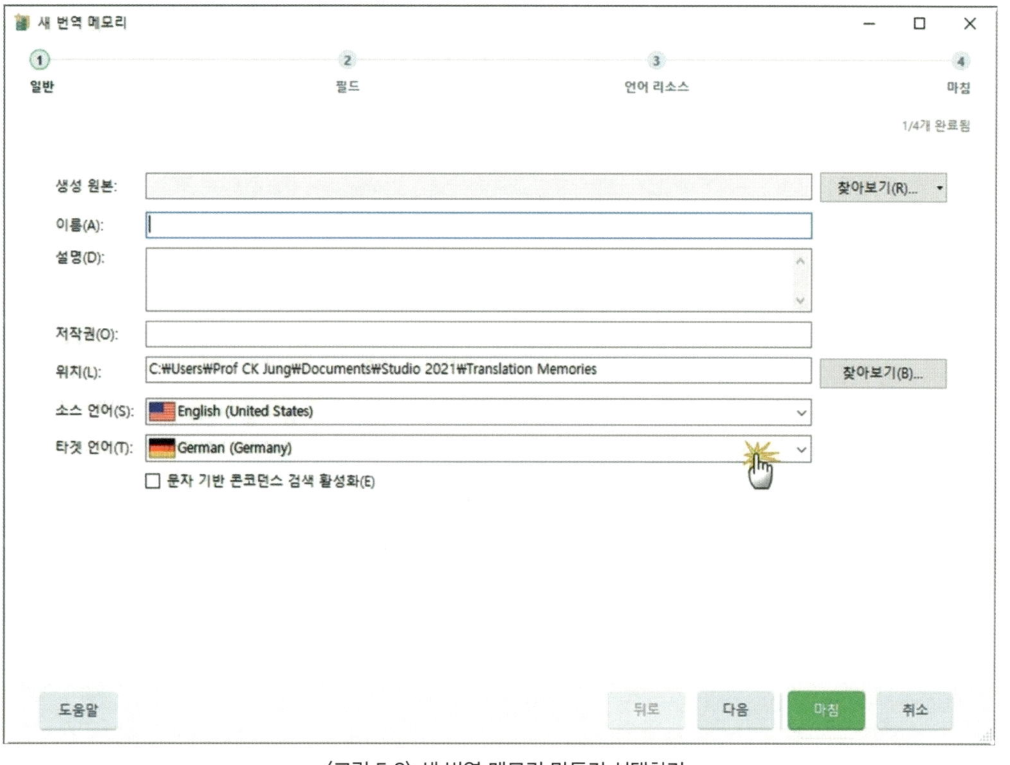

〈그림 5.3〉 새 번역 메모리 만들기 선택하기

SDL Trados Studio 2021에서 영어만 해도 미국식 영어, 영국식 영어뿐 아니라 매우 다양한 영어를 제공한다. 한국어도 **Korean (Korea)와 Korean (North Korea)** 두 개를 제공한다. 이 책에서는 〈그림 5.4〉와 같이 소스 언어는 **English (United States)**로, 타겟 언어는 **Korean (Korea)**로 설정하고, 이름은 **EN_KOR-연습**으로 설정한다. 이상과 같은 설정이 끝나면 다음 버튼을 클릭한다.

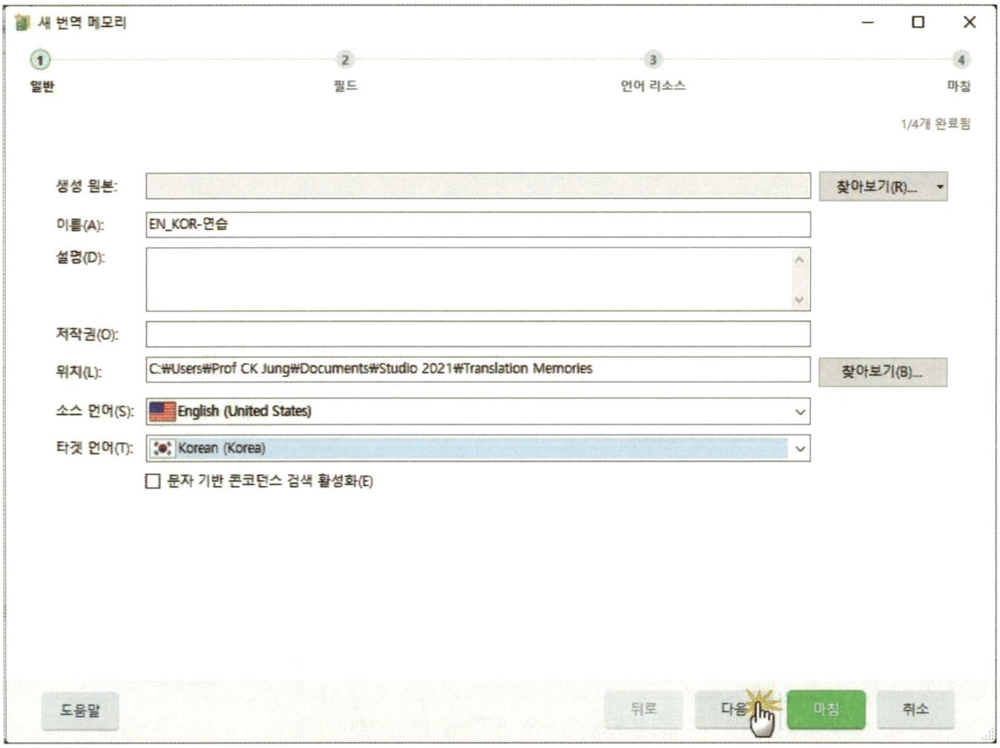

〈그림 5.4〉 새 번역 메모리 이름과 언어 쌍 설정

새 번역 메모리 이름과 언어 쌍 설정이 끝난 후, **다음** 버튼을 클릭하면 〈그림 5.5〉와 같은 필드 값을 입력하는 화면으로 바뀐다. 현재는 따로 텍스트 유형에 따른 필드 값을 설정할 필요가 없으므로 **다음** 버튼을 클릭한다.

〈그림 5.5〉 필드 값 입력 설정 화면

〈그림 5.6〉은 언어 리소스를 입력하는 화면이다. 현재 새 번역 메모리를 만드는 과정에서 필수적인 단계가 아니므로 **마침** 버튼을 클릭하여 새 번역 메모리 만드는 과정을 종료한다.

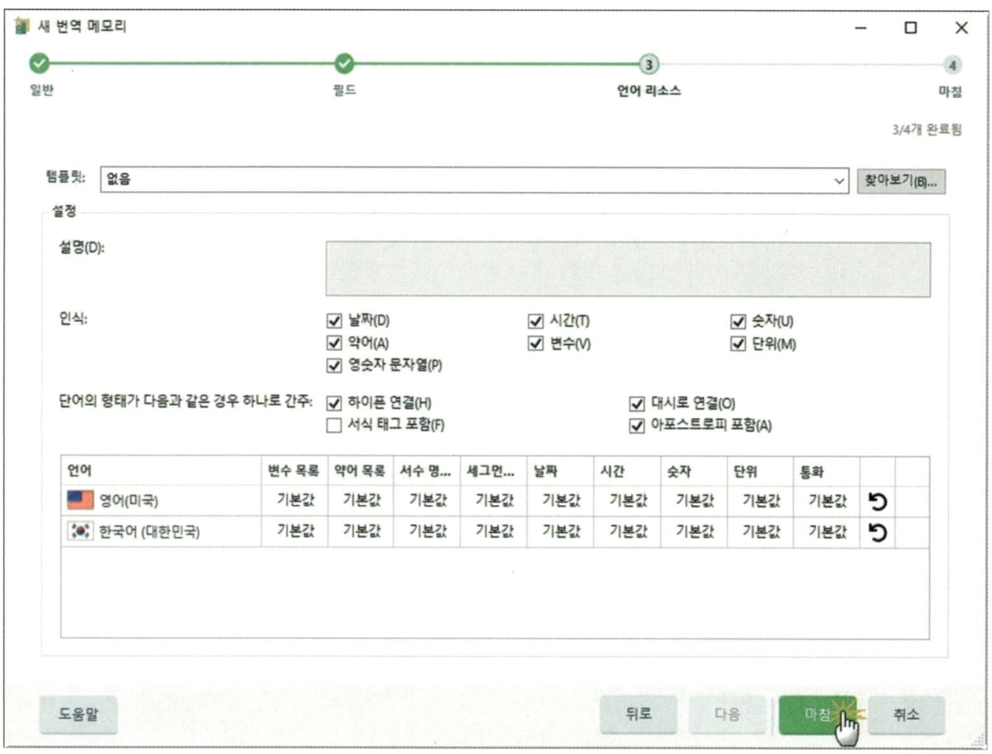

〈그림 5.6〉 언어 리소스 설정 화면

〈그림 5.7〉은 새 번역 메모리 만들기 전 과정을 마친 후 최종적으로 완료가 되었다는 화면이다. 모든 과정이 완료되면 **닫기** 버튼을 클릭한다.

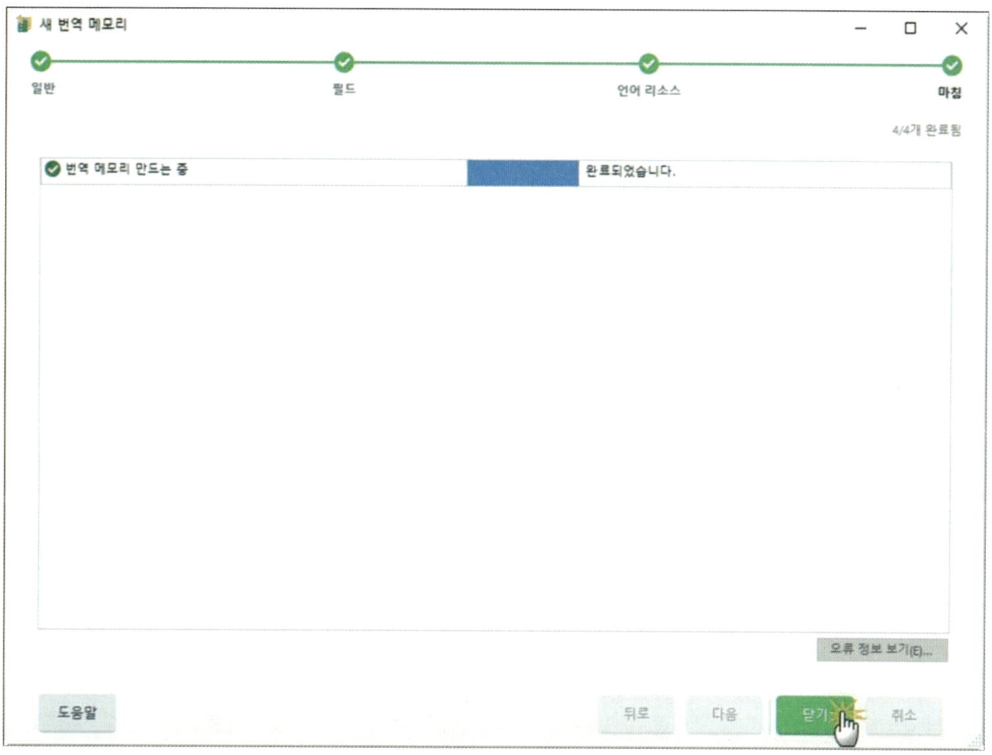

〈그림 5.7〉 새 번역 메모리 만들기 종료하기

〈그림 5.8〉에서 볼 수 있듯이 이상의 과정을 거쳐 만들어진 TM은 탐색 창 왼쪽 위에 EN_KOR-연습 이름으로 나타난다. 새로 생성된 TM은 아직 내용이 없으므로 비어있는 상태이며 표시할 번역 유닛(Translation Unit, TU)이 없다. 문서를 번역할 때마다 TM 보기에서 해당 TM에 저장된 ST와 TT를 확인할 수 있다. TM을 번역에서 어떻게 사용하지를 뒤에 자세히 설명하기로 한다. 참고로 이번에 생성한 EN_KOR-연습 TM 이외에도 문서 또는 언어별로 TM을 새로 만들 수 있다. 하나의 일반적인 TM을 계속 사용하기보다는 문서의 장르와 상황에 맞는 다양한 TM을 만들어 사용하는 것이 더 자연스러운 번역에 도움이 된다. 다음 절에서는 인공지능 번역기가 자동으로 먼저 문장을 번역해주는 구글 번역기를 탑재하는 방법에 관해 설명한다.

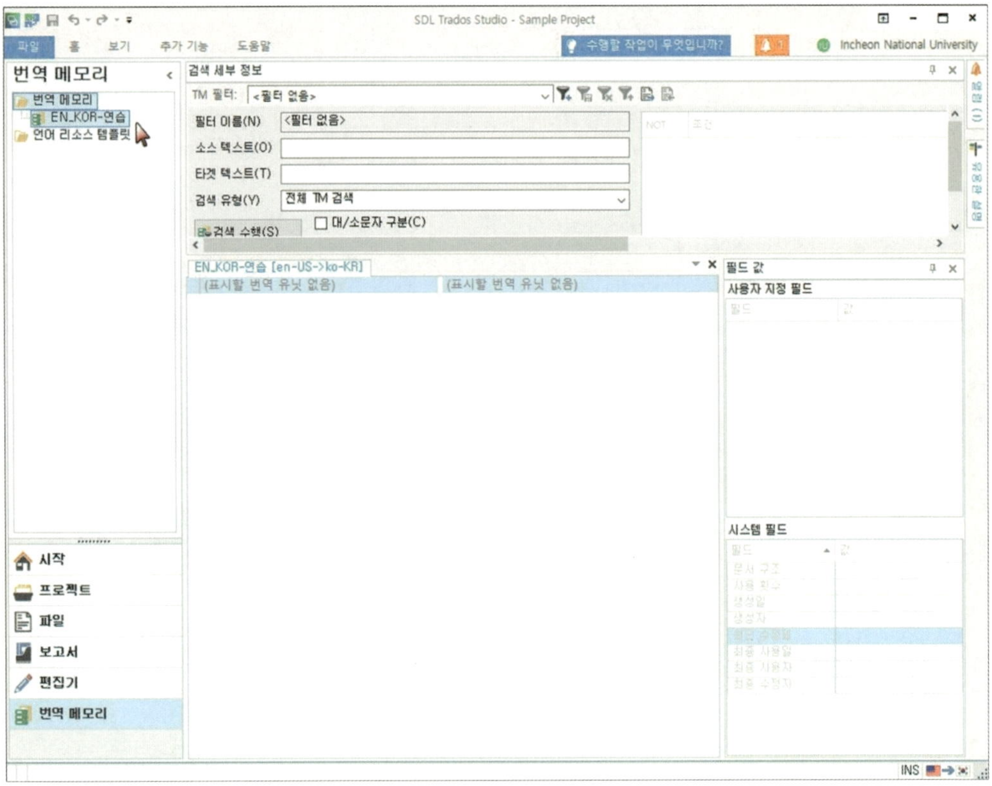

〈그림 5.8〉 새 번역 메모리 생성 완료

5.2. Google 번역기 API 생성하기

번역을 더 수월하기 위해서는 기계번역(Machine Translation, MT)를 활용하는 게 효율적이다. 이 책에서는 Google에서 제공하는 Google 번역기를 사용한다. 물론 Google 번역기는 〈그림 5.9〉에서와 같이 Google 번역기 웹사이트에서 사용할 수도 있다. 하지만 텍스트를 복사해서 붙이기 하거나 문서를 업로드하여 번역하는 과정을 거치고, 이후에 다시 번역된 결과물을 편집해야 하는 번거로움이 있다. 따라서 전문 번역을 하고자 한다면 SDL Trados Studio 2021에 Google 번역기를 탑재해서 사용하는 것이 더 효율적이다.

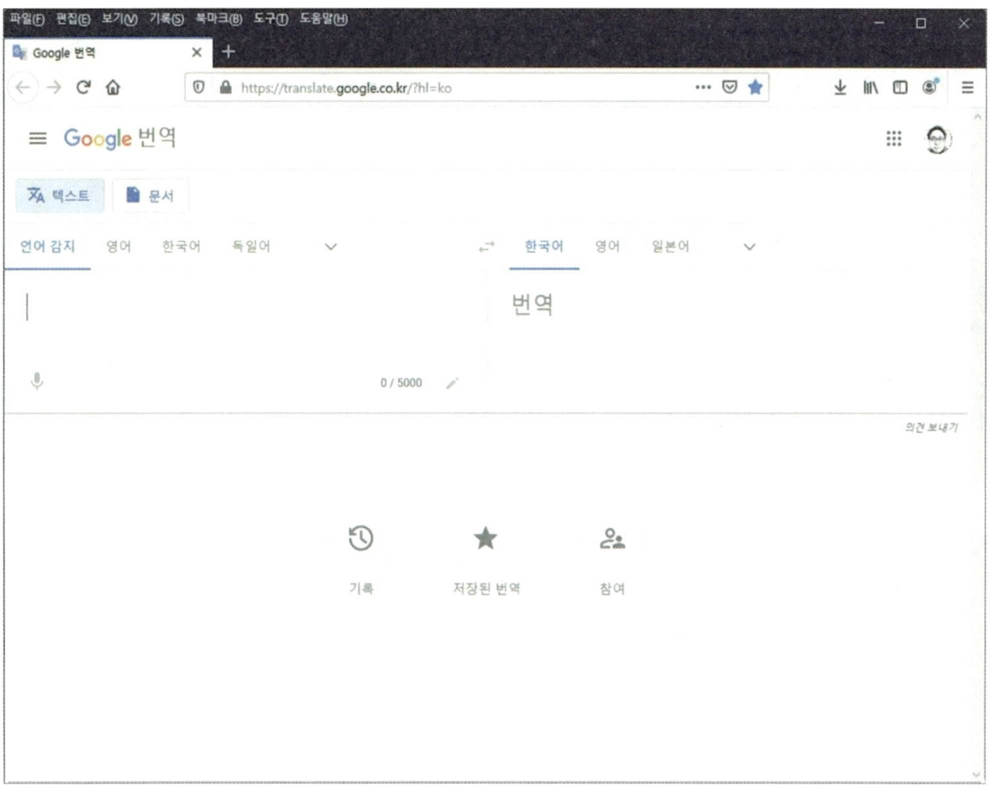

〈그림 5.9〉 Google 번역기

Google 번역기를 SDL Trados Studio 2021에 탑재해서 사용하기 위해서는 우선 Google 클라우드 플랫폼에서 API를 생성해야 한다. 이를 위해 Google에서 **구글 클라우드 플랫폼**을 입력한 다음 검색하면 〈그림 5.10〉과 같은 결과가 나타난다. 가장 위에 있는 **Google 클라우드 플랫폼**을 클릭한다.

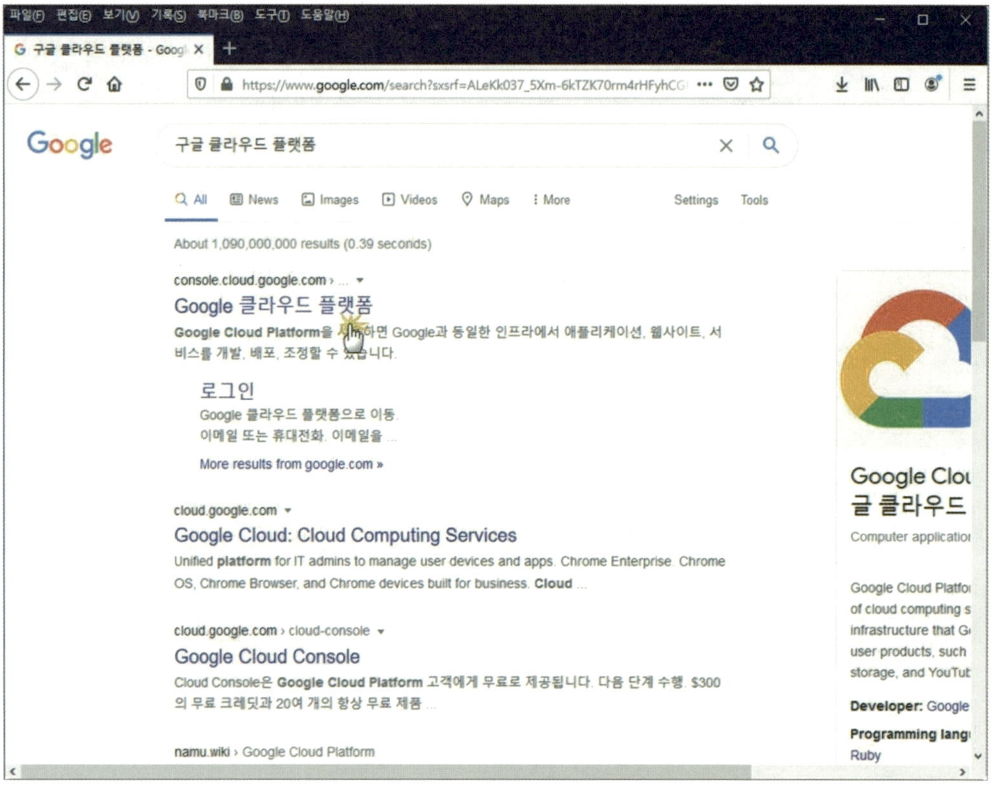

〈그림 5.10〉 Google 클라우드 플랫폼 검색

〈그림 5.10〉 화면에서 Google 클라우드 플랫폼을 클릭하면 〈그림 5.11〉과 같은 Google Cloud Platform 시작화면이 나타난다. 화면의 왼쪽 위에 보면, '무료 평가판을 사용할 수 있습니다. 지금 활성화하여 Google Cloud 제품에 쓸 수 있는 $300의 크레딧을 받아보세요.' 옆에 있는 **활성화** 버튼을 클릭한다.

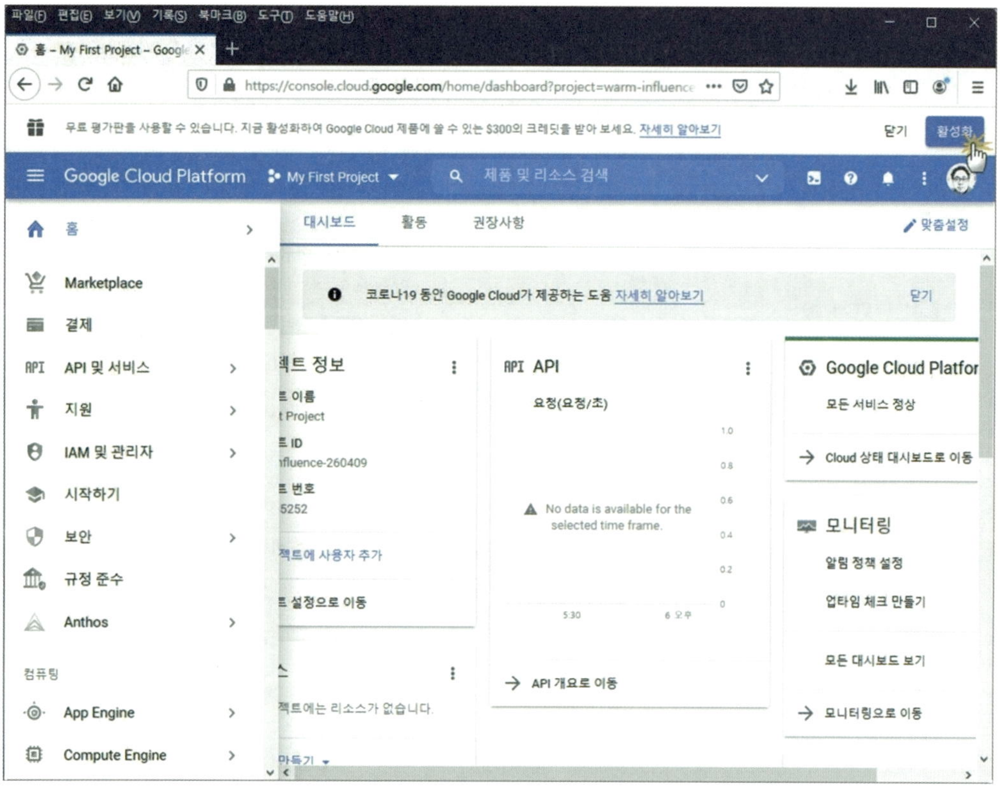

〈그림 5.11〉 Google 클라우드 플랫폼 화면

Google에서는 다양한 클라우스 서비스를 제공하는데, 90일간 사용할 수 있는 $300 크레딧을 무료로 제공한다. 무료 체험한 종료 후에 자동으로 비용이 청구되지 않는다. 하지만 이 과정에서 이러한 서비스를 남용하는 사용자를 방지하기 위해 신용카드 정보를 요구한다. 〈그림 5.12〉와 같이 서비스 약관을 체크하고 계속 버튼을 클릭한다.

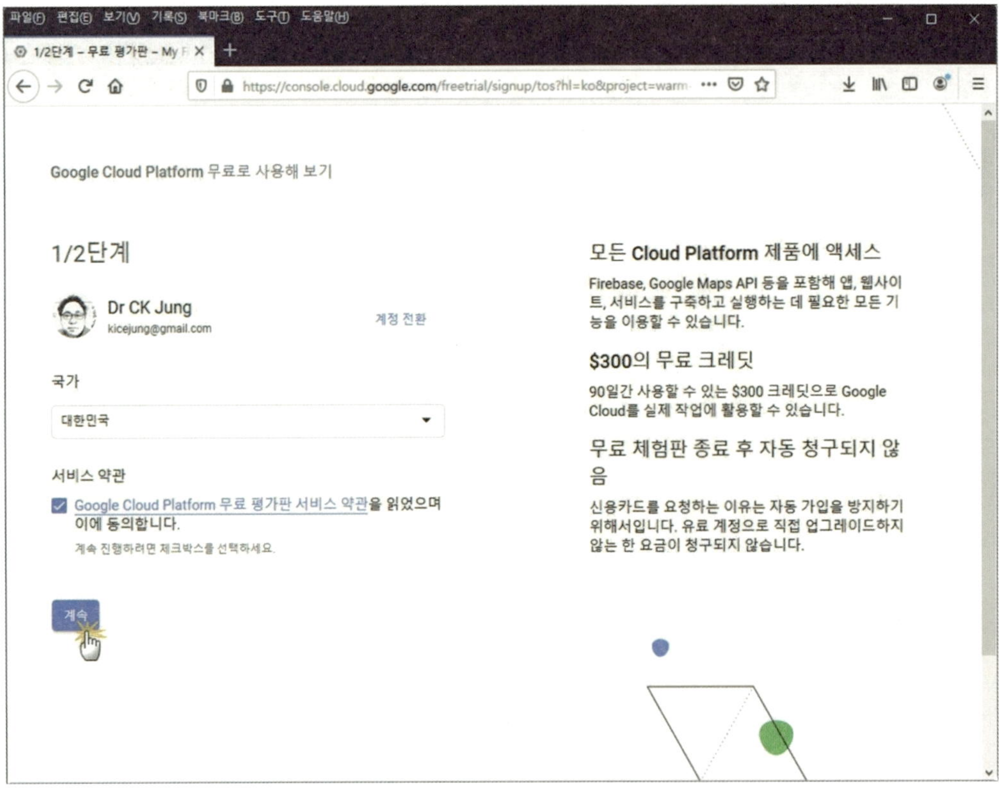

〈그림 5.12〉 Google 클라우드 플랫폼 신청 1단계 화면

〈그림 5.13〉은 결제옵션 마지막 단계이다. 사용자의 결제 수단을 확인한 후 **무료 평가판 시작하기** 버튼을 클릭한다.

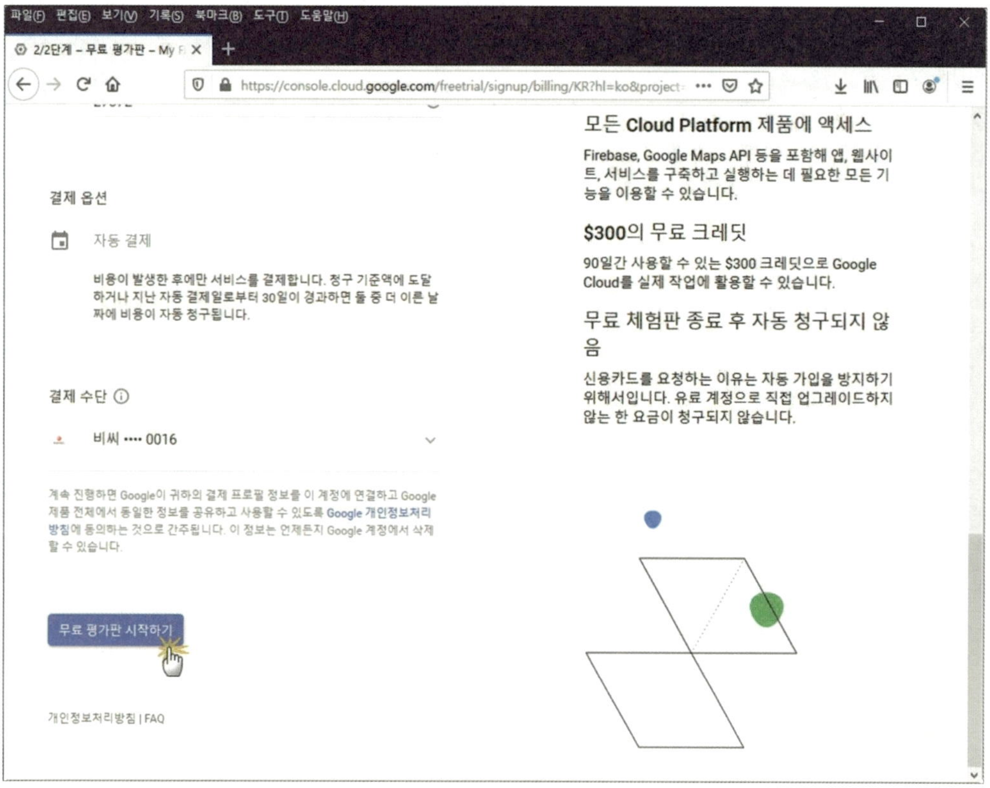

〈그림 5.13〉 Google 클라우드 플랫폼 신청 2단계 화면

Google 클라우드 플랫폼 신청단계를 모두 마무리하면, 〈그림 5.14〉와 같이 가입 화면 알림창이 나타난다. **확인** 버튼을 클릭하여 모든 과정을 마무리한다.

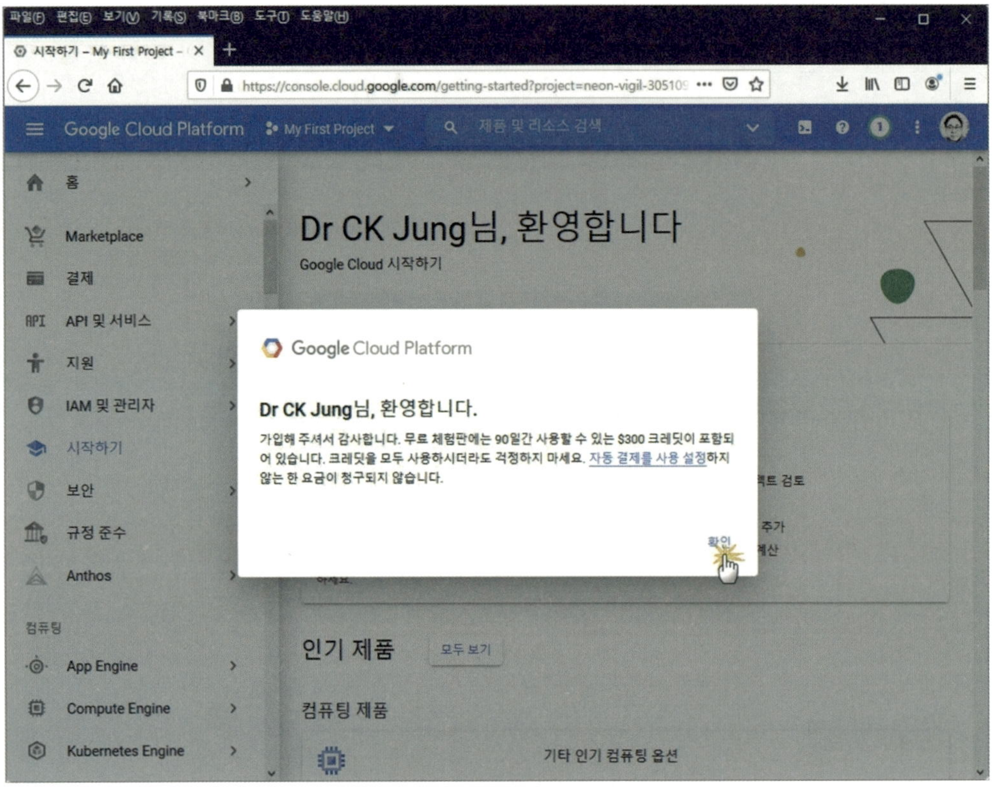

〈그림 5.14〉 Google 클라우드 플랫폼 신청 완료 화면

Google 클라우드 플랫폼 신청이 마무리되면, SDL Trados Studio 2021에 입력할 Google 클라우드 트랜스레이션 API를 사용할 준비를 한다. 〈그림 5.15〉에서 볼 수 있는 것처럼, **API 및 서비스**를 클릭한 다음, 두 번째 있는 **라이브러리**를 클릭한다.

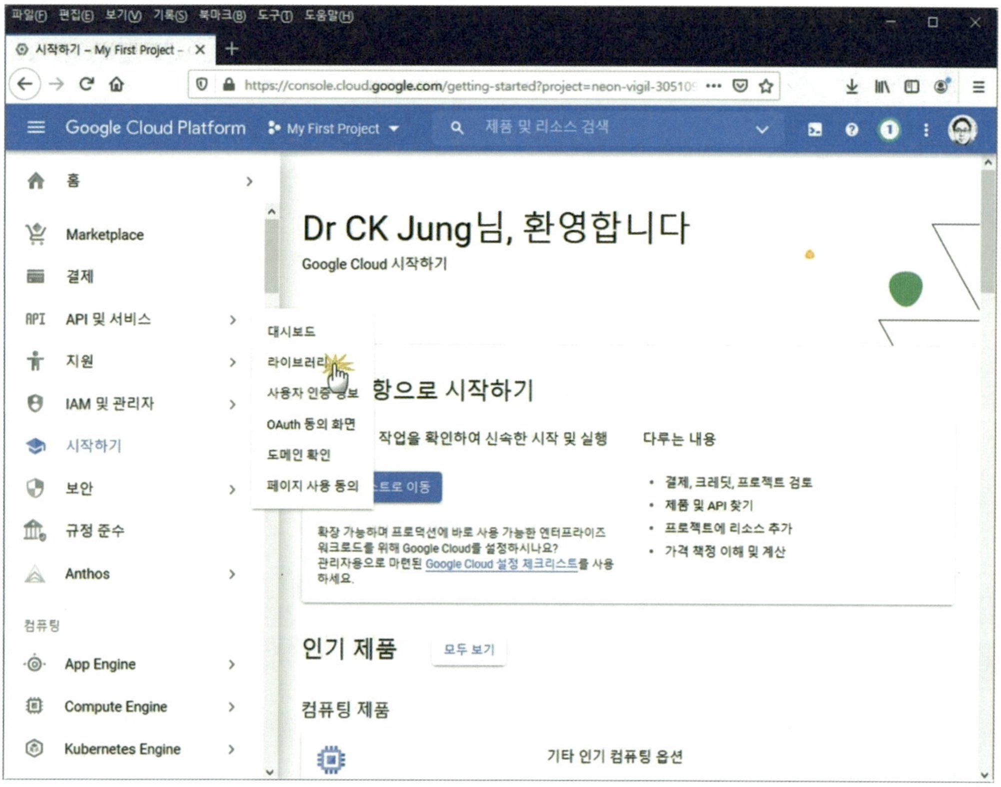

〈그림 5.15〉 API 및 서비스 〉 라이브러리 클릭하기

검색 창에 Cloud Translation API를 입력한 후 검색하면 〈그림 5.16〉과 같이 두 개의 결과가 나오는데, 첫 번째에 있는 것을 클릭한다.

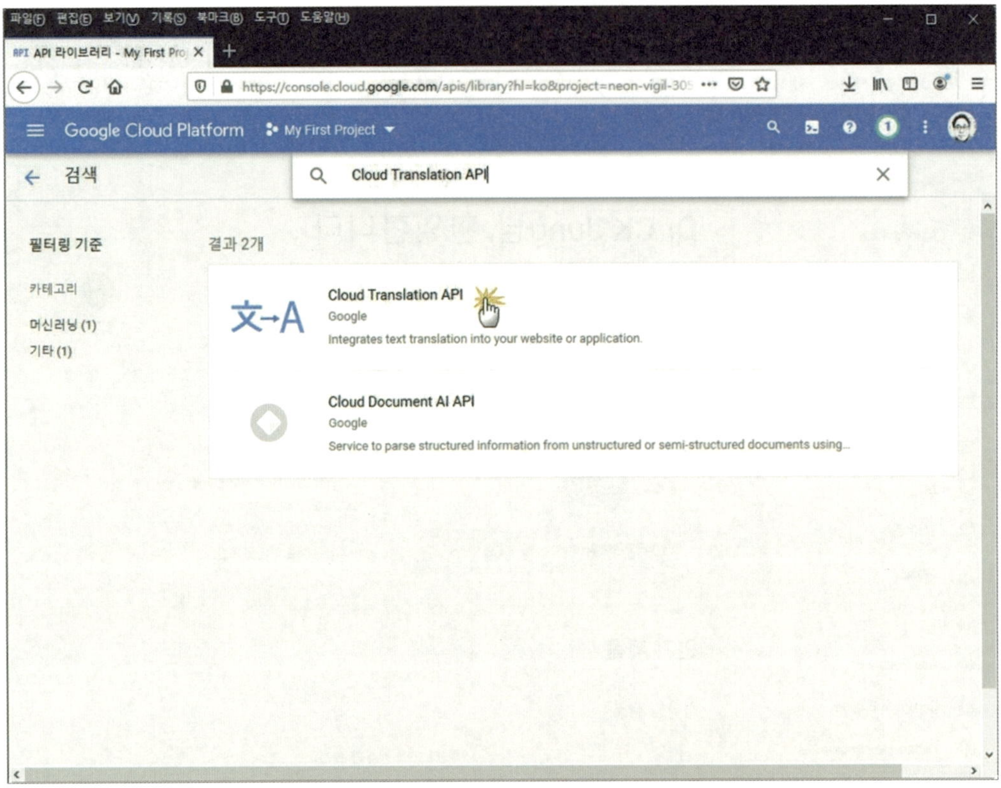

〈그림 5.16〉 Cloud Translation API를 검색한 후 클릭하기

〈그림 5.17〉과 같이 Cloud Translation API **사용** 버튼을 클릭한다.

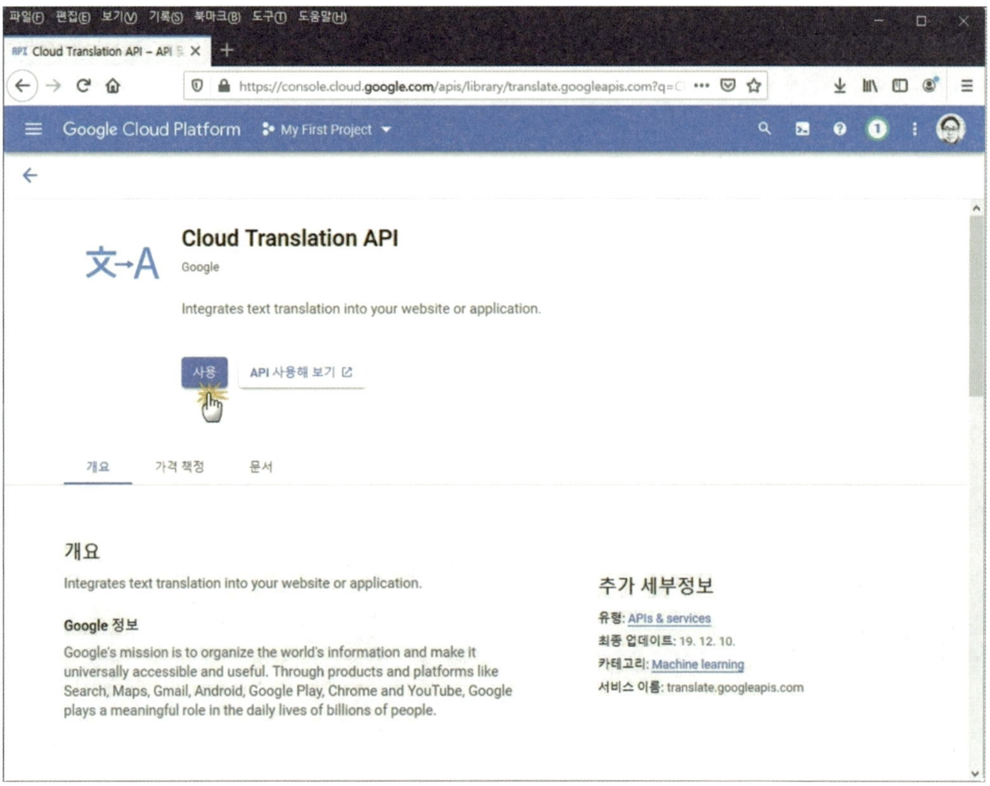

〈그림 5.17〉 Cloud Translation API 사용 클릭하기

Cloud Translation API를 사용하기 위해 〈그림 5.18〉에서 볼 수 있는 것과 같이 **결제 사용 설정**을 클릭한다.

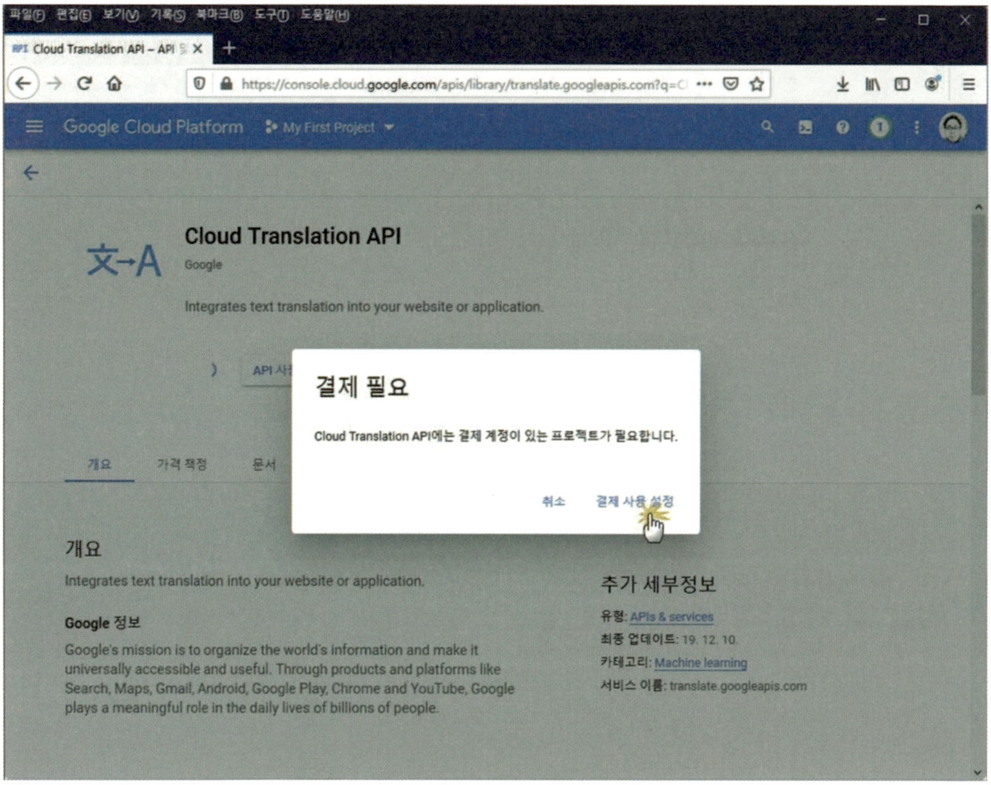

〈그림 5.18〉 Cloud Translation API 결제 사용 설정

사용자가 원하는 프로젝트의 결제 계정을 설정하면 된다. 보통 처음 Google 클라우드 서비스를 신청할 때 프로젝트 이름을 설정하지 않았다면, 첫 프로젝트 이름으로 'My First Project'가 프로젝트 이름으로 설정되어 있다. 〈그림 5.19〉와 같이 이 프로젝트의 결제 계정 설정을 선택한다.

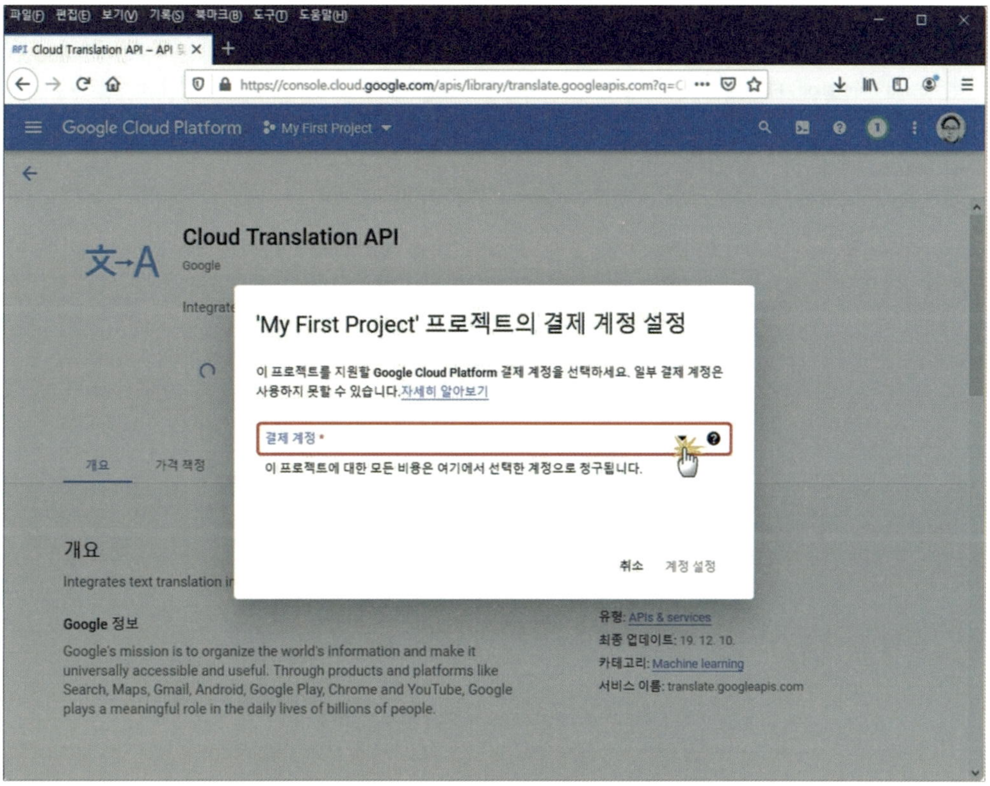

〈그림 5.19〉 'My First Project' 프로젝트의 결제 계정 설정

이상과 같은 과정을 마친 다음, 〈그림 5.20〉과 같이 해당 API를 사용하려면 **사용자 인증 정보**를 만든다.

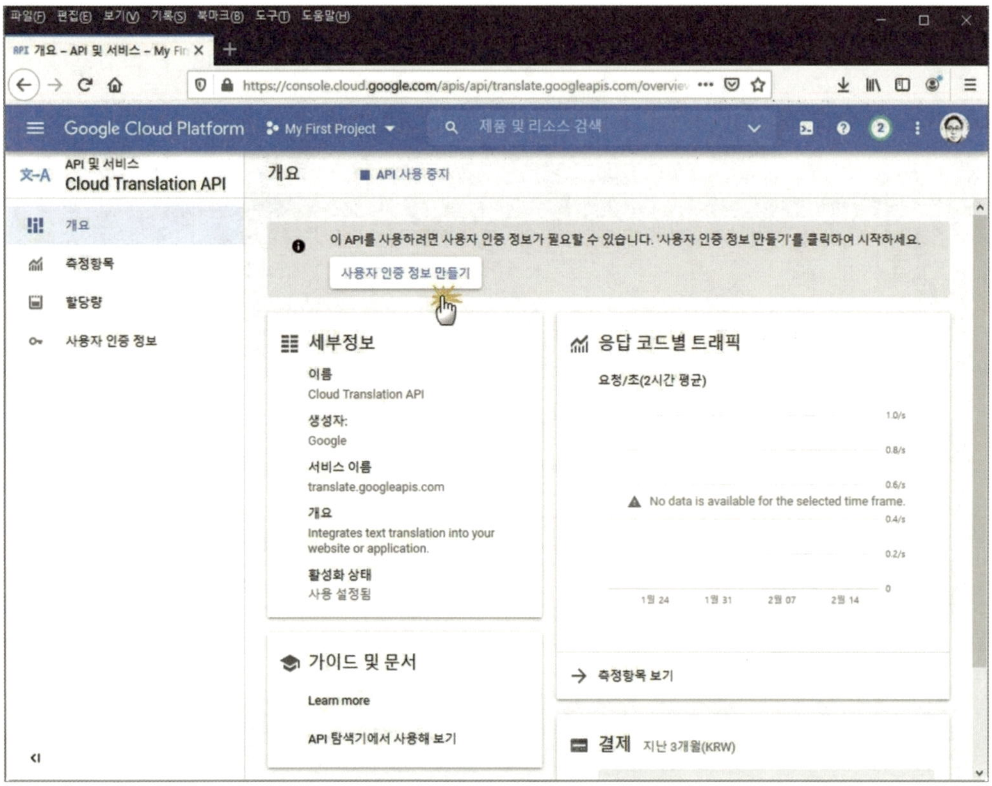

〈그림 5.20〉 API 사용자 인증 정보 만들기

프로젝트에 사용자 인증 정보를 추가하기 위해서는 어떤 API를 사용하는지를 선택해야 한다. 〈그림 5.21〉에서 볼 수 있듯이 API 선택 옵션을 클릭한다.

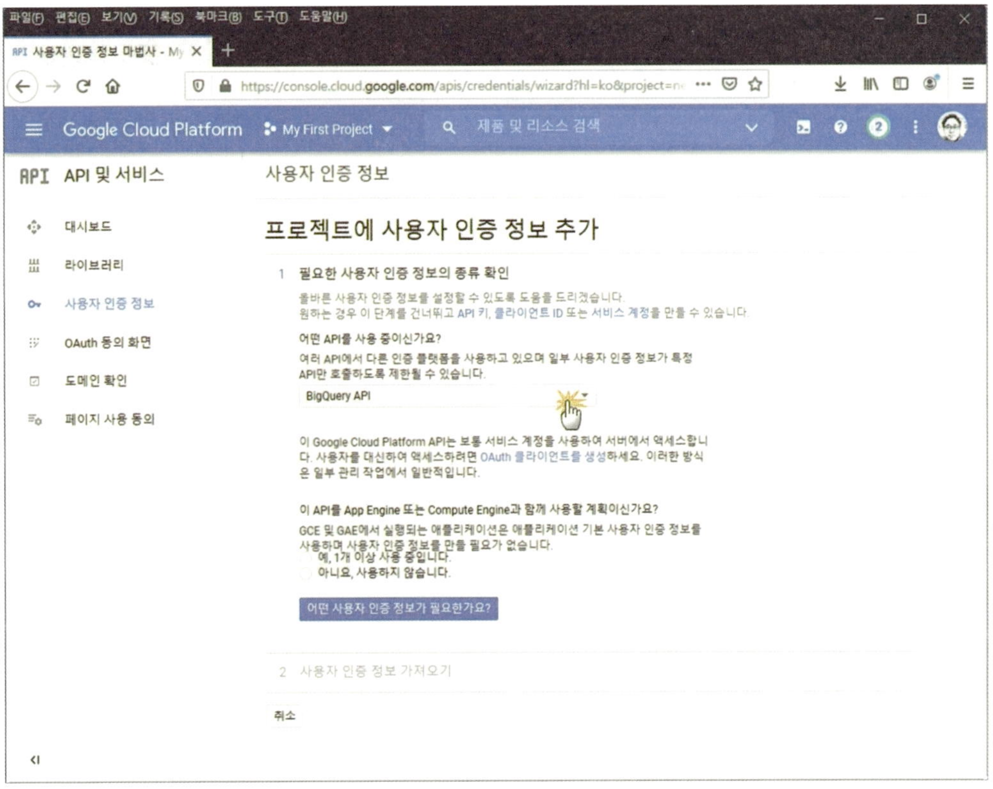

〈그림 5.21〉 프로젝트에 사용자 인증 정보 추가 1단계

특정 API를 호출하도록 사용자가 지정해야 하는데, 이 단계에서 〈그림 5.22〉에서 볼 수 있듯이 Cloud Translation API를 선택한다.

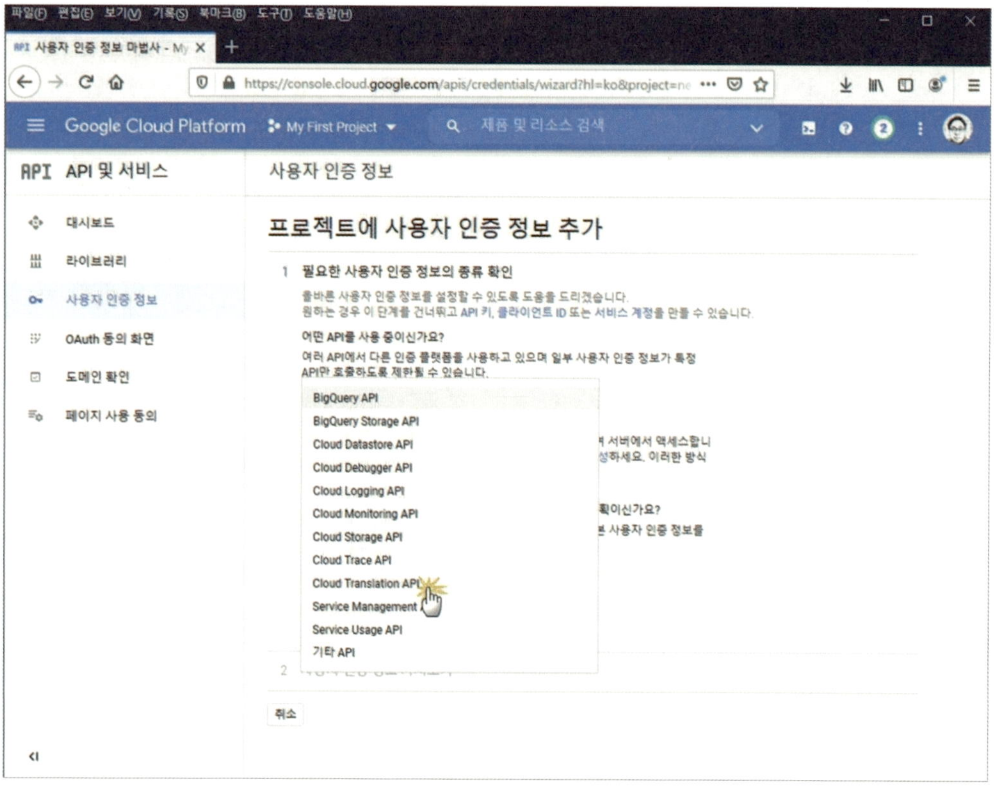

〈그림 5.22〉 프로젝트 사용자 인증 정보 추가 2단계

SDL Trados Studio 2021에서 구글 클라우드 플랫폼의 Cloud Translation API를 사용하기 위해서는 〈그림 5.23〉과 같이 이상의 과정을 통해 생성된 API 우측에 있는 복사 아이콘을 클릭하여 복사한 다음, **닫기** 버튼을 클릭한다.

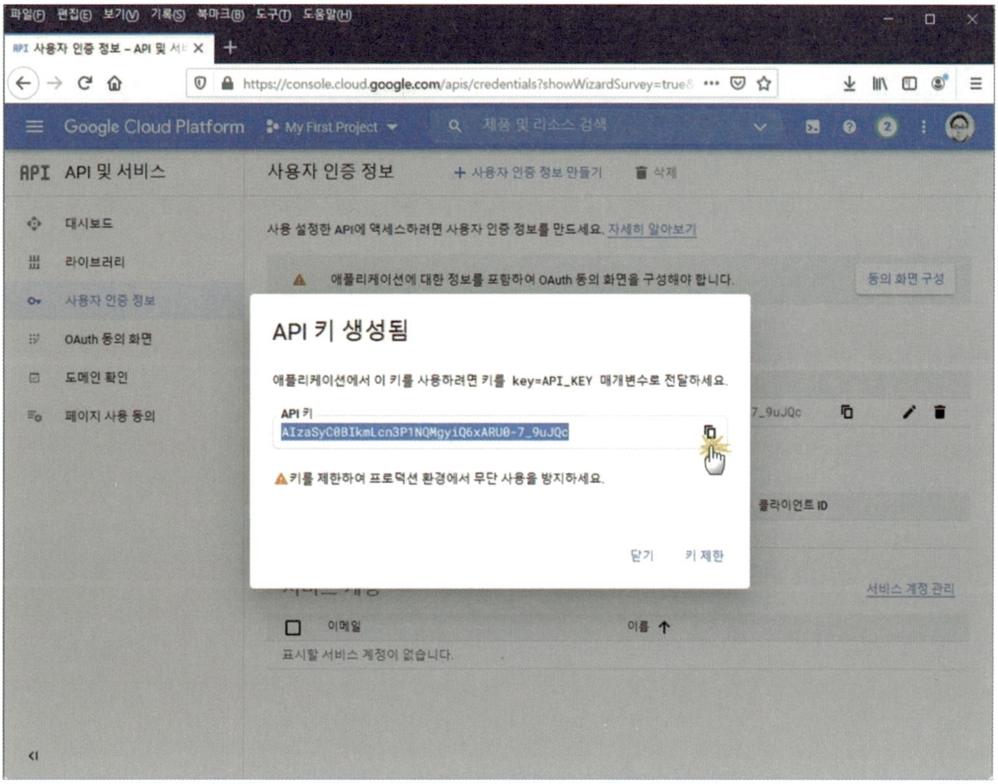

〈그림 5.23〉 Could Translation API 키 생성 완료 및 복사하기

5.3. Google 번역기 API 적용하기

이제 SDL Trados Studio 2021에 구글 번역기 API를 적용하여 인공지능 자동번역을 시작해보자. 우선 SDL Trados Studio 2021 홈 탭에서 〈그림 5.24〉와 같이 **프로젝트 설정**을 클릭한다.

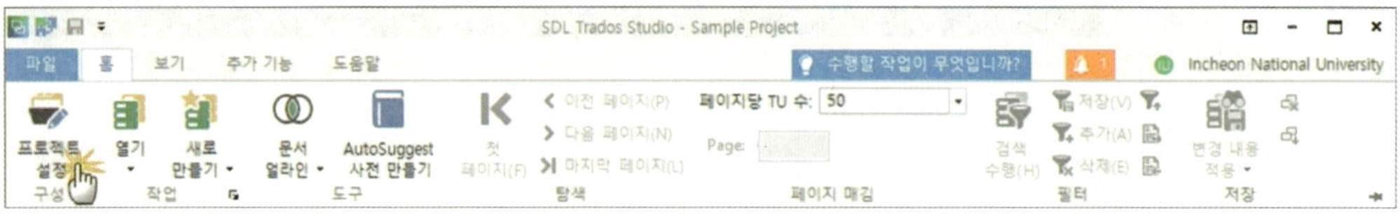

〈그림 5.24〉 프로젝트 설정 클릭하기

홈 탭에서 프로젝트 설정 메뉴를 클릭하면 〈그림 5.25〉와 같은 알림창이 나타난다. 이곳에서 좌측 프로젝트 하위 항목인 **언어 쌍**을 클릭한다.

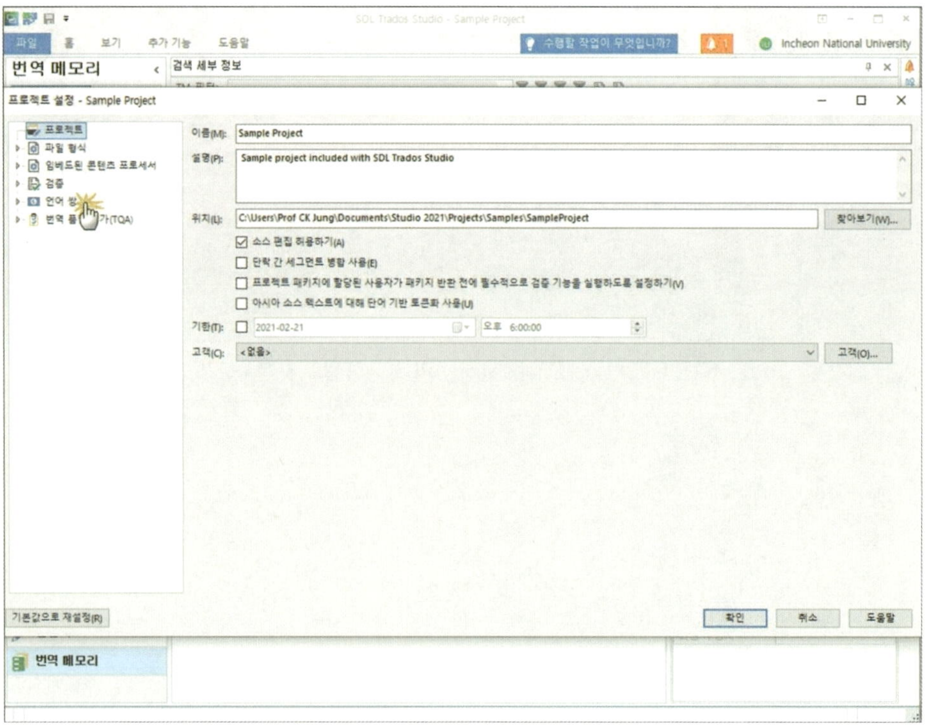

〈그림 5.25〉 언어 쌍 클릭하기

언어 쌍을 클릭하면 〈그림 5.26〉과 같이 또 다른 하위 항목이 나타나는데, 이때 **번역 메모리 및 자동번역**을 클릭한다.

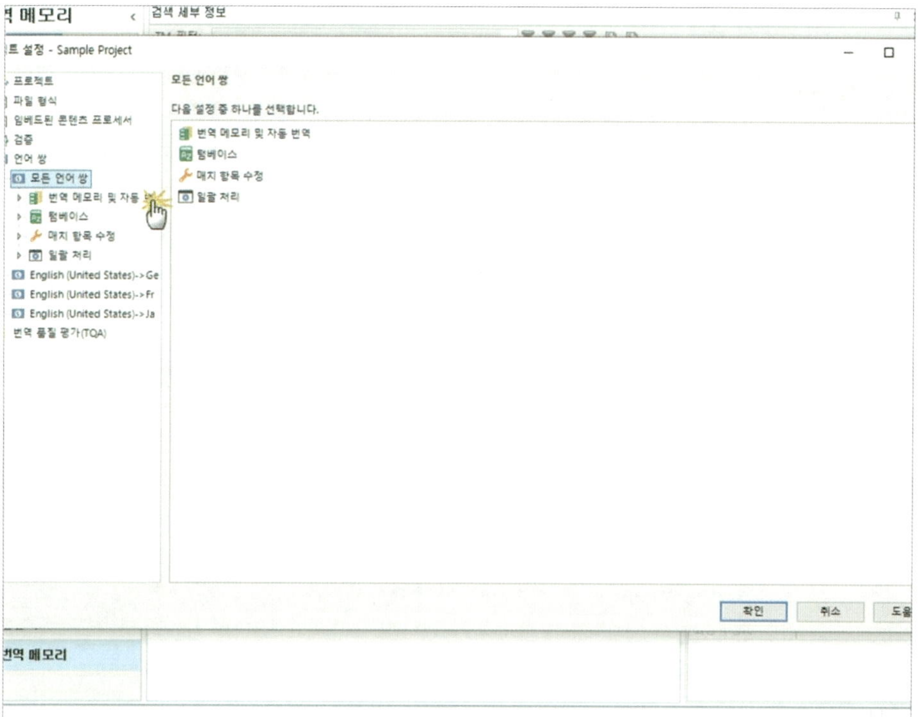

〈그림 5.26〉 번역 메모리 및 자동번역 클릭하기

번역 메모리 및 자동번역을 클릭한 다음 중간에 사용 메뉴를 클릭하면 〈그림 5.27〉과 같은 하위 메뉴가 나타난다. 이곳에서 **MT Enhanced Trados Plugin**을 클릭한다.

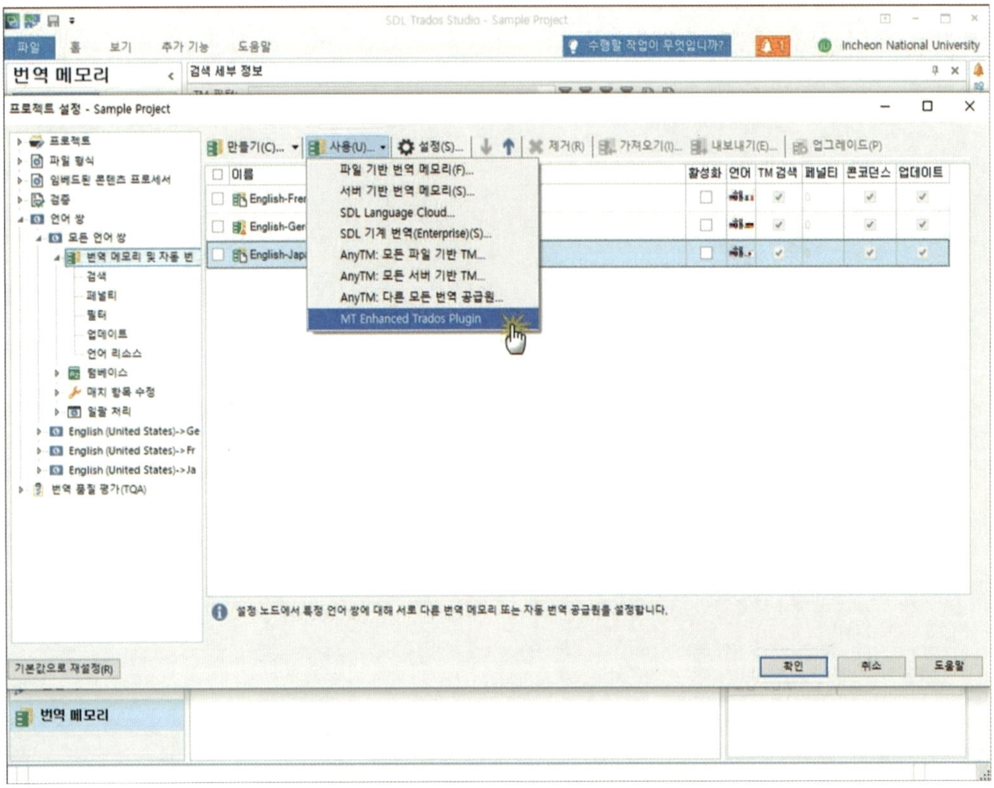

〈그림 5.27〉 MT Enhanced Trados Plugin 클릭하기

MT Enhanced 알림창이 〈그림 5.28〉과 같이 나타나면, 이곳에서 **Google Translator** 옵션을 선택한다.

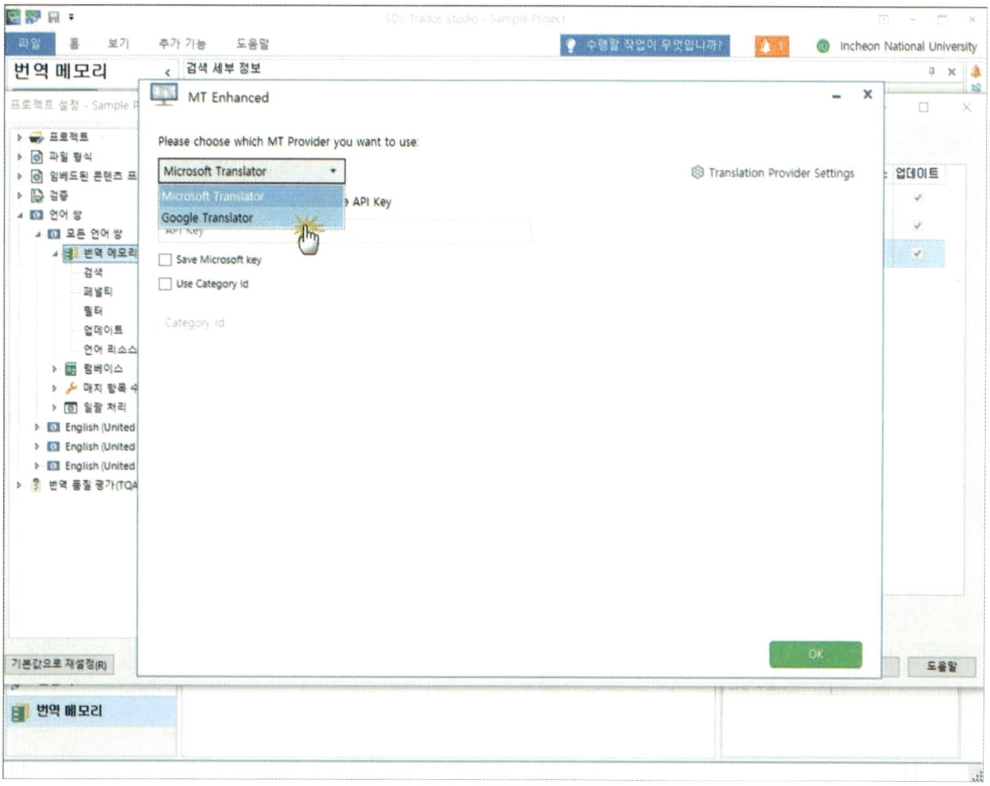

〈그림 5.28〉 Google Translator 클릭하기

〈그림 5.29〉에서 다른 것은 손대지 말고, API Key에 앞서 Google 클라우드 플랫폼에서 만든 API Key를 입력한 다음, **OK** 버튼을 클릭한다.

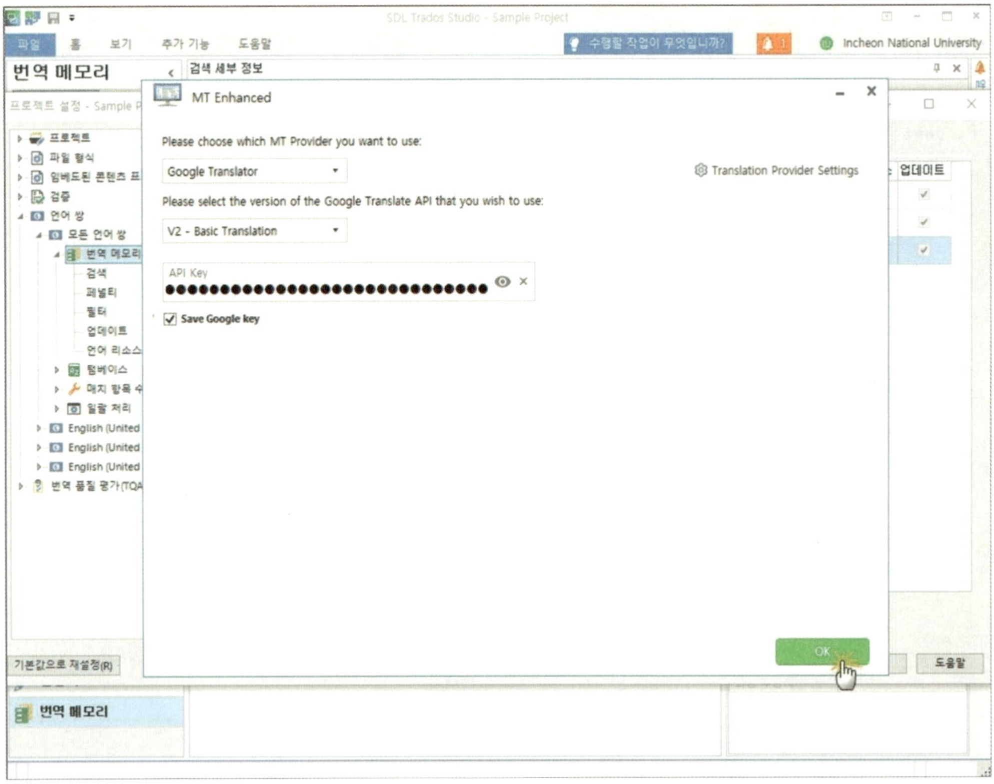

〈그림 5.29〉 API Key 입력하기

이상과 같은 과정을 거치면 〈그림 5.30〉과 같이 번역 메모리 및 자동번역 리스트에 MT Enhanced using Google Translation Basic이 목록에 나타난다.

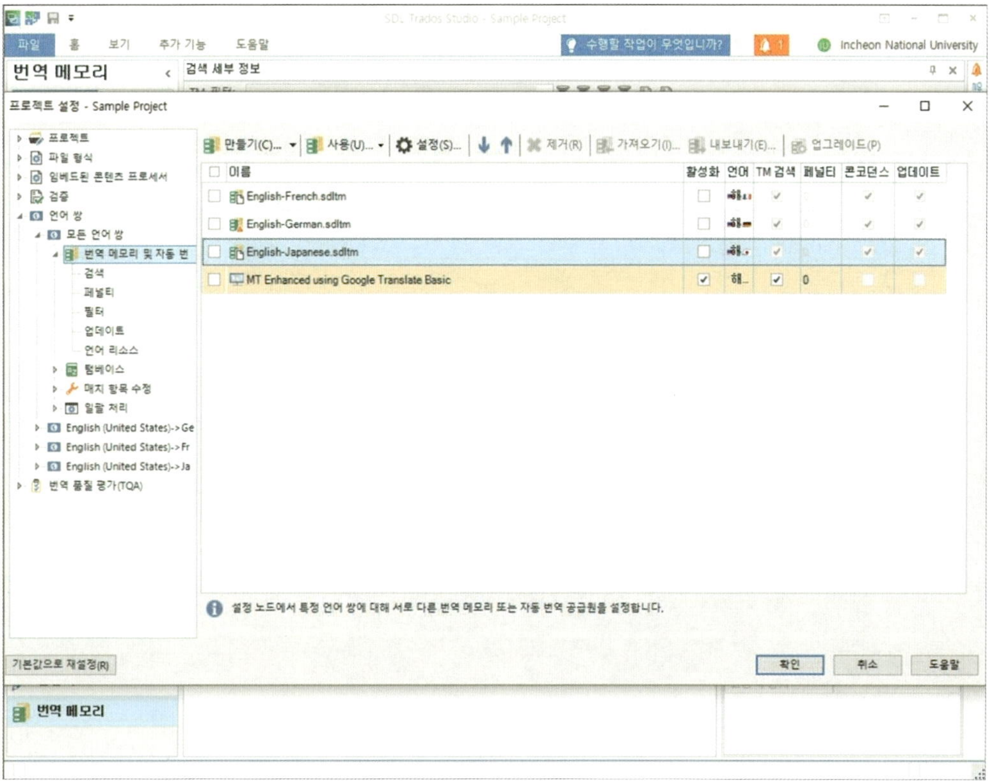

〈그림 5.30〉 MT Enhanced using Google Translation Basic 항목 추가

참고로 기존에 이미 만들어진 English-French, English-German, English-Japanese 번역 메모리를 사용하지 않을 예정이라면, 〈그림 5.31〉과 같이 사용하지 않을 세 개를 선택한 후, **제거** 버튼을 클릭한다.

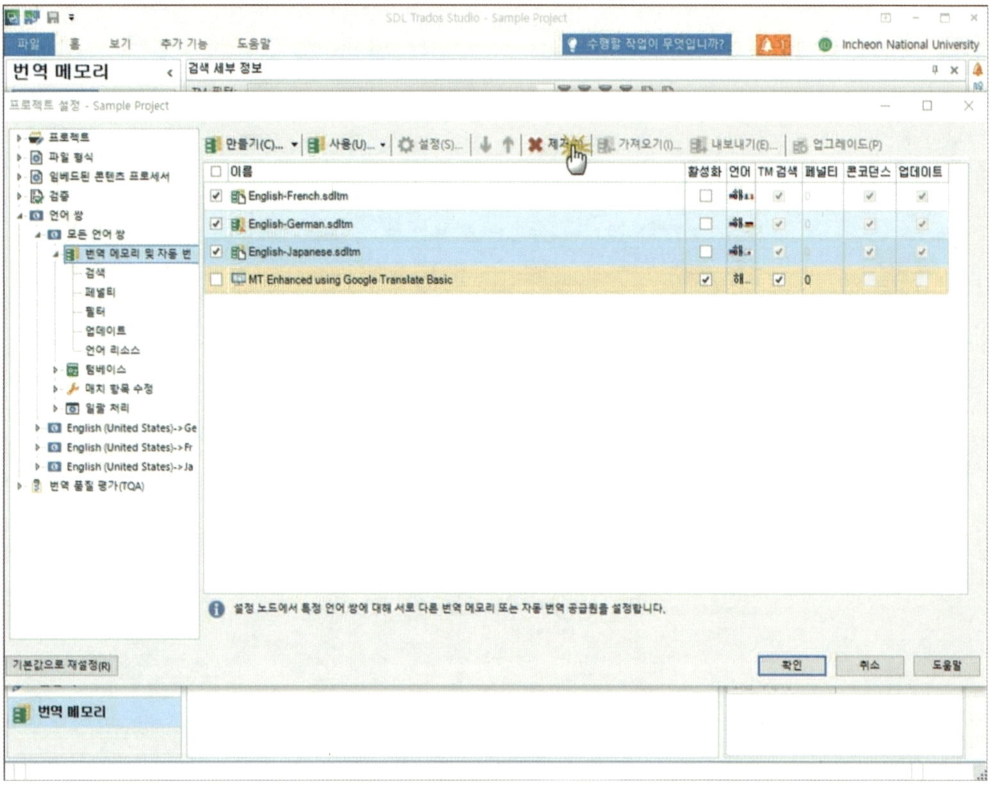

〈그림 5.31〉 사용하지 않는 번역 메모리 제거 하기

〈그림 5.32〉는 SDL Trados Studio 2021에 Google 번역기 API가 정상적으로 탑재된 화면이다.

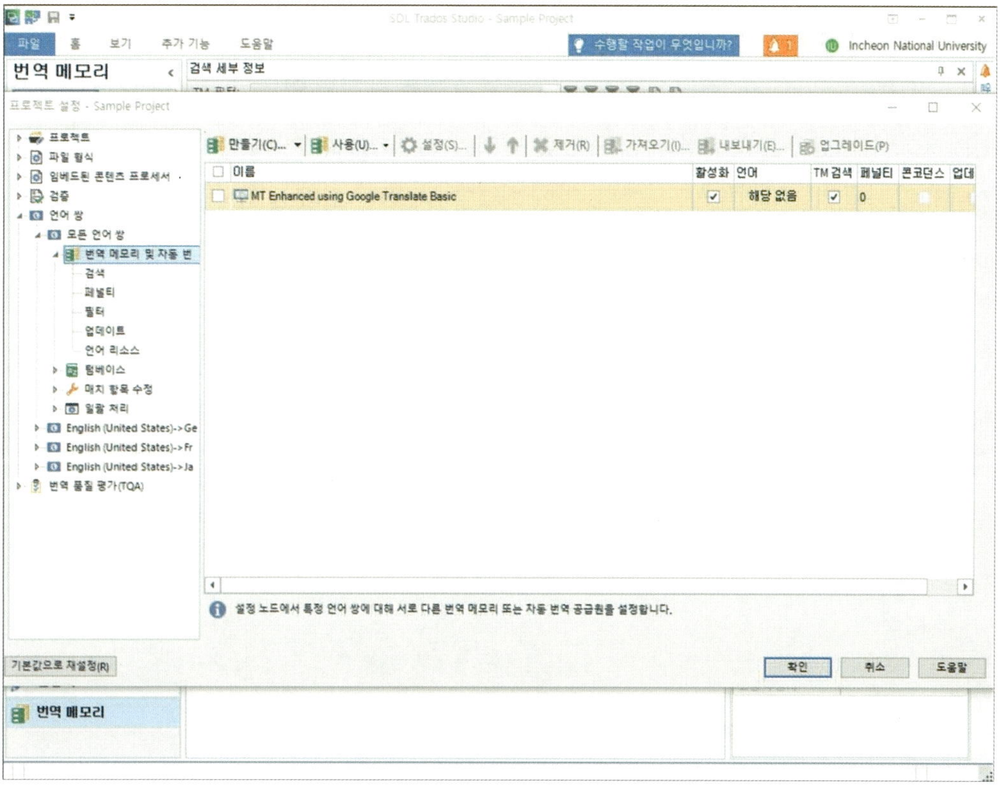

〈그림 5.32〉 Google 번역기 API 탑재 완료

〈그림 5.33〉은 SDL Trados Studio 2021에 탑재된 Google 번역기 API로 자동번역을 한 결과 화면이다.

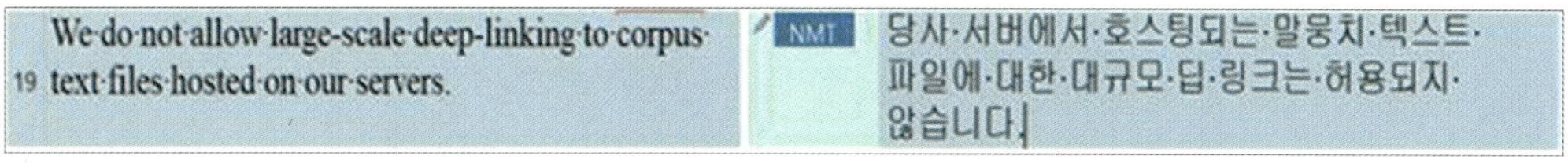

〈그림 5.33〉 자동번역 화면 샘플

6장 MS Excel로 TB 만들기

TBM(TermBase, 텀베이스)는 용어에 관한 정보가 담겨 있는 데이터베이스이다. TB, 텀베이스, 용어집, 데이터베이스 등 다양한 용어가 혼재되므로, 이 책에서는 사용자가 혼란스럽지 않도록 **TB**로 통일하여 부른다. 영한 번역할 때 일반적으로 TB는 영어-한국어의 언어쌍에 관한 데이터베이스로 사용한다. 예를 들어 〈그림 6.1〉과 같이 ST가 영어인 문서를 한국어 TT로 번역하고자 할 때, 영어는 university, 한국어는 대학교로 하는 식이다. 이때 TB에 한 개의 TT만 입력하는 것이 아니라 다른 뜻도 입력해 놓을 수 있다. 마치 나만의 전자사전을 만드는 것과 비슷하다. 다만, 기존의 전자사전은 사용자가 주로 사용하는 의미와 무관하게 출판사에서 정하는 의미와 배열 순서로 정해지지만, TB는 사용자가 번역하는 영역과 자주 계약하는 클라이언트마다 새로운 TB를 만들어 여러 의미의 단어를 맥락에 맞게 번역하는 데 유용하다.

	A	B	C	D	E	F	G	H
1	**English**	**Korean**						
2	university	대학교						
3	college	대학						
4	department	학과						
5								
6								
7								

〈그림 6.1〉 MS Excel TB

6.1. Glossary Converter

TB는 MS Excel을 사용하여 손쉽게 만들 수 있다. 하지만 MS Excel로 만든 데이터베이스를 SDL Trados Stuido 2021에서 사용하기 위해서는 우선 MS Excel로 만든 데이터베이스를 SDL Trados Studio 2021에서 사용할 수 있는 데이터 형식으로 변환시켜주는 과정이 필요하다. 이때 사용되는 플러그인이 〈그림 6.2〉에서 볼 수 있는 **Glossary Converter** 이다.

〈그림 6.2〉 Glossary Converter

6.2. Glossary Converter 플러그인 다운로드하기

Glossary Converter는 다른 플러그인처럼 SDL AppStore에서 무료로 다운로드할 수 있다. Glossary Converter를 다운로드하기 위해서는 〈그림 6.3〉과 같이 탐색 창에서 시작 메뉴 하단에 있는 **SDL AppStore**를 클릭한다.

〈그림 6.3〉 SDL AppStore 클릭하기

SDL AppStore를 클릭하면, 〈그림 6.4〉와 같이 현재 SDL Trados Studio 2021에 설치된 플러그인이 나타난다. 〈그림 6.4〉에서 볼 수 있듯이 현재 인공지능 자동번역을 위한 MT Enhanced Plugin for Trados Studio만 설치되어있는 것을 확인할 수 있다. 이곳에서 왼쪽 위에 있는 **AppStore**를 클릭한다.

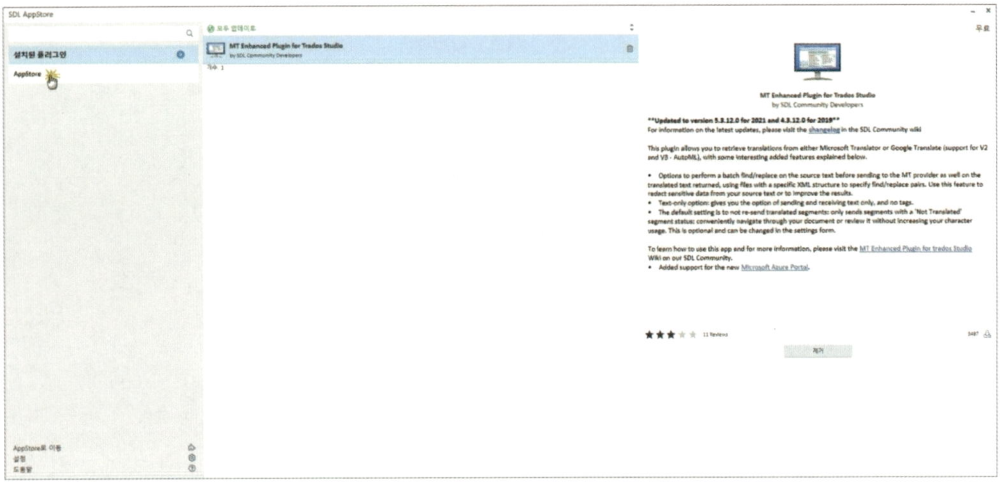

〈그림 6.4〉 현재 SDL Trados Studio 2021에 설치된 플러그인 화면

왼쪽 위에 있는 검색 창에 Glossary Converter를 입력한 다음, 〈그림 6.5〉와 같이 검색 버튼을 클릭한다.

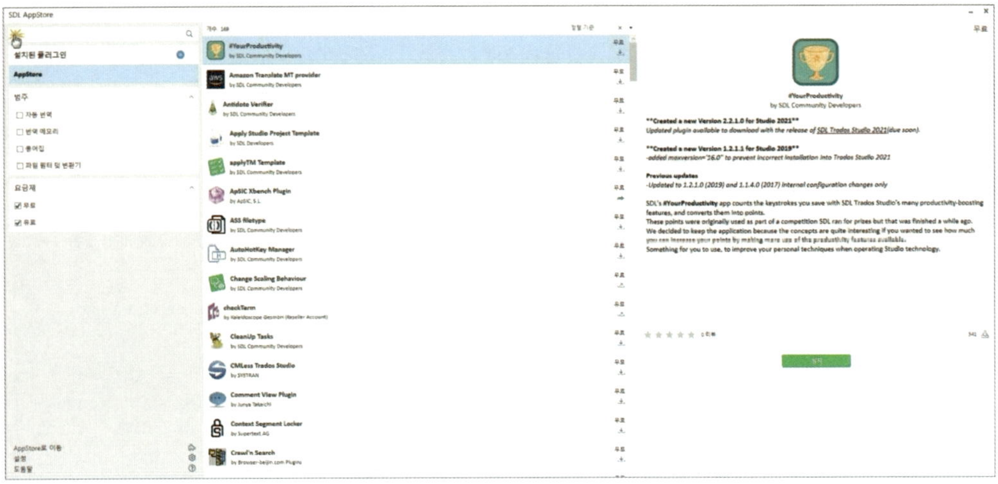

〈그림 6.5〉 Glossary Converter 검색하기

〈그림 6.6〉은 Glossary Converter를 검색한 결과이다. 이곳에서 오른쪽 아래에 있는 **다운로드** 버튼을 클릭한다.

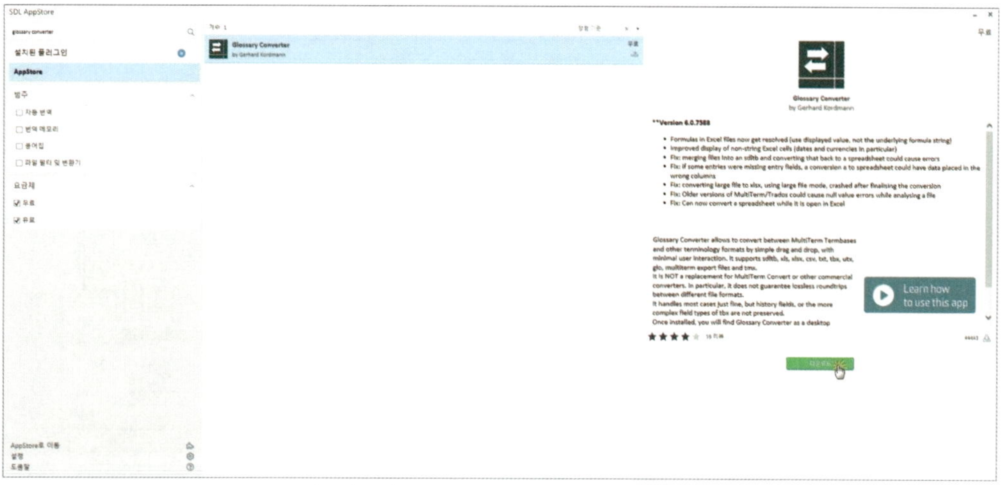

〈그림 6.6〉 Glossary Converter 다운로드하기

6.3. Glossary Converter 설치하기

Glossary Converter 다운로드가 완료되면, GlossaryConverter.zip 압축 파일을 풀고 SetupGlossaryConverter.exe 파일을 실행한다. 〈그림 6.7〉은 Glossary Converter 설치 과정의 첫 화면이다. **I agree the license terms and conditions**를 선택한 후 Install 버튼을 클릭한다.

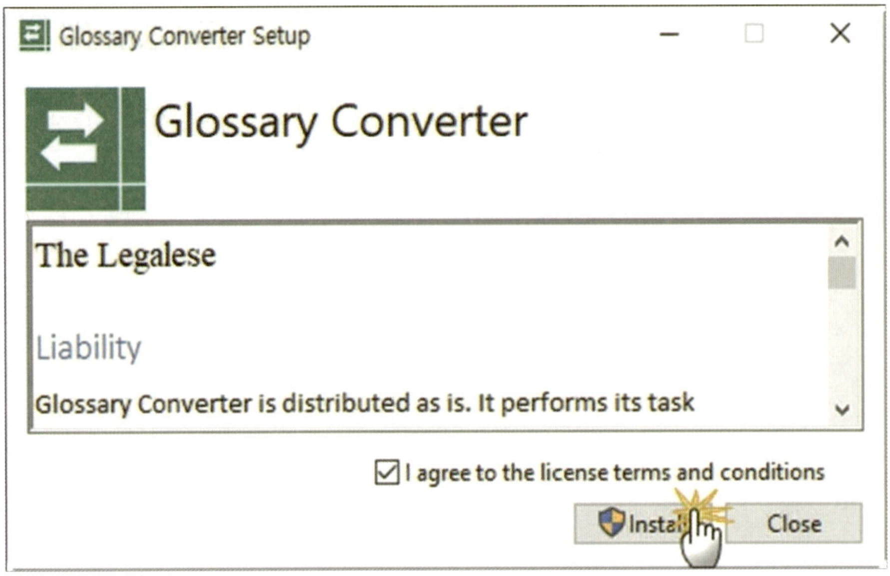

〈그림 6.7〉 Glossary Converter 설치하기

〈그림 6.8〉은 Glossary Converter 설치 화면이며, 〈그림 6.9〉는 설치가 성공적으로 완료되었을 때 나타나는 설치 완료 화면이다.

〈그림 6.8〉 Glossary Converter 설치 화면

Glossary Converter 설치가 성공적으로 완료되면, 〈그림 6.9〉와 같이 Launch 버튼을 클릭한다.

〈그림 6.9〉 Glossary Converter 실행하기

6.4 Glossary Converter 설정하기

〈그림 6.10〉은 Glossary Converter를 실행하였을 때 나타난 첫 화면이다. 이곳에서 Settings 영역을 클릭한다.

〈그림 6.10〉 Glossary Converter 실행하기

〈그림 6.11〉은 Glossary Converter의 Settings를 실행하였을 때 나타난 첫 화면이다. 영어와 한국어를 사용한 TB를 사용하기 위해서는 이곳에서 설정을 변경해야 한다. 우선 세 번째 탭인 **Fields**를 클릭한다.

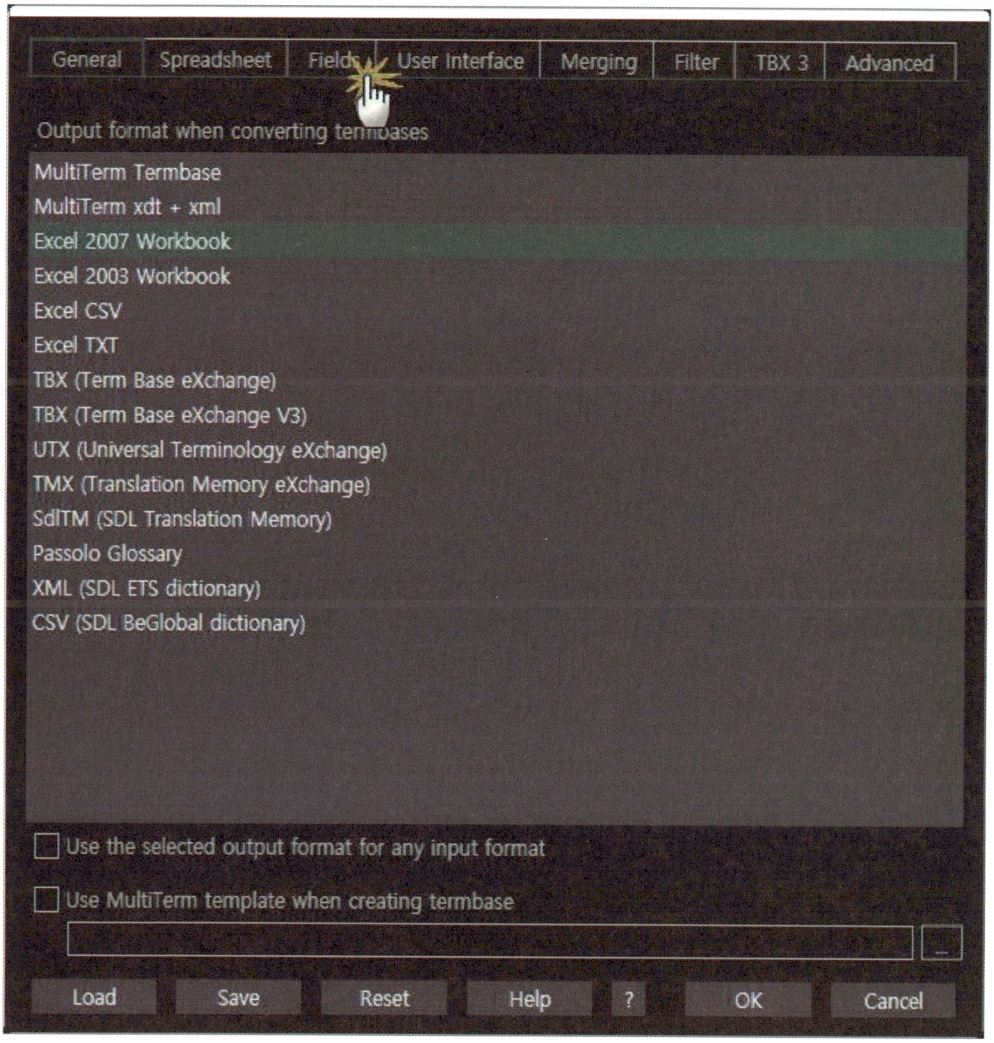

〈그림 6.11〉 Glossary Converter의 Field 클릭하기

〈그림 6.12〉은 Glossary Converter 세팅에서 사용자가 원하는 언어를 추가하기 위해 Add 버튼을 클릭하는 화면이다.

〈그림 6.12〉 사용자 Field 추가하기

〈그림 6.13〉는 Glossary Converter 세팅에서 사용자가 원하는 **English**를 입력한 후 **OK** 버튼을 클릭하는 화면이다. 참고로 〈그림 6.1〉에서 본 MS Excel을 사용한 TB를 만드는 과정에서 첫 칼럼의 제목이 English이면 반드시 같은 단어인 English를 입력해야 한다.

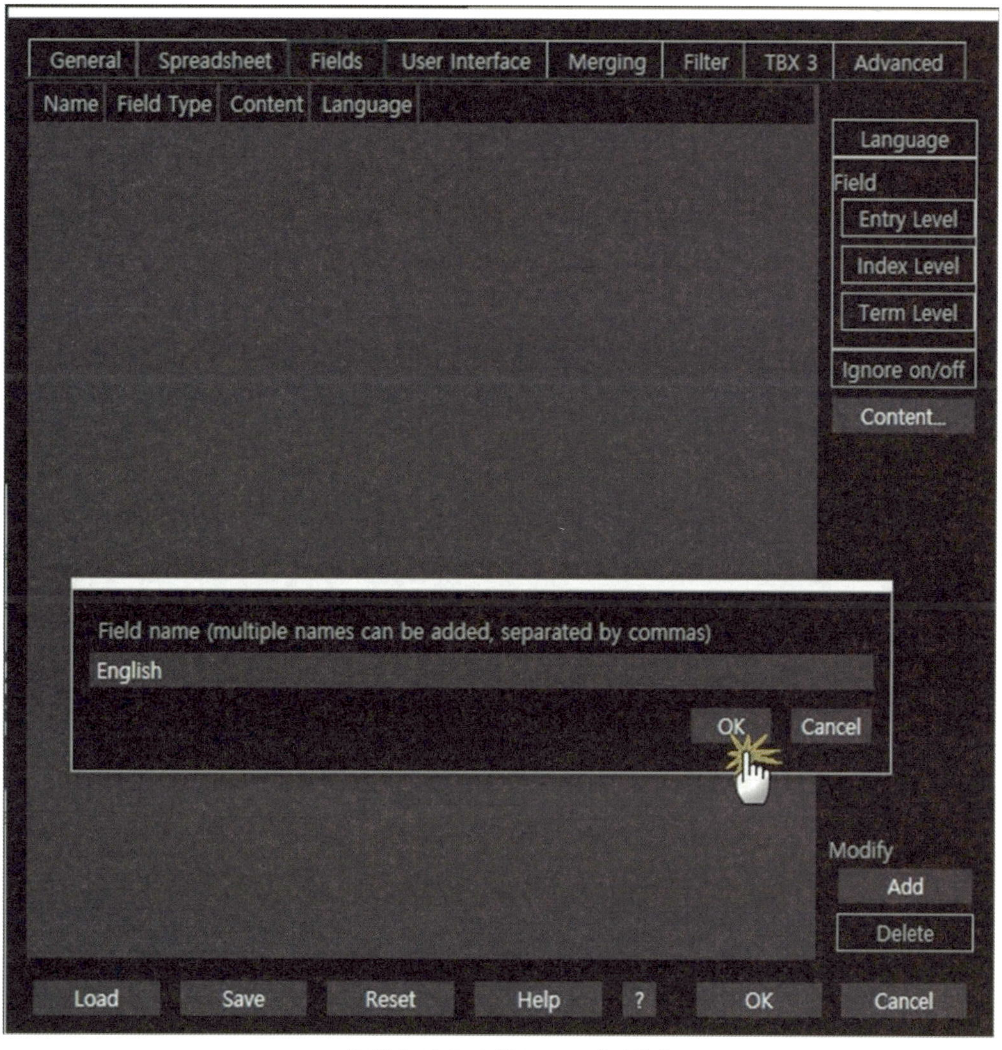

〈그림 6.13〉 Field에 English 추가하기

Filed에 English를 추가하면, 〈그림 6.14〉과 같이 English가 생기고, 그 옆에 Field Type, Content에는 모두 Unknown이 나타난다. 이곳에서 오른쪽 위에 있는 **Language** 버튼을 클릭하여 어떤 English를 사용할 것인지 설정해야 한다.

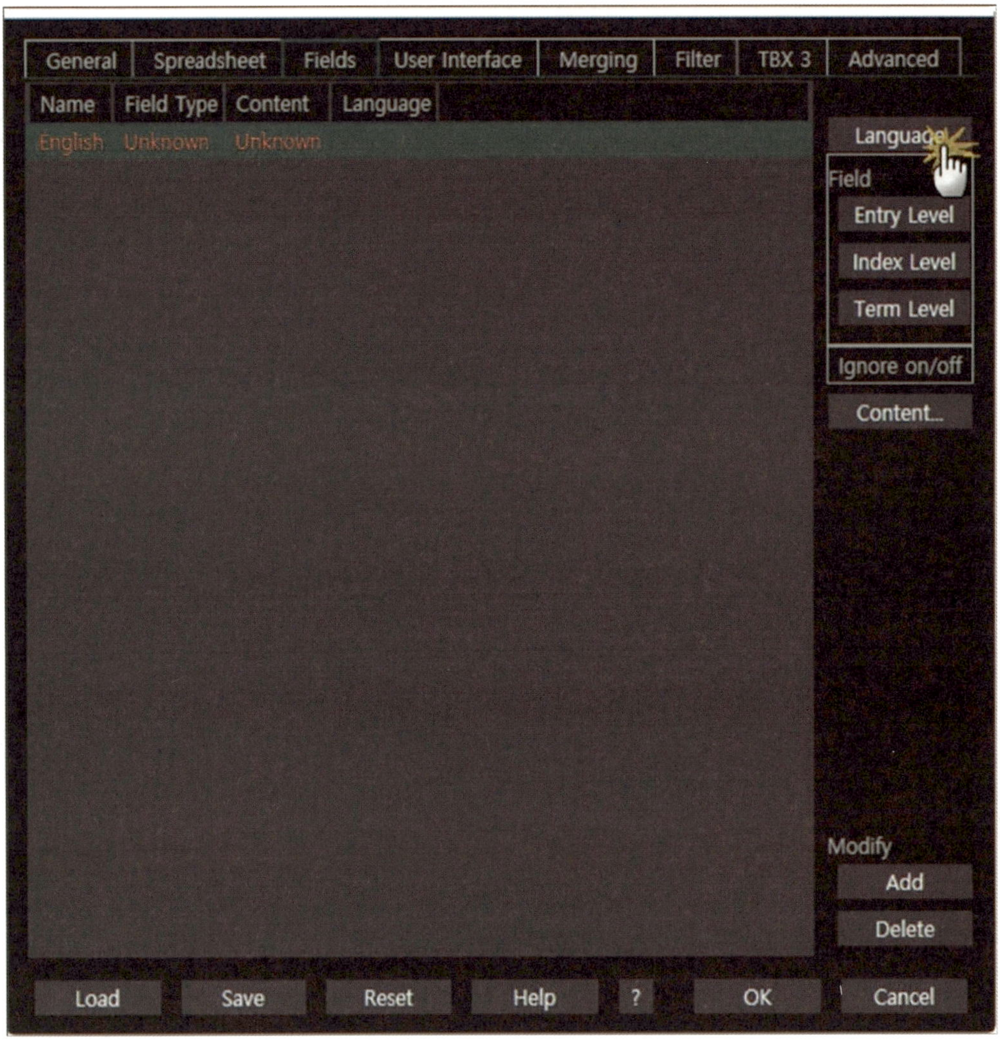

〈그림 6.14〉 추가된 English에 언어 설정하기

〈그림 6.14〉에서 Language 버튼을 클릭하면, 〈그림 6.15〉와 같이 여러 가지 English가 나타난다. 디폴트는 단순히 English이므로 이곳에서 **English (United States)**를 선택한다.

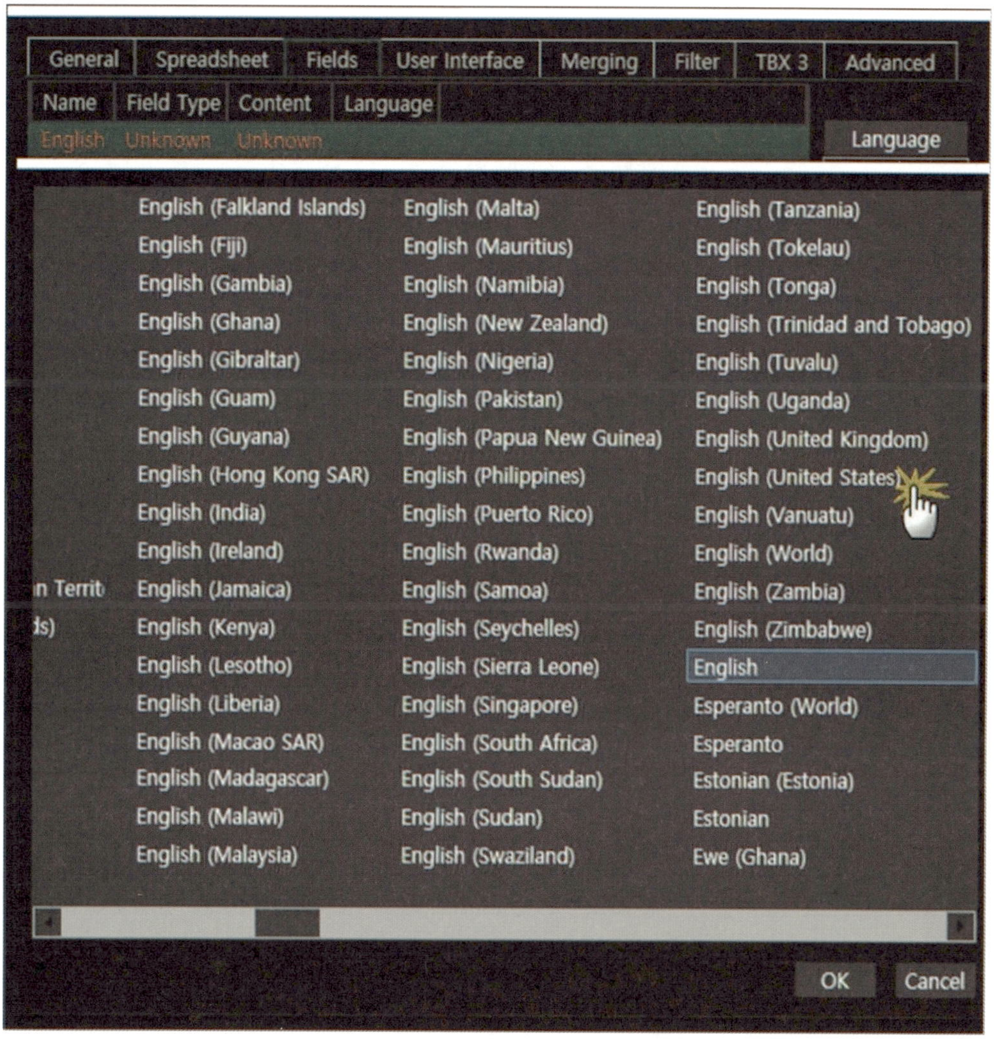

〈그림 6.15〉 English (United States) 선택하기

〈그림 6.16〉와 같이 English (United States) 선택을 하였다면, 이제 OK 버튼을 클릭한다.

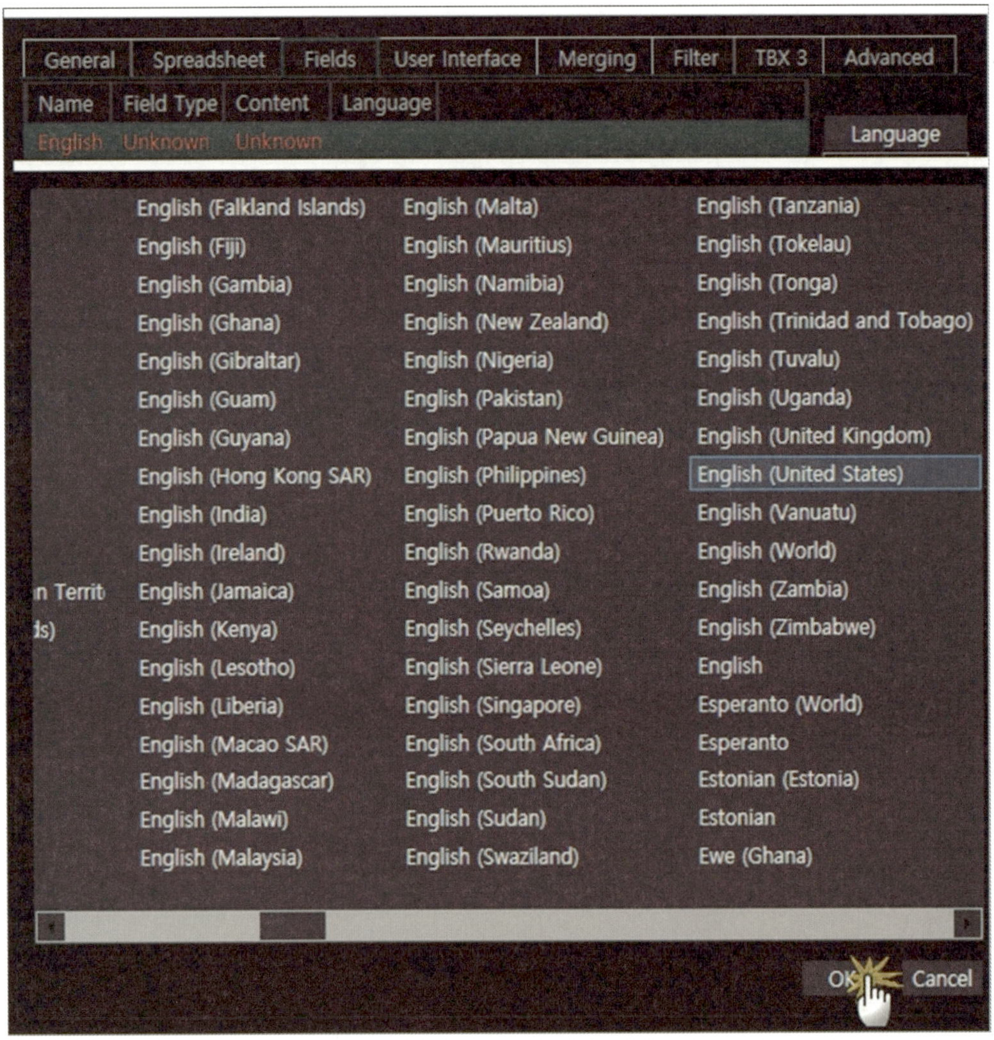

〈그림 6.16〉 English (United States) 선택 종료

〈그림 6.17〉은 English에 관한 적절한 Field Type과 Language가 설정된 모습이다. 이상과 같은 과정을 Korean에 같이 적용하여 Korean을 설정한다.

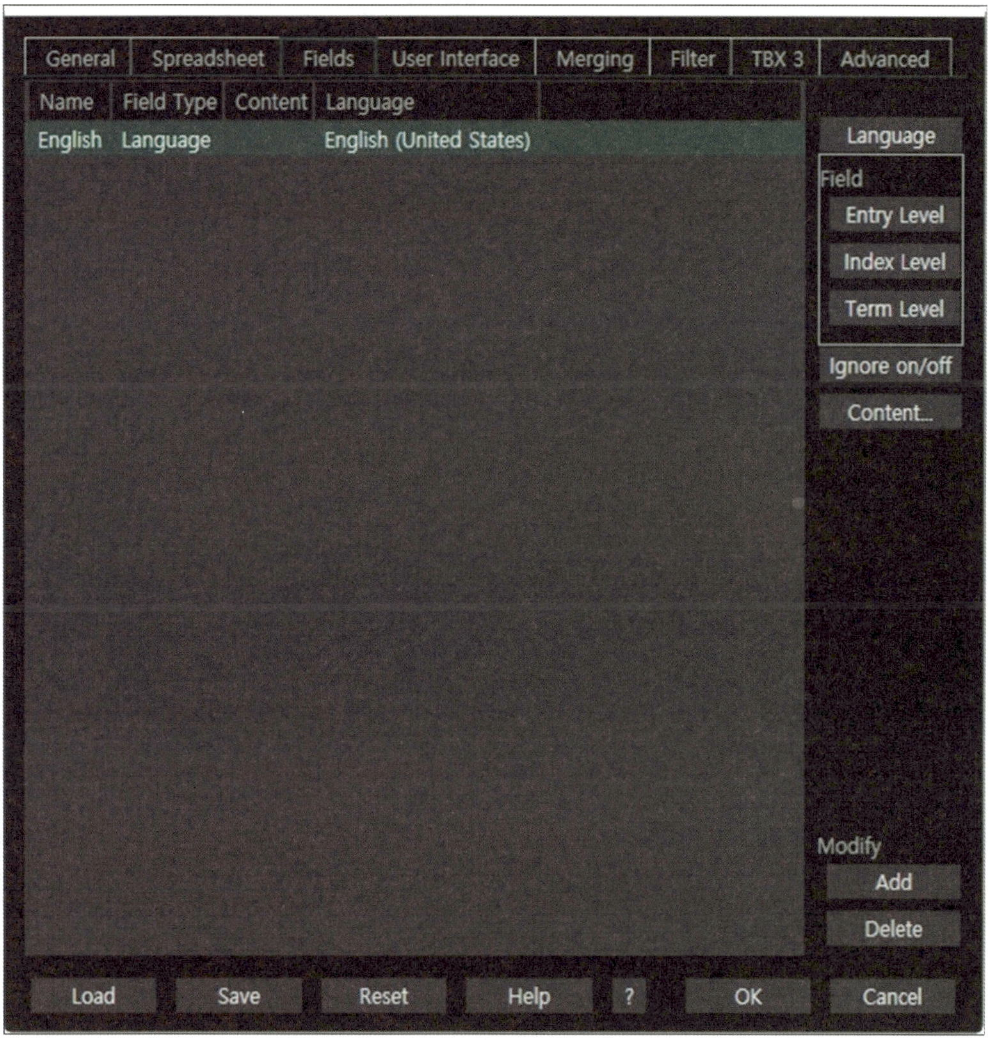

〈그림 6.17〉 적절한 Filed Type과 Language가 선택된 화면

〈그림 6.18〉은 English 언어 설정과 같은 과정을 거쳐 만든 Korean의 Filed Type과 Language 설정이 완료된 화면이다. 참고로 Korean의 디폴트는 단순히 Korean이므로, 반드시 **Korean (Korea)**를 선택해야 한다.

〈그림 6.18〉 Korean과 English의 Field Type과 Language 설정 완료 화면

사용자가 원하는 Korean과 English에 관한 설정이 끝난 후, 다시 **General** 탭을 클릭하여 **MultiTerm Termbase**를 선택한 후 **OK** 버튼을 클릭한다.

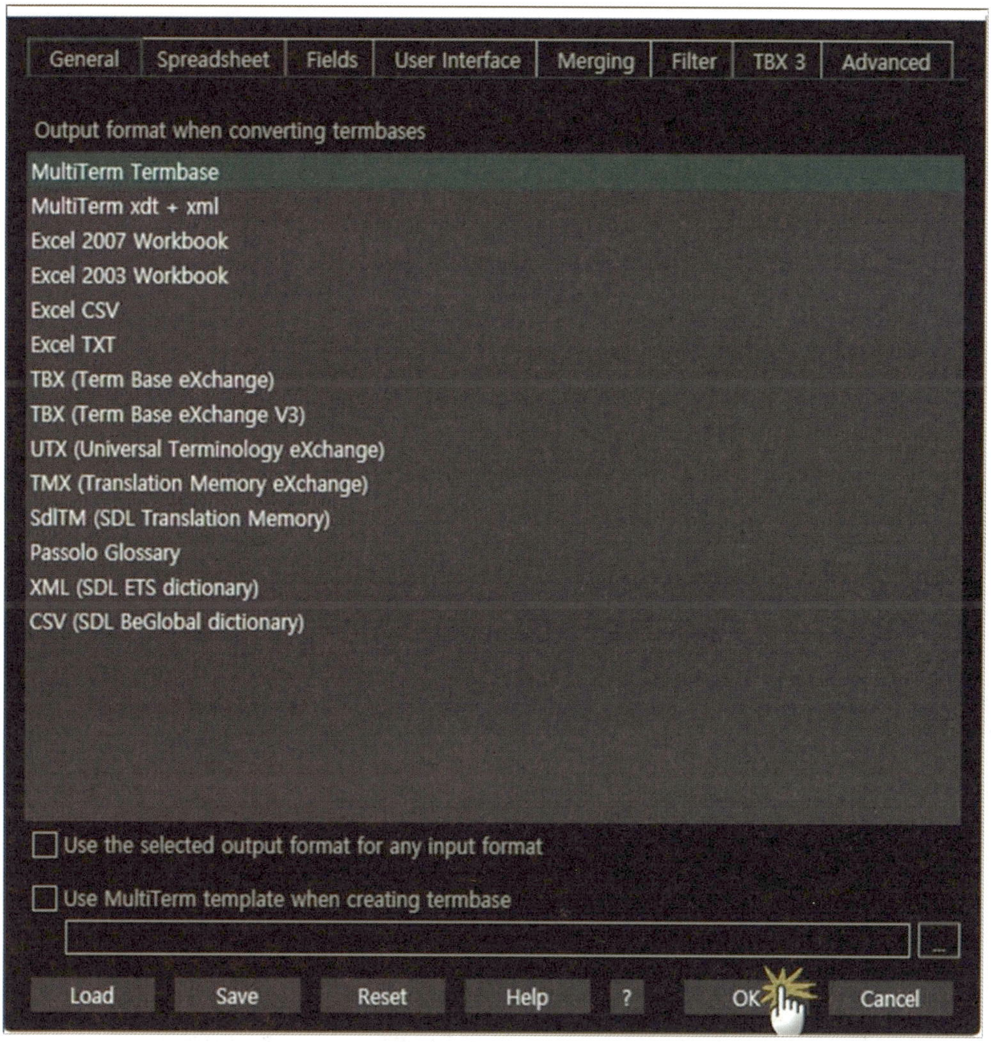

〈그림 6.19〉 MultiTerm Termbase 선택하기

6.5 MS Excel 데이터베이스를 TB로 변환하기

이제 MS Excel로 만든 〈그림 6.1〉과 MS Excel 데이터베이스를 Glossary Converter를 사용하여 TB로 변환할 준비가 끝났다. 〈그림 6.20〉와 같이 바탕화면에 있는 **Training**이라는 샘플 MS Excel 파일을 선택하고 Glossary Converter로 드래그한다.

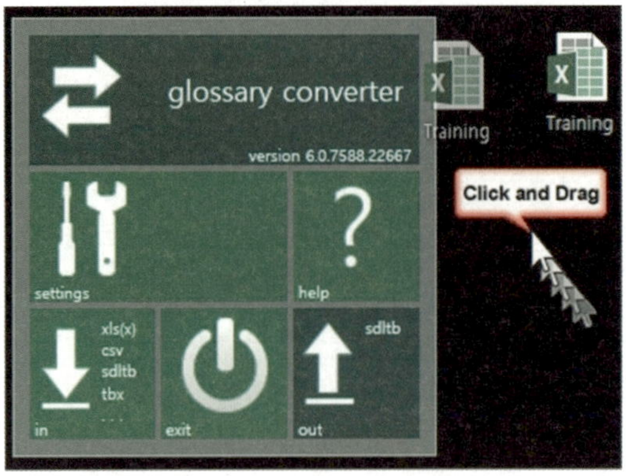

〈그림 6.20〉 MS Excel 파일을 TB로 변환하기

〈그림 6.21〉은 MS Excel 파일인 Training을 Glossary Converter를 통해 TB로 변환한 결과 화면이다. 이 TB를 사용하면 번역하는 과정에서 같은 영어 단어에 대해 일관성 있게 같은 한국어로 번역할 수 있는 기반이 마련되었다.

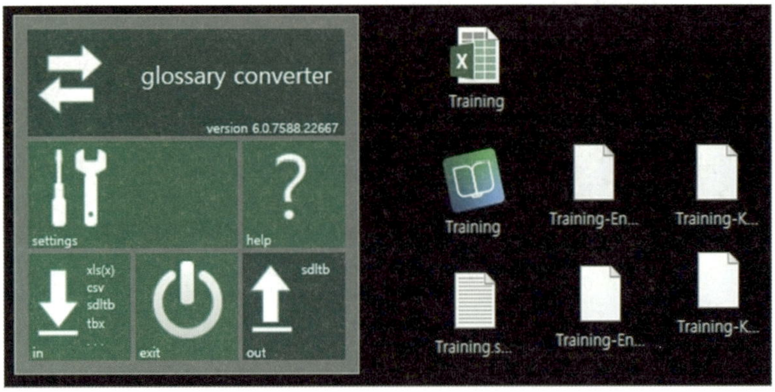

〈그림 6.21〉 TB 변환 완료 결과

7장 MS Word 문서 번역하기

이 장에서는 MS Word 파일로 된 영어 문서를 한국어로 번역해본다. 이 장에서 다룰 내용은 MS Word 영어 문서를 불러와서 한국어로 번역할 때 사용할 SDL Trados Studio 2021의 ST 열고 TT 선택하기, 번역에 사용할 TM과 TB 선택하기, 편집기 탐색하기, TM에서 매치 항목 사용하기, 콘코던스 검색을 통해 적절한 단어와 표현 찾기, 철자 오류 수정하기, 문자 서식 적용하기, 번역 상황 추적하기, 원문 형식으로 문서 미리보기, 원문 형식으로 문서 저장하기 등이다.

전언하였듯이 SDL Trados Studio 2021에서는 번역하기 전에 사용할 TM과 TB를 선택할 수 있다. 다만, 번역 작업을 위해 MS Word 파일은 파일 형식이 SDL Trados Studio 2021에서 실행되는 파일의 확장자인 SDL XLIFF 형식으로 저장된다. 이 파일에는 사용자가 번역하는 동안 사용하는 ST와 TT 문장이 포함되며, 번역을 마치면 번역된 파일을 원래 파일 MS Word 파일 형식으로 다시 저장할 수 있다.

7.1 MS Word ST 및 언어 쌍 선택하기

이 책에서는 연습을 위해 MS Word 파일 형식으로 저장한 **ST(Sample 1.docx)** 영어 문서를 한국어로 번역해본다. 우선 SDL Trados Studio 2021 시작화면에서 〈그림 7.1〉과 같이 **번역할 파일을 여기에 끌어오거나 컴퓨터에서 파일을 찾아보세요**. 박스를 클릭한다.

〈그림 7.1〉 번역할 파일 찾기

〈그림 7.2〉는 번역할 파일을 선택하는 화면이다. 이곳에서 번역 대상인 ST를 선택한 후, **열기** 버튼을 클릭한다.

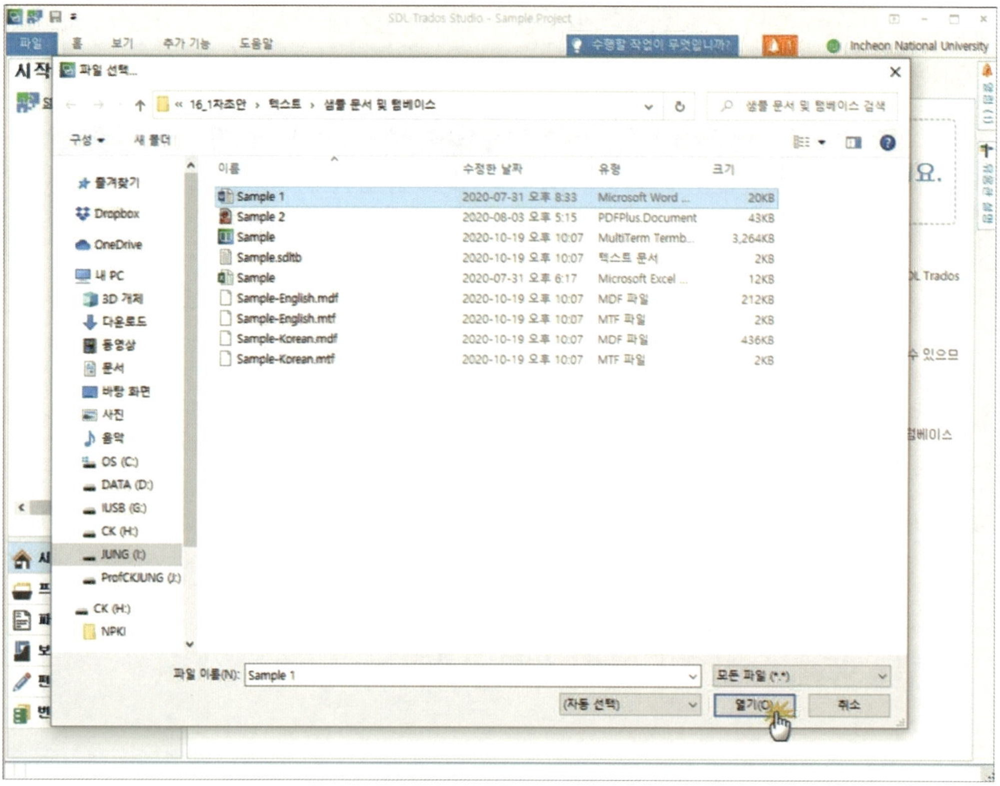

〈그림 7.2〉 번역할 파일 선택하기

번역할 문서가 하나일 경우, SDL Trados Studio 2021에서 파일을 불러올 때 **새 프로젝트 만들기**와 **단일 문서로 번역하기** 옵션을 선택할 수 있다. 전자는 프로젝트 마법사를 사용하여 프로젝트를 생성하는 것이고, 후자는 단일 문서를 번역하는 것이다. 참고로 단일 문서 번역하기를 선택하면 프로젝트는 하나의 파일로만 제한되어 새 파일을 프로젝트에 추가할 수 없지만, 신속하게 번역 작업을 할 수 있는 장점이 있다. 이 책에서는 〈그림 7.3〉과 같이 **단일 문서로 번역하기**를 선택한 **다음** 버튼을 클릭한다.

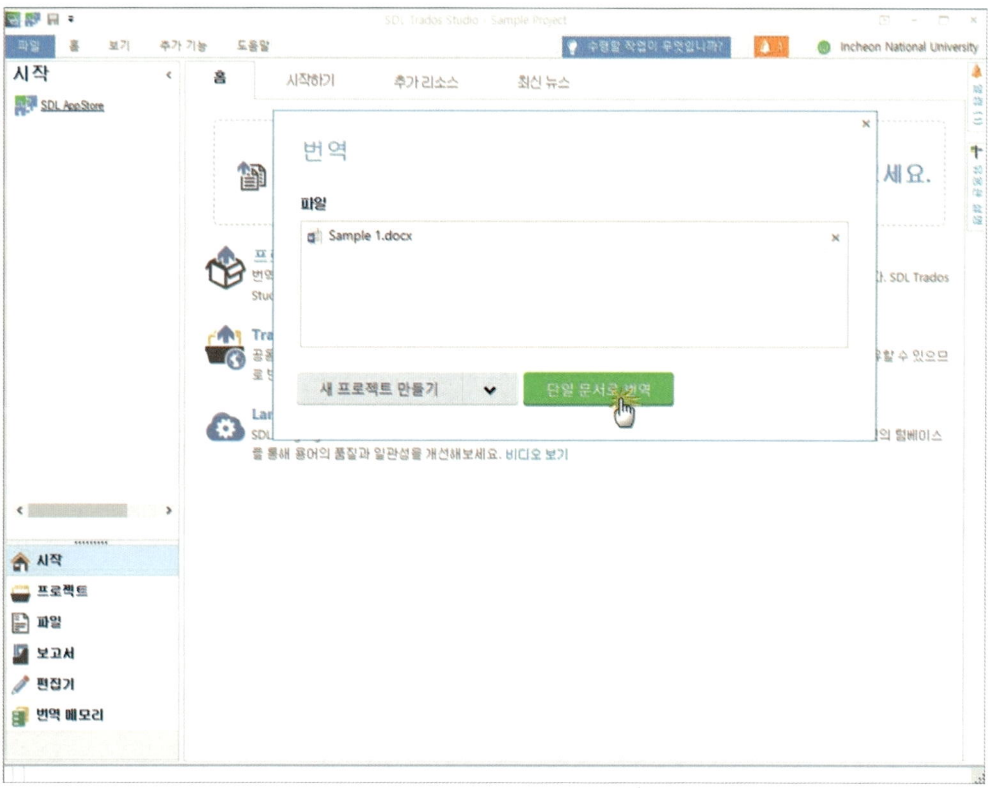

〈그림 7.3〉 단일 문서로 번역 선택 후 클릭하기

단일 문서로 번역하기를 선택한 다음 클릭을 하면, 〈그림 7.4〉와 같이 번역 메모리 및 문서 설정 알림창이 나타난다. 참고로 〈그림 7.4〉에서 볼 수 있듯이 디폴트는 소스 언어로는 English (United States)로, 타겟 언어는 German (Germany)로 되어있다. 이 책에서 영어로 작성된 ST를 한국어로 번역할 예정이므로 타겟 언어를 **Korean (Korea)**로 변경한다.

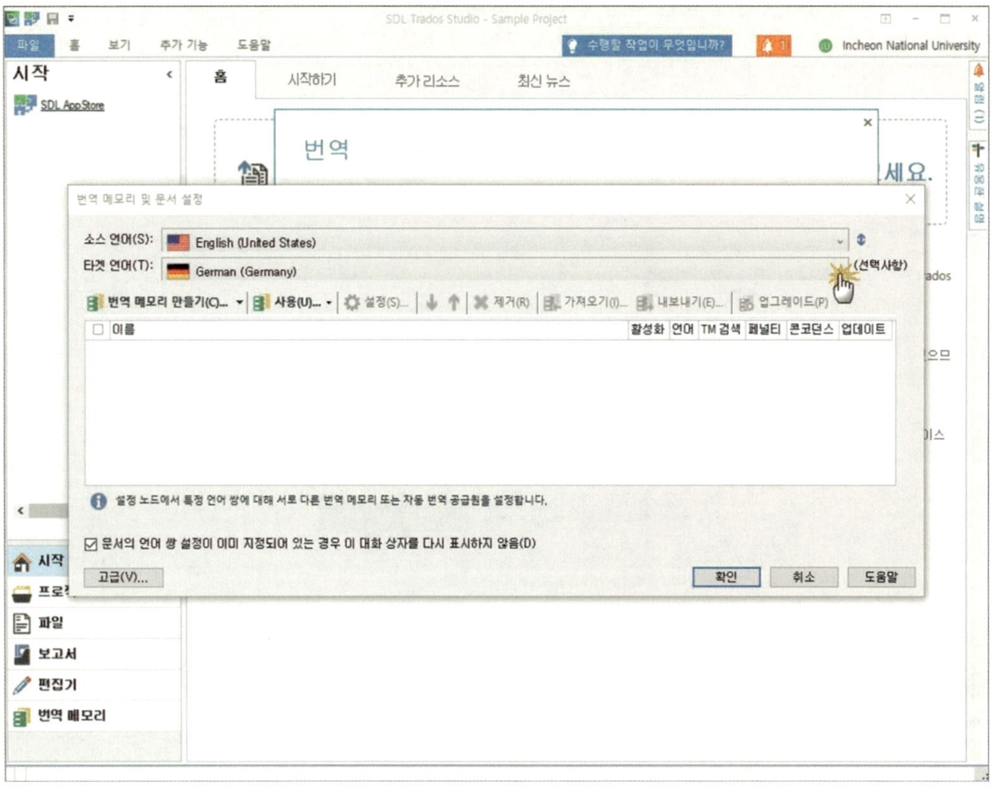

〈그림 7.4〉 번역 메모리 및 문서 설정 첫 화면

7.2 TM 선택하기

언어 쌍을 English (United States)와 Korean (Korea)로 변경하였다면, 이제 TM을 설정할 차례다. 〈그림 7.5〉와 같이 **사용** 탭에서 **파일 기반 번역 메모리** 하위 항목을 선택한 후 클릭한다.

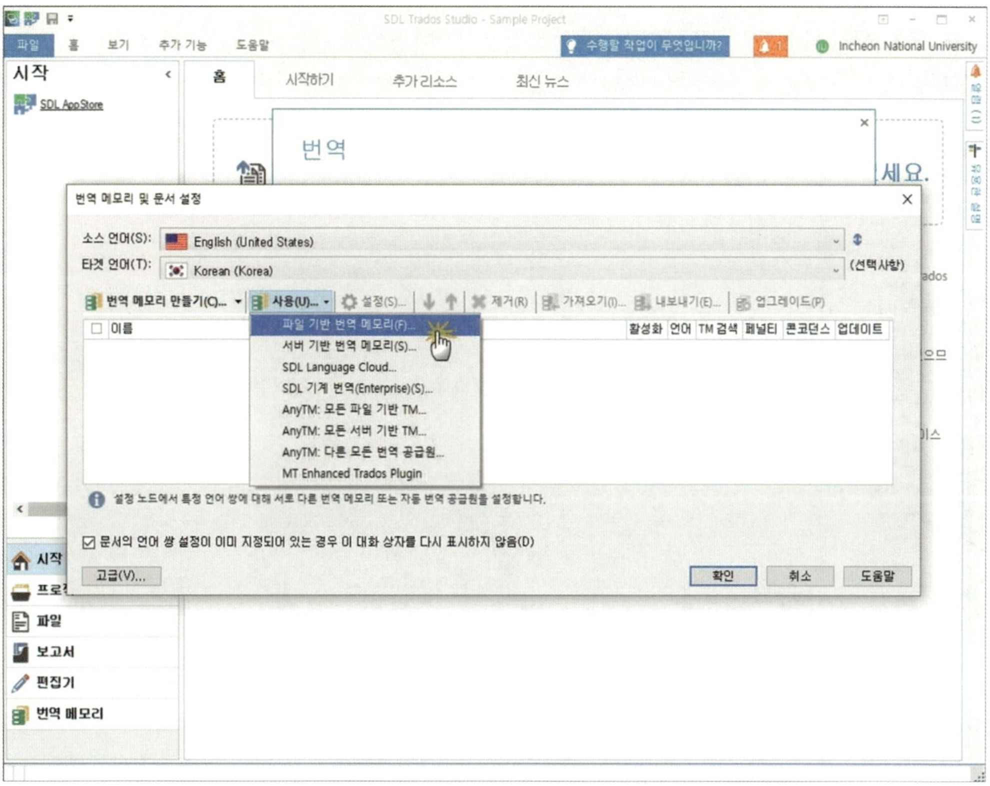

〈그림 7.5〉 파일 기반 번역 메모리 선택하기

이 장에서는 〈그림 7.6〉과 같이 제5장에서 만든 **EN_KOR-연습** TM을 사용할 예정이다. 파일 찾기에서 제5장에서 만든 **EN_KOR-연습** TM을 선택한 다음, **열기** 버튼을 클릭한다.

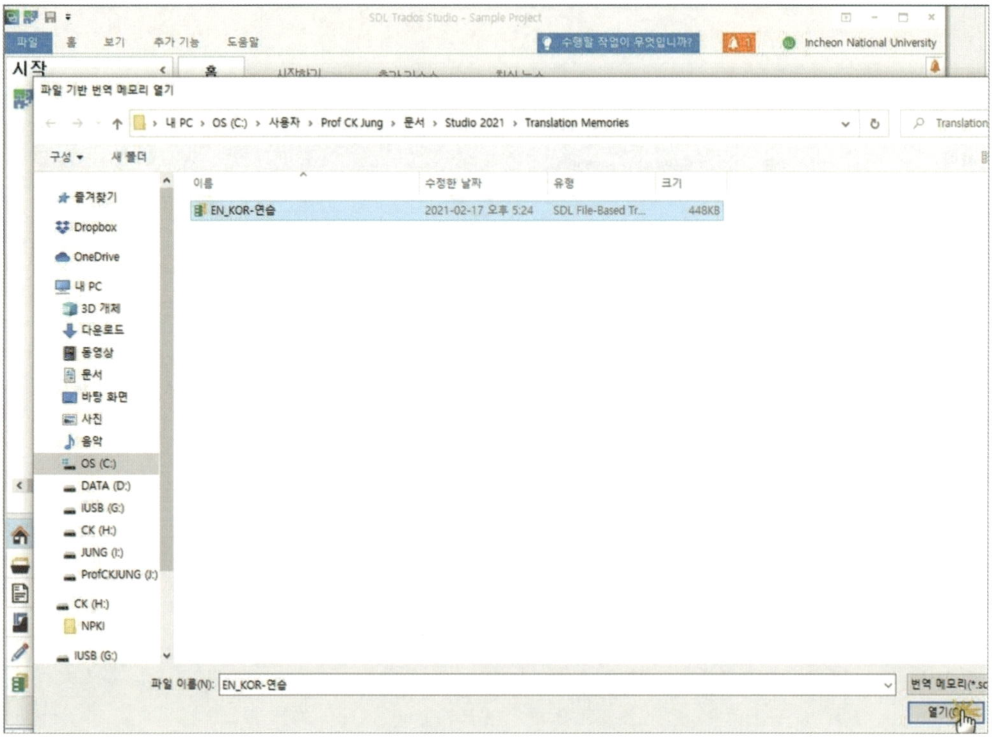

〈그림 7.6〉 EN-KOR-연습 TM 선택하기

EN_KOR-연습 TM이 정상적으로 탑재되면, 〈그림 7.7〉과 같이 해당 TM을 사용하겠다는 활성화에 표시가 되며, TM 검색, 콘코던스, 업데이트에 표시가 된다. 네 개의 체크 박스가 모두 선택되어있는지를 살펴본 다음, **확인** 버튼을 클릭한다.

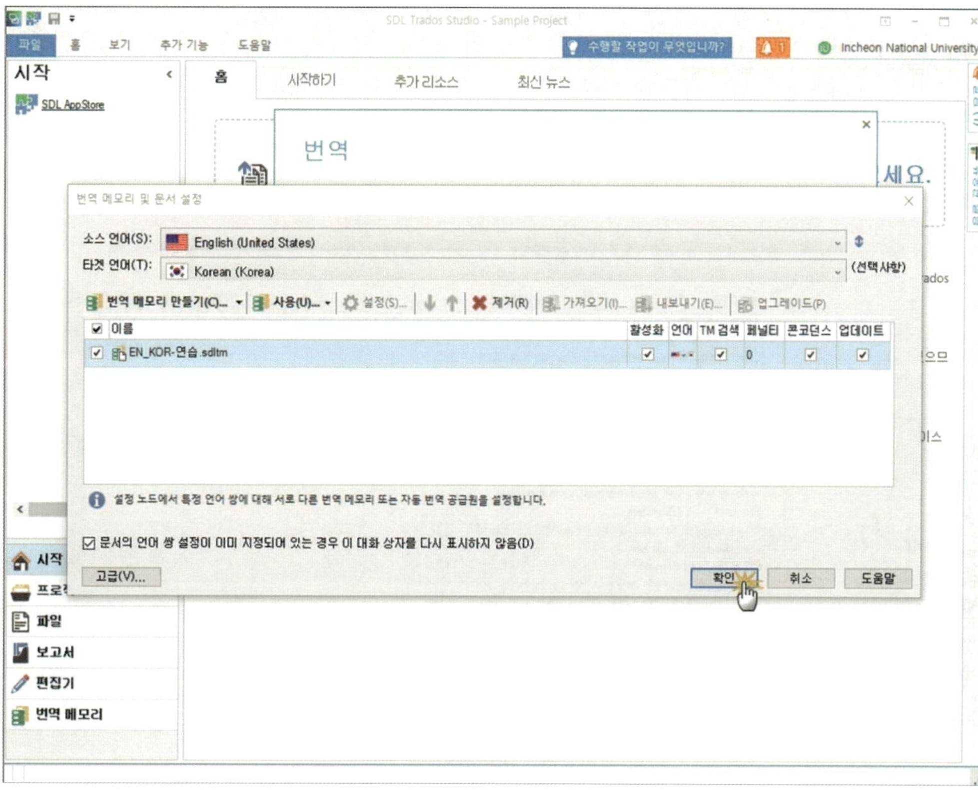

〈그림 7.7〉 EN_KOR-연습 TM 활성화 확인하기

TM 탑재가 정상적으로 탑재가 되었다면, 〈그림 7.8〉과 같은 화면으로 바뀐다.

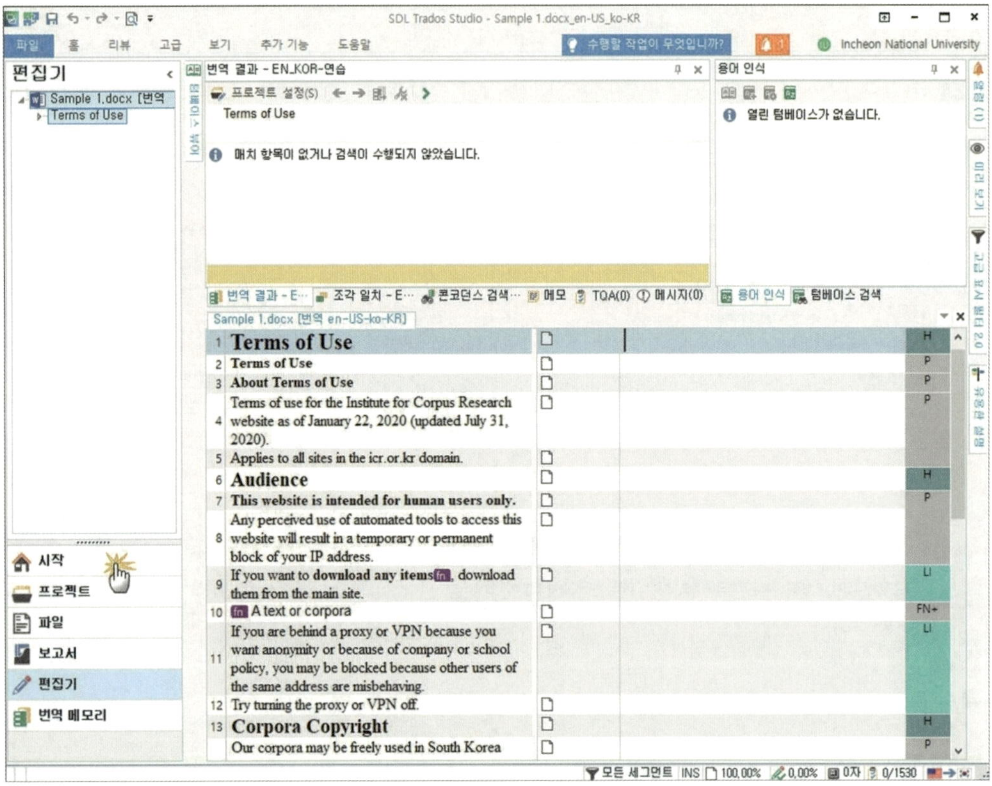

〈그림 7.8〉 TM 탑재 완료 화면

7.3 TB 선택하기

TM이 정상적으로 탑재되었다면, 이제는 TB를 탑재할 차례다. 〈그림 7.9〉와 같이 **프로젝트 설정** 메뉴를 클릭한다.

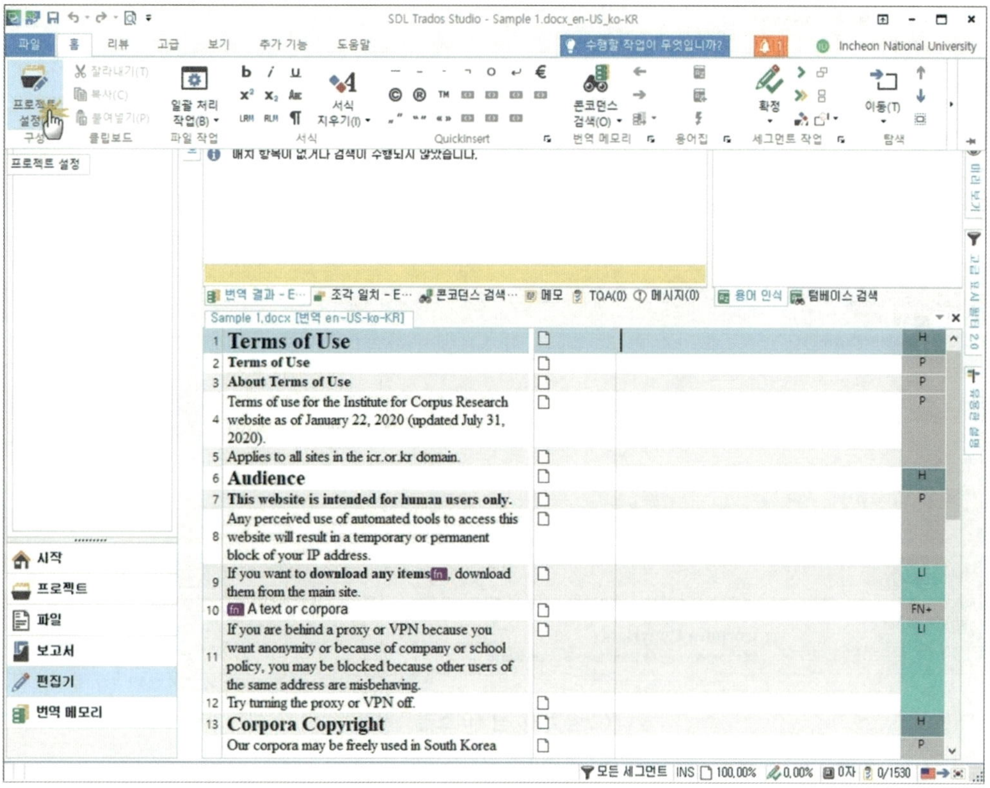

〈그림 7.9〉 TB 탑재하기

프로젝트 설정 메뉴를 클릭하면, 〈그림 7.10〉과 같은 알림창이 나타난다. 이 화면에서 **텀베이스** 하위 항목을 선택하여 클릭한다.

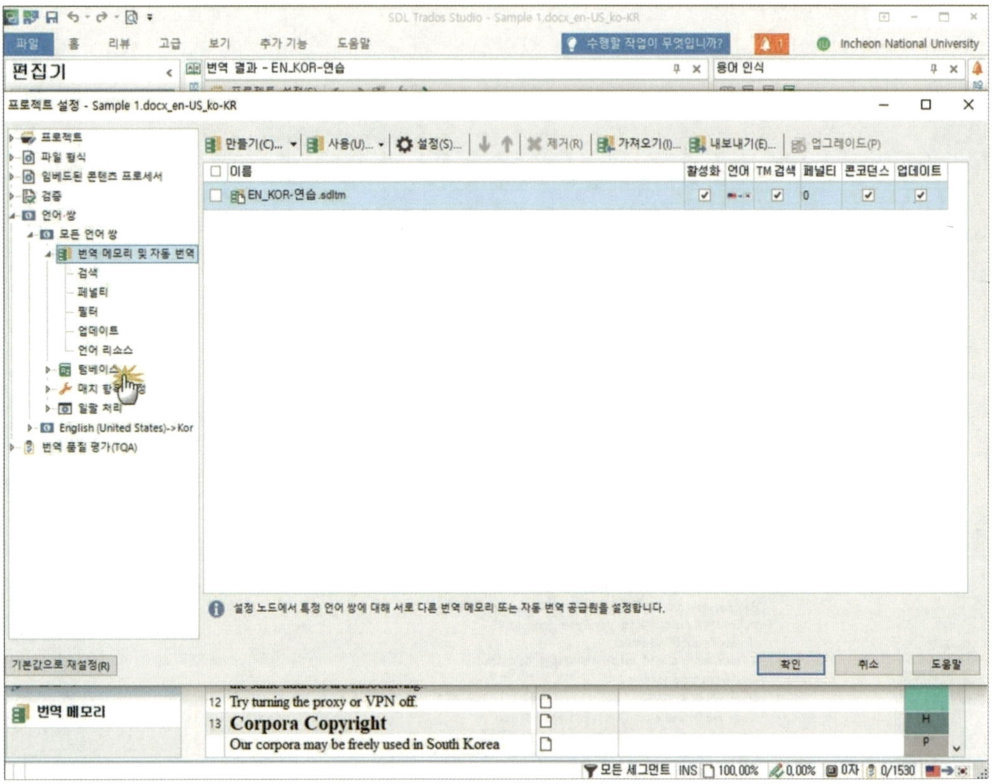

〈그림 7.10〉 텀베이스 클릭하기

텀베이스 하위 항목을 클릭하면, 〈그림 7.11〉과 같은 화면이 나타나는데, 이곳에서 **사용** 탭을 선택한 다음, **파일 기반** MultiTerm **텀베이스**를 선택한다.

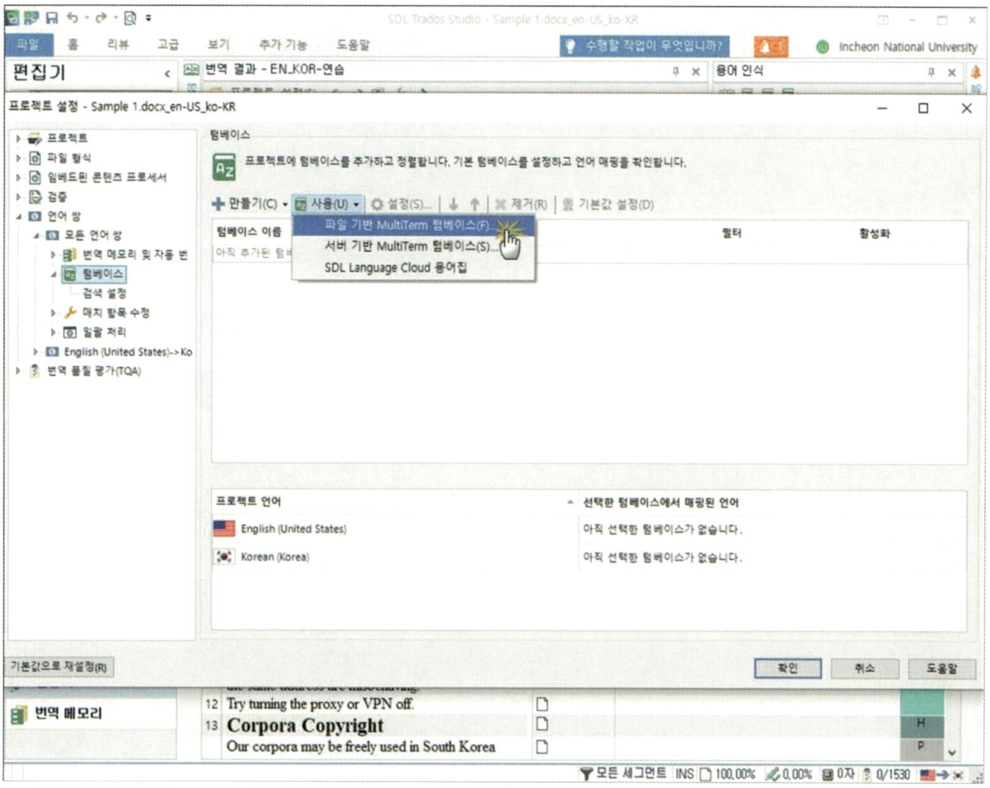

〈그림 7.11〉 파일 기반 MultiTerm 텀베이스 선택하기

이 장에서는 제6장에서 만든 **Sample TB**를 사용할 예정이다. 파일 찾기에서 〈그림 7.12〉와 같이 **Sample TB**를 찾아서 **열기** 버튼을 클릭한다.

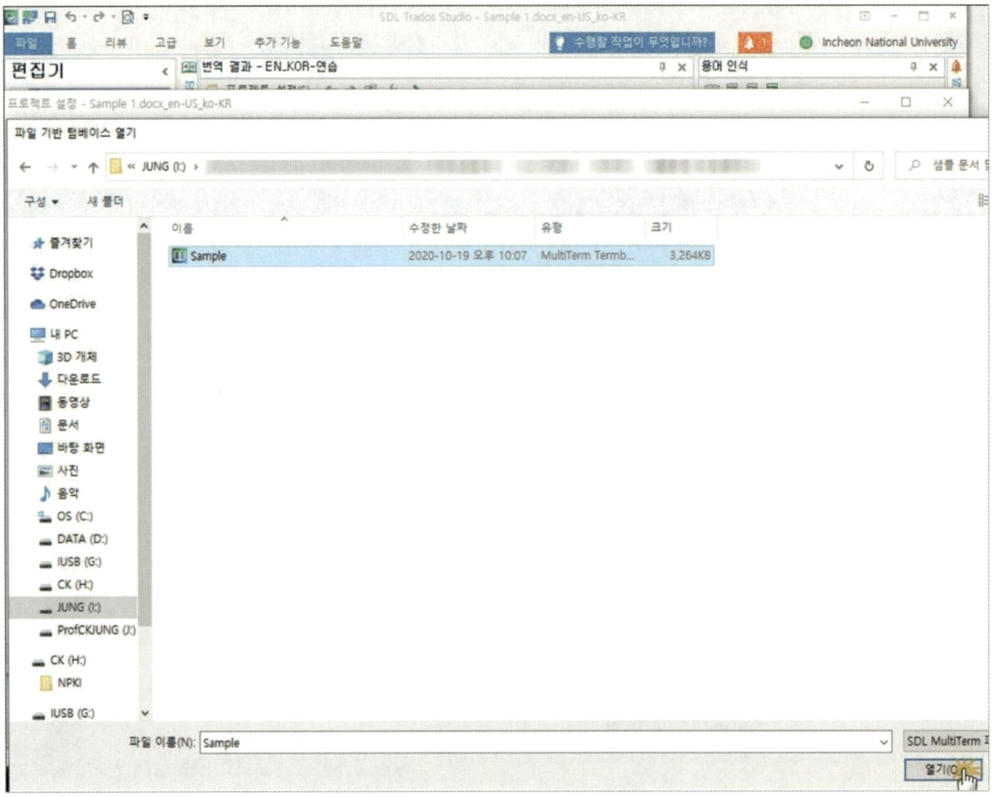

〈그림 7.12〉 Sample TB 선택하기

TB가 성공적으로 탑재되면, 〈그림 7.13〉과 같은 화면이 나타난다. TB와 프로젝트 언어가 적절하게 구성되었다면, **확인** 버튼을 클릭한다.

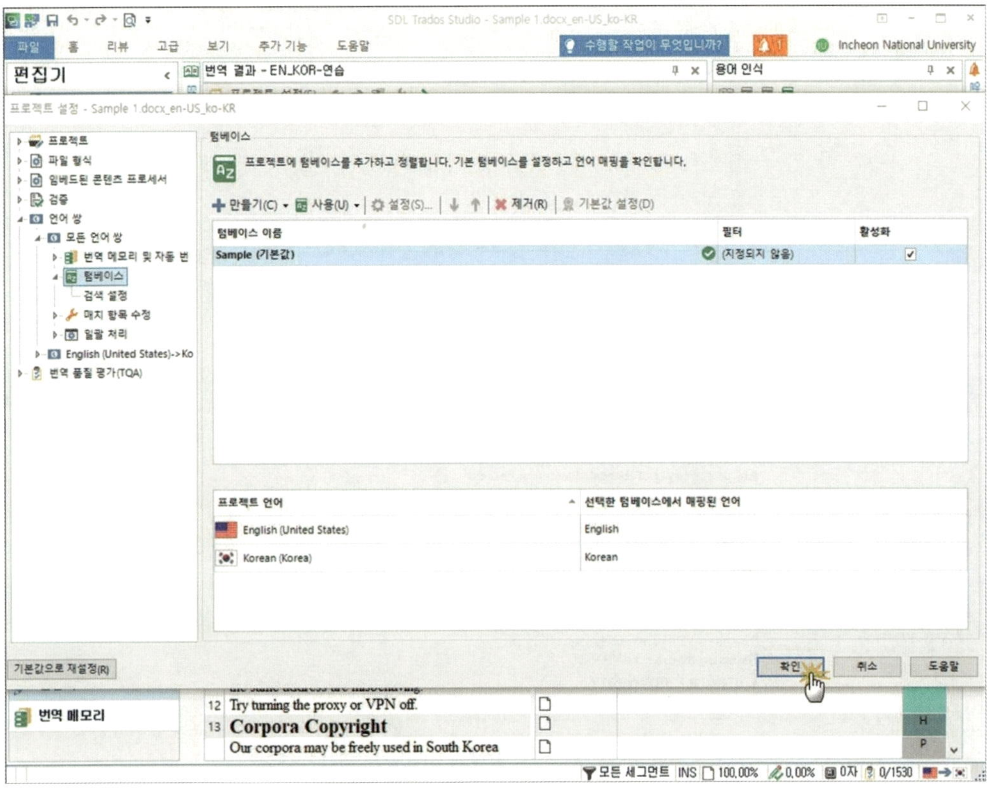

〈그림 7.13〉 TB 탑재 완료 화면

이상의 과정을 모두 마치면, 〈그림 7.14〉와 같은 화면이 나타난다. 이제 번역할 준비가 된 것이다.

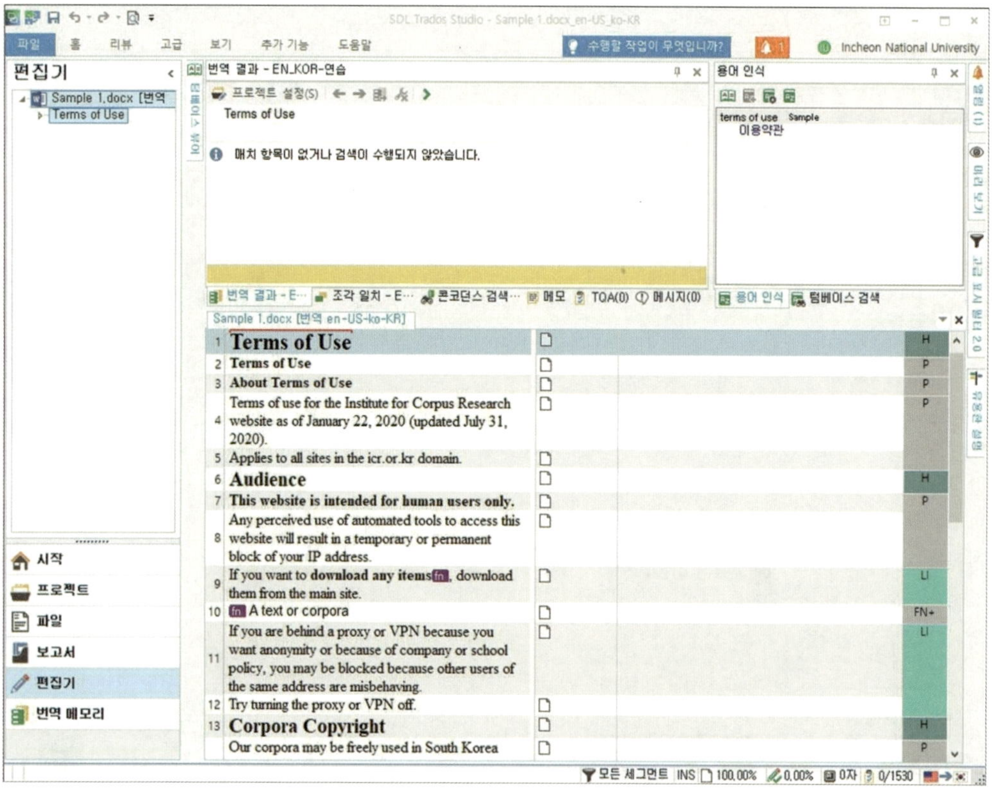

〈그림 7.14〉 TM과 TB 탑재 후 번역 준비 완료 상태

7.4 편집기 창 구성

편집기 창은 크게 세 영역으로 나뉘어 있다. 첫 번째 영역은 **번역 결과**이다. 번역 결과 창은 TM과 매치하는 항목이 있는지를 보여주는 창이다. ST의 첫 번째 세그먼트는 TM에 현재 세그먼트와 매치하는 항목이 없으므로 **매치 항목이 없거나 검색이 수행되지 않았습니다**는 메시지가 표시되었다. 두 번째 영역은 **용어 인식** 창이다. 용어 인식 창은 선택한 TB에서 검색 결

과를 표시한다. 소스 세그먼트에서 TB 파일에 포함된 용어가 발견되면 〈그림 7.15〉와 같이 용어의 의미를 제안한다. 마지막 영역은 1) **번역결과**, 2) **조각일치**, 3) **콘코던스 검색**, 4) **메모**, 5) TQA, 6) **메시지** 등의 탭이 있는 편집기이다. 탭을 클릭하여 다른 창으로 전환할 수 있고, 번역하려는 소스 언어 세그먼트는 TM의 모든 소스 언어 세그먼트에서 검색한다. 유사한 세그먼트 또는 같은 세그먼트가 발견되면, 해당 세그먼트와 함께 저장된 번역이 번역 제안으로 나타난다. 이때 번역할 세그먼트와 TM의 세그먼트를 비교하는 것을 매칭이라고 하며, 번역에 관한 제안이 있다는 것은 TM에서 소스 언어 세그먼트와 매치되는 것이 발견되었다는 의미이다.

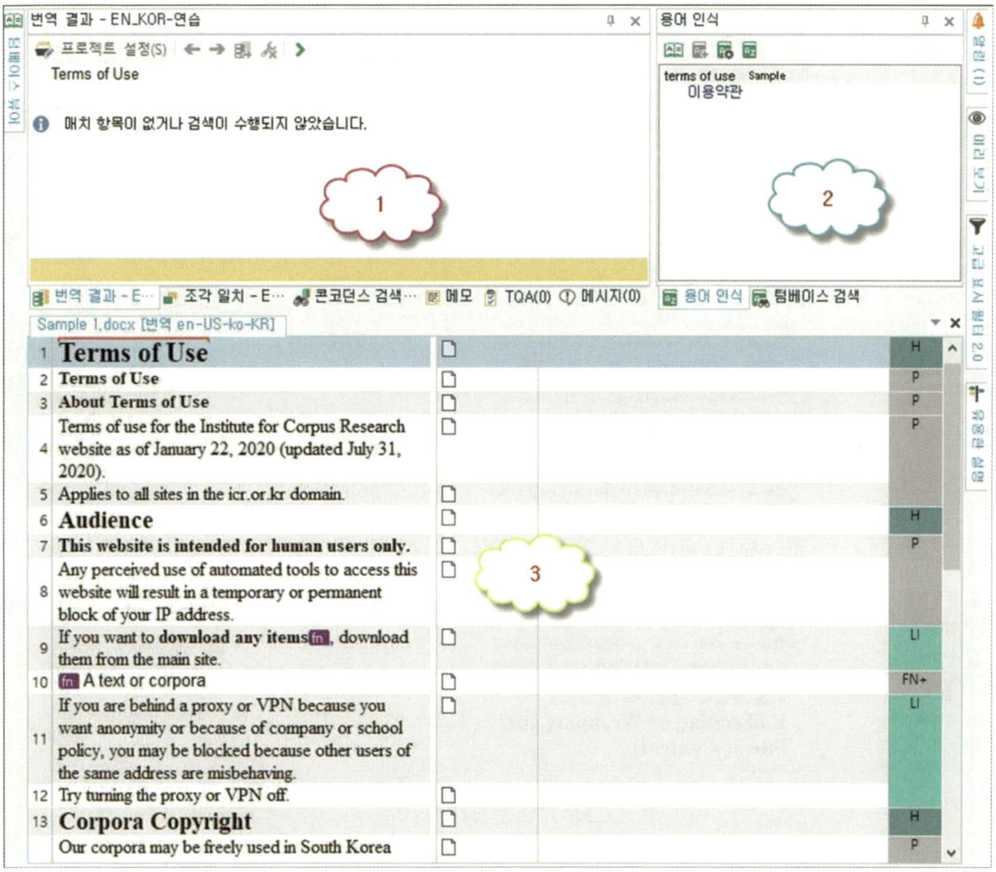

〈그림 7.15〉 편집기 창 구성 화면

7.5 세그먼트 입력하기

이제 본격적으로 번역해본다. 우선 번역 작업을 할 때 〈그림 7.16〉에서 볼 수 있는 편집기에서 각 세그먼트는 키보드 화살표 → ←↑↓를 이용하거나, 마우스를 이용하여 원하는 세그먼트로 이동할 수 있다. SDL Trados Studio 2021에서는 편집기 왼쪽 위에 있는 탐색 창에서 문서 갈래를 사용하여 특정 단락으로 신속하게 이동할 수 있다. 〈그림 7.16〉에서 편집기 탐색 창에서 Corpora Copyright를 클릭하자 중앙에 있는 Corpora Copyright 세그먼트로 바로 이동한 화면을 확인할 수 있다.

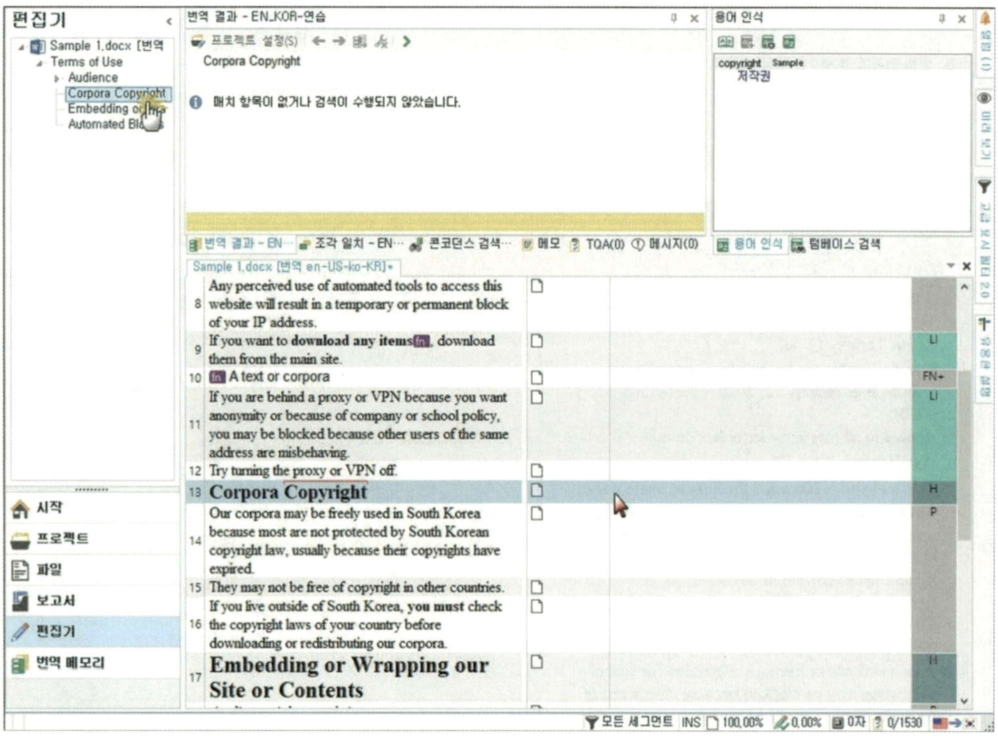

〈그림 7.16〉 편집기에서 이동

〈그림 7.17〉은 편집기 상황을 보여준다. 화살표 모양의 커서가 가리키는 문서 모양의 아이콘은 아직 번역이 이루어지지 않았음을 표시한다. 참고로 가장 우측에 있는 H는 Heading, 즉 **제목**을 의미한다.

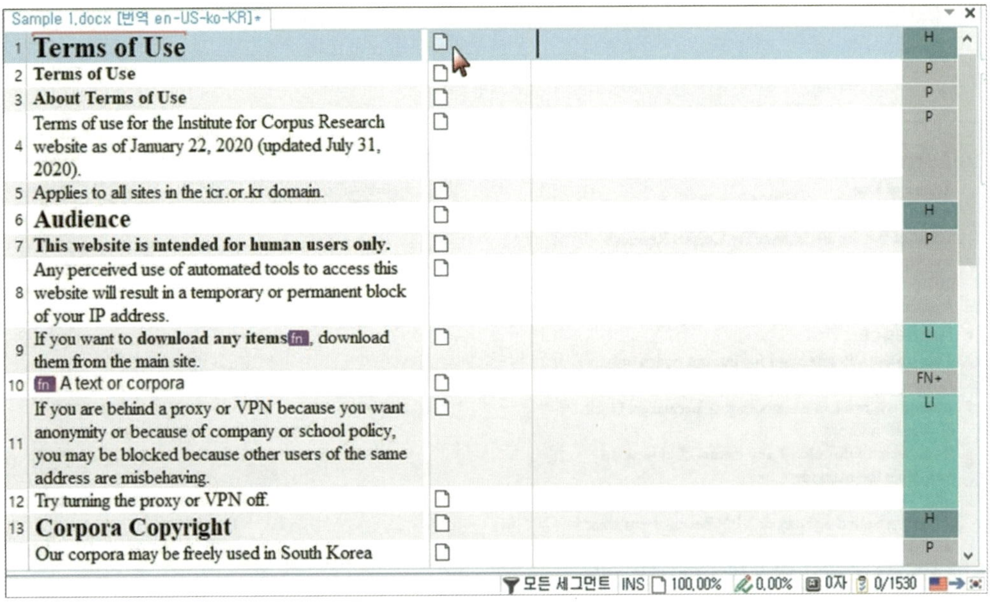

〈그림 7.17〉 번역 시작 전 모습

〈그림 7.18〉에서 볼 수 있듯이, TT 세그먼트에 입력을 하면 기존에 문서 모양의 아이콘이 연필 모양으로 변경된다. 이 연필 모양의 아이콘은 아직 초안 상태이며, 확정된 상태는 아님을 의미한다. 또한, TM에 추가되지는 않은 상태이며, TM에 추가하기 위해서는 **Ctrl + Enter**를 눌러 번역을 확정하면 TM에 저장된다. 참고로 〈그림 7.18〉에서와 같이 입력 텍스트의 제안이 제안된다.

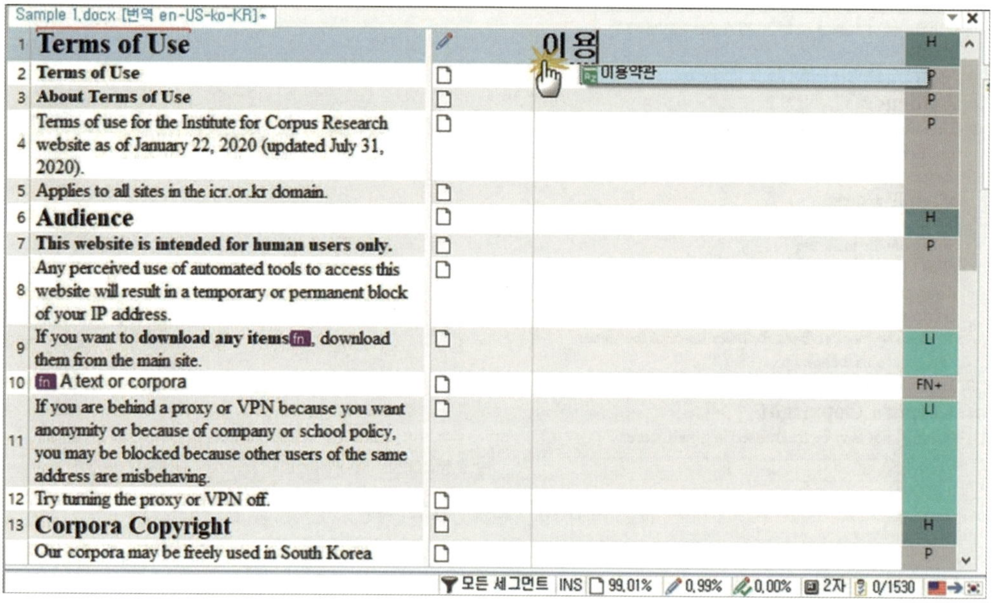

〈그림 7.18〉 세그먼트에 번역 입력

7.6 번역 확정하기

〈그림 7.19〉는 앞서 Google 클라우드 플랫폼을 사용하여 탑재한 Google 번역기를 활용한 자동번역 화면이다. 1번 세그먼트를 **Ctrl + Enter**로 확정하면, 2번 세그먼트는 자동으로 번역이 된다. 2번 세그먼트는 1번 번역의 반복이기 때문이다. 이를 **자동 전파**라고 한다. 만일 문서 내에서 반복되는 세그먼트가 있을 때, 첫 번째 세그먼트를 번역하거나 편집할 때, 같은 세그먼트는 그에 따라 업데이트 된다.

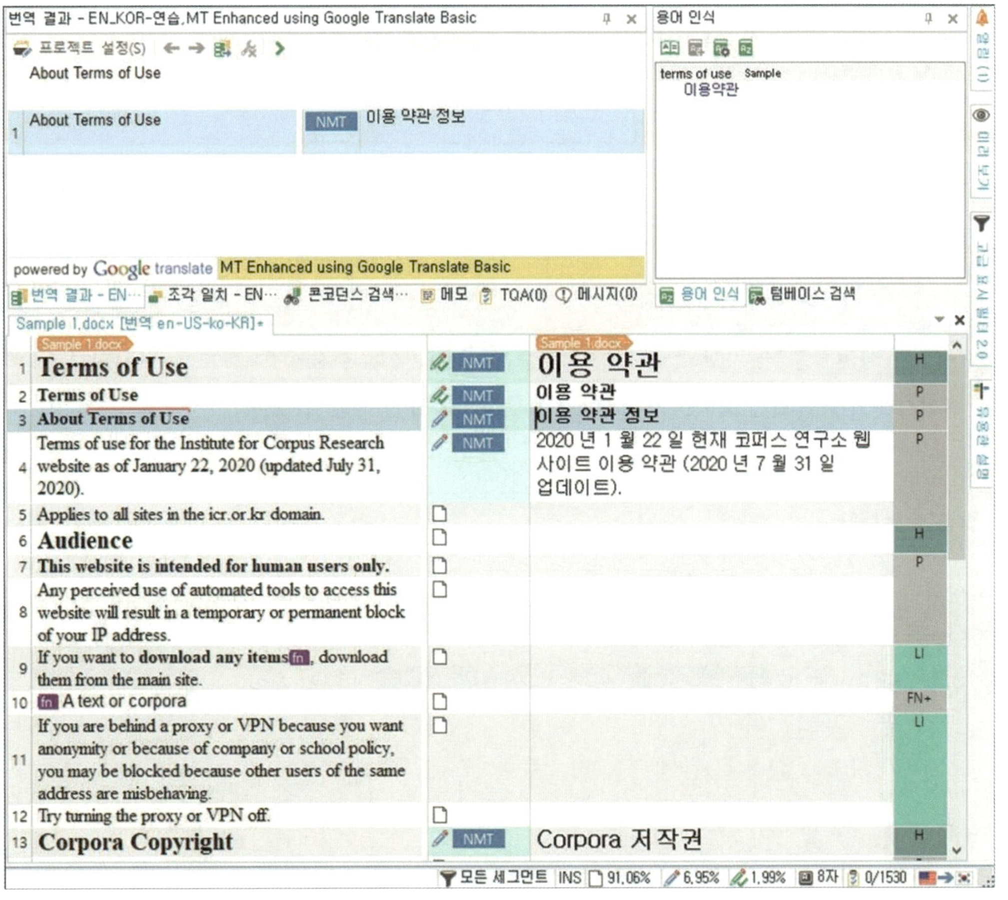

〈그림 7.19〉 세그먼트에 번역 입력

7.7 맞춤법 검사하기

번역에서 맞춤법이 틀린 단어는 빨간색 물결선으로 강조된다. 이때 잘못된 단어에 컴퓨터 커서를 올려놓고 마우스 오른쪽 버튼을 클릭한다. 〈그림 7.20〉과 같이 하나 이상의 제안된 수정 사항을 포함한 메뉴가 나타날 수 있는데, 그중 가장 적절한 맞춤법을 선택한다. 이후 Ctrl + Enter를 눌러 수정된 번역을 TM에 저장한 다음, 다음 세그먼트로 이동한다.

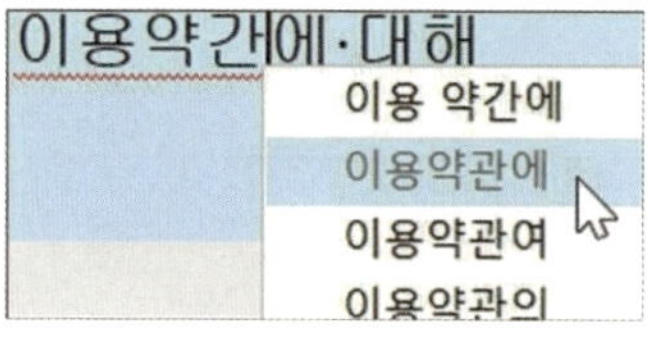

〈그림 7.20〉 맞춤법 검사

번역하는 도중에 맞춤법 검사를 하는 것이 번거롭다면, 키보드의 **F7**을 눌러 전체 맞춤법 검사를 실행할 수도 있다. 〈그림 7.21〉은 키보드의 **F7**를 눌렀을 때 나타난 화면이다. 맞춤법 검사기에서 맞춤법 수정 제안을 선택하여 변경하거나 무시할 수 있다.

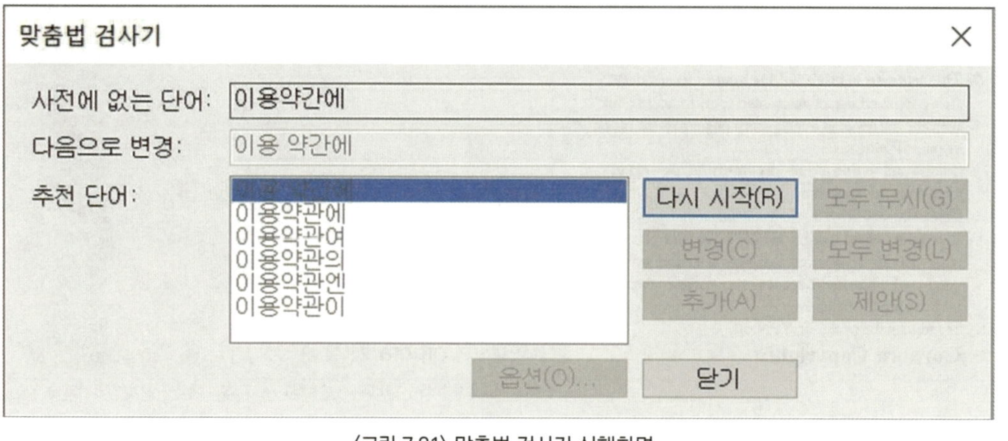

〈그림 7.21〉 맞춤법 검사기 실행화면

7.8 서식 적용하기

8번 세그먼트에서 9번 세그먼트로 이동하면, 〈그림 7.22〉와 같이 문장 중간에 download any item이 굵은 글꼴 서식이 포함되어 있는 것을 확인할 수 있다. 이럴 때는 TT에서도 굵은 글꼴 서식을 같게 적용해야 한다.

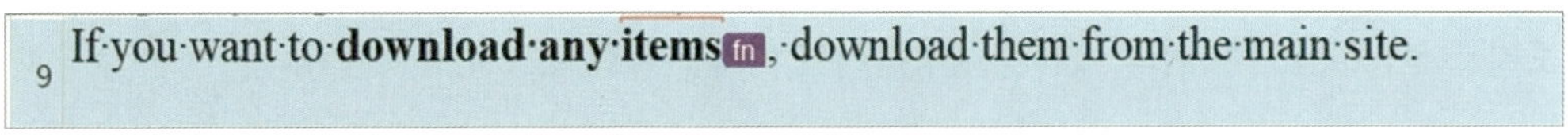

〈그림 7.22〉 맞춤법 검사

TT의 세그먼트에 굵은 글꼴 서식을 적용하기 위해서는 **홈** 메뉴에서 〈그림 7.23〉과 같인 **굵은 글꼴 서식**을 선택하여 클릭하거나, 키보드에서 **Ctrl + B**를 눌러 굵은 글꼴 서식을 적용한다. 참고로 이전 버전과 달리 SDL Trados Studio 2021에서는 자동번역을 하게 되면 이러한 서식까지 자동으로 적용되어 나타난다.

〈그림 7.23〉 굵은 글꼴 적용하기

7.9 실시간 미리보기

SDL Trados Studio 2021의 가장 큰 장점이라고 할 수 있는 것은 바로 실시간 최종 번역물 **미리 보기**이다. 번역하며 텍스트의 구조와 최종 결과물이 어떤 형태로 보일지를 실시간으로 확인할 수 있다. 실시간 미리 보기는 특히 ST와 TT의 레이아웃을 비교해보며, 필요시에는 문장의 길이를 조정할 때 매우 유용한 기능이다. 보기 메뉴에서 〈그림 7.24〉와 같이 미리 보기를 선택하면, **1차 미리 보기를 생성하려면 여기를 클릭** 링크를 클릭한다.

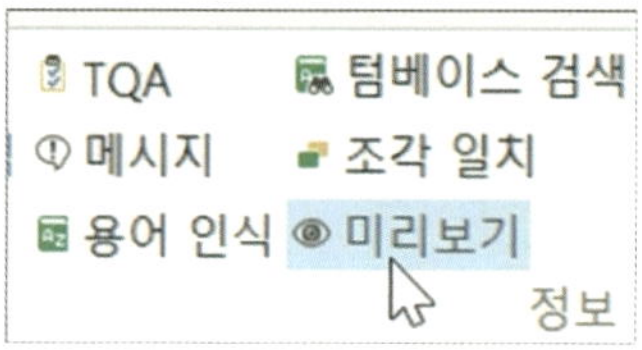

〈그림 7.24〉 미리보기 기능 선택하기

〈그림 7.25〉는 **1차 미리 보기를 생성하려면 여기를 클릭** 링크를 클릭하면 나타나는 미리 보기 화면이다. 현재 작업 중인 부분이 강조되어 나타난다. 참고로 실시간 미리 보기는 MS Word, MS PowerPoint, MS Excel, HTML 등 다양한 형식의 문서로 볼 수 있다. 한편, 듀얼 모니터를 사용하는 사용자는 다른 한쪽 모니터에 미리 보기를 띄어놓고 실시간으로 각 세그먼트마다 어떻게 변하는지를 보면서 작업할 수도 있다.

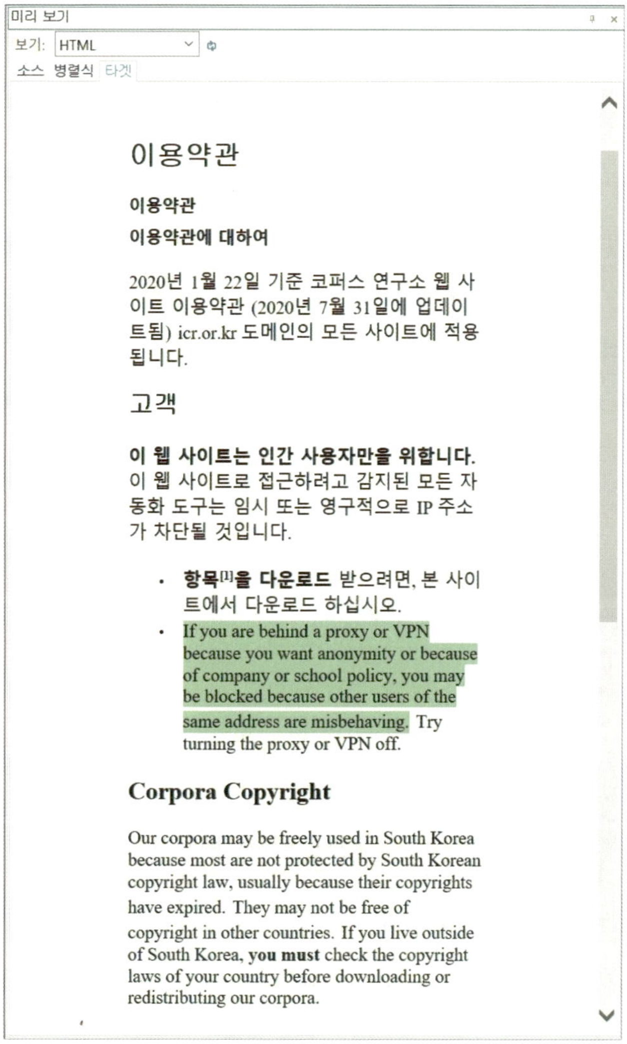
미리 보기
보기: HTML
소스 병렬식 타겟
이용약관
이용약관
이용약관에 대하여
2020년 1월 22일 기준 코퍼스 연구소 웹 사이트 이용약관 (2020년 7월 31일에 업데이트됨) icr.or.kr 도메인의 모든 사이트에 적용됩니다.
고객
이 웹 사이트는 인간 사용자만을 위합니다. 이 웹 사이트로 접근하려고 감지된 모든 자동화 도구는 임시 또는 영구적으로 IP 주소가 차단될 것입니다.
항목[1]을 다운로드 받으려면, 본 사이트에서 다운로드 하십시오.
If you are behind a proxy or VPN because you want anonymity or because of company or school policy, you may be blocked because other users of the same address are misbehaving. Try turning the proxy or VPN off.
Corpora Copyright
Our corpora may be freely used in South Korea because most are not protected by South Korean copyright law, usually because their copyrights have expired. They may not be free of copyright in other countries. If you live outside of South Korea, you must check the copyright laws of your country before downloading or redistributing our corpora.

〈그림 7.25〉 미리 보기 창

7.10 콘코던스 검색

〈그림 7.26〉과 같이 11번 세그먼트에 있는 users를 번역할 때 user와 users를 영어처럼 사용자(단수)와 사용자들(복수)를 구분해서 번역할 것인지, 아니면 사용자로 통일해서 번역할 것인지가 헷갈릴 때가 있다. 번역하는 동안에도 어떨 때는 사용자로 번역하기도 하고, 사용자들로 번역하는 때도 있다. 이때 **콘코던스 검색**을 통해 그동안 user를 어떻게 번역했는지 검토할 수 있다. 〈그림 7.26〉과 같이 소스 세그먼트에서 users를 선택한 다음, 키보드에서 **F3**를 누르거나 마우스 오른쪽 버튼을 클릭하고 콘코던스 검색을 선택하여 클릭한다. 이 과정을 거치면 users를 포함한 TM으로부터 모든 세그먼트 쌍이 표시되며, 이때 검색된 부분은 〈그림 7.26〉과 같이 노란색 배경으로 강조되어 나타난다. 참고로 콘코던스 검색은 변화와 파생어도 검색한다. 예컨데, user를 선택하면 users도 검색되는 식이다. 콘코던스 검색은 TT에서도 수행할 수 있다. 방식은 ST에서 하는 방식과 같다.

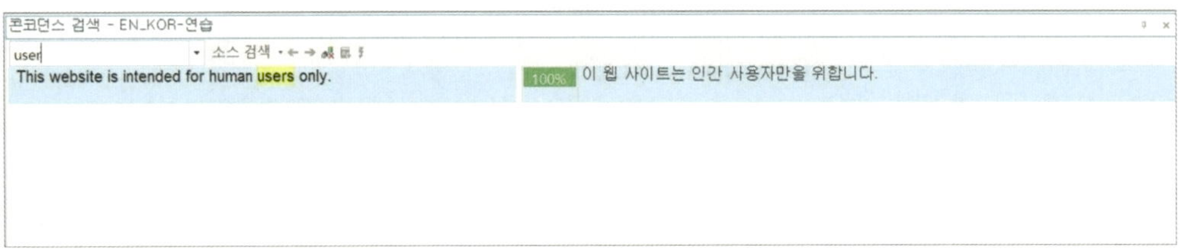

〈그림 7.26〉 콘코던스 검색 창

콘코던스 검색을 통해 단순히 단어를 찾을 수도 있지만, 일괄적으로 바꿀 필요가 있을 때도 있다. 이때는 〈그림 7.27〉과 같이 **Ctrl + F**를 눌러 찾기 및 바꾸기를 활용하여 찾고 싶은 단어를 입력한 다음, 해당 단어가 포함된 세그먼트를 찾거나 모두 바꿀 수 있다.

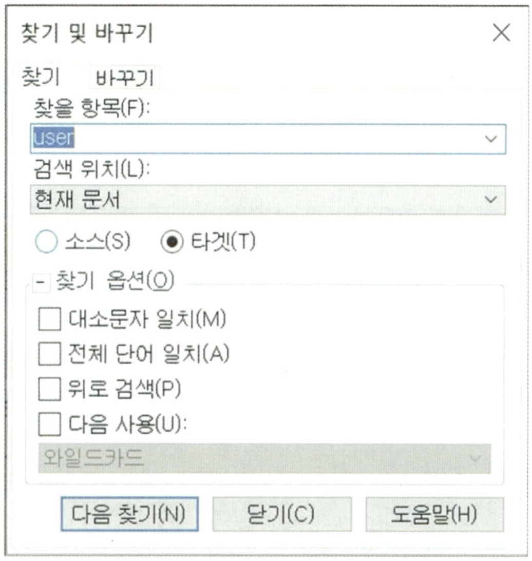

〈그림 7.27〉 찾기 및 바꾸기

7.11 번역 마무리하기

ST 번역을 모두 마치면, SDL Trados Studio 2021 하단에 있는 상태 표지 줄이 〈그림 7.28〉과 같이 된다. 이때 약 99.01%의 TT가 번역되었지만, 약 1%가 확정되지 않았으므로 상태 표시줄에는 99.01%로 표시된다. 모든 세그먼트가 확정되었는지 확인하고, 확정이 안 된 곳이 있다면 **Ctrl + Enter**를 눌러 확정한 다음 최종적으로 상태 표시줄을 재확인한다.

〈그림 7.28〉 상태 표시줄

7.12 저장하기

모든 번역 작업을 마치면, 이제는 파일을 저장할 때다. **파일** 탭을 눌러 〈그림 7.29〉와 같이 **저장**을 클릭하여 저장한다. 참고로 SDL Trados Studio 2021은 일정한 간격으로 자동저장을 한다. 번역하는 도중에 컴퓨터에 문제가 있어서 컴퓨터가 다운될 경우를 대비해서다. 이렇게 저장된 파일은 AutoSave 폴더에 있다(C:/Users/〈Username〉/Documents/Studio 2021/AutoSave).

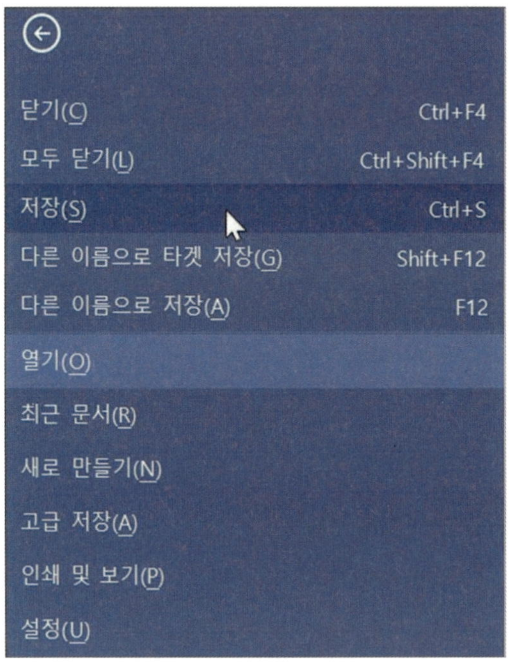

〈그림 7.29〉 문서 저장하기

SDL Trados Studio 2021은 다양한 파일 형식으로 TT를 저장할 수 있다. 이 책에서 연습하는 것처럼 MS Word 형식으로 저장하려면, 〈그림 7.30〉과 같이 **다른 이름으로 타겟 저장**을 선택하여 클릭한다.

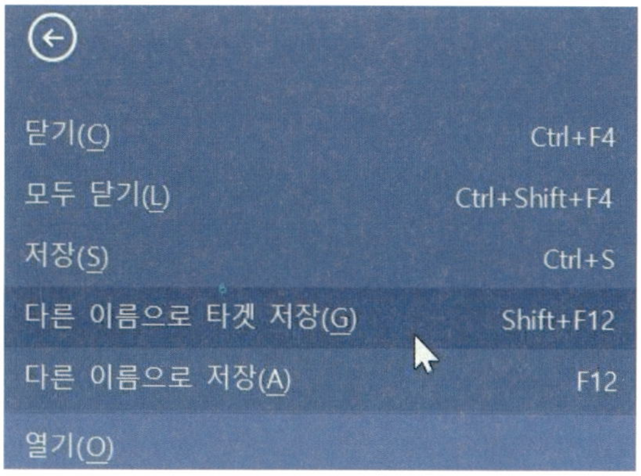

〈그림 7.30〉 다른 이름으로 타겟 저장하기

8장 프로젝트 패키지

이 장에서는 전문 번역회사나 번역의뢰를 한 클라이언트로부터 직접 전달된 번역 프로젝트 패키지에 포함된 파일을 번역하는 실습을 해본다. 참고로 프로젝트 패키지에는 번역가, 편집자, 검수자 등이 번역에 필요한 TM, TB, 파일 보고서, 참조용 자료 등을 포함한다. 번역 프로젝트에 참여한 팀원은 동일한 번역 프로젝트 패키지를 주고받으며 번역의 일관성을 유지하고, 검수 작업 또한 같은 파일을 바탕으로 이루어진다. SDL Trados Studio 2021에서 사용하는 프로젝트 패키지 파일은 sdlppx 파일 확장자로 표시된다.

8.1 프로젝트 패키지 열기

SDL Trados Studio 2021 샘플 프로젝트 패키지를 열기 위해서는 메뉴에서 **파일** 탭을 클릭한 후 〈그림 8.1〉과 같이 **열기**를 선택한 다음 **패키지 열기**를 클릭한다.

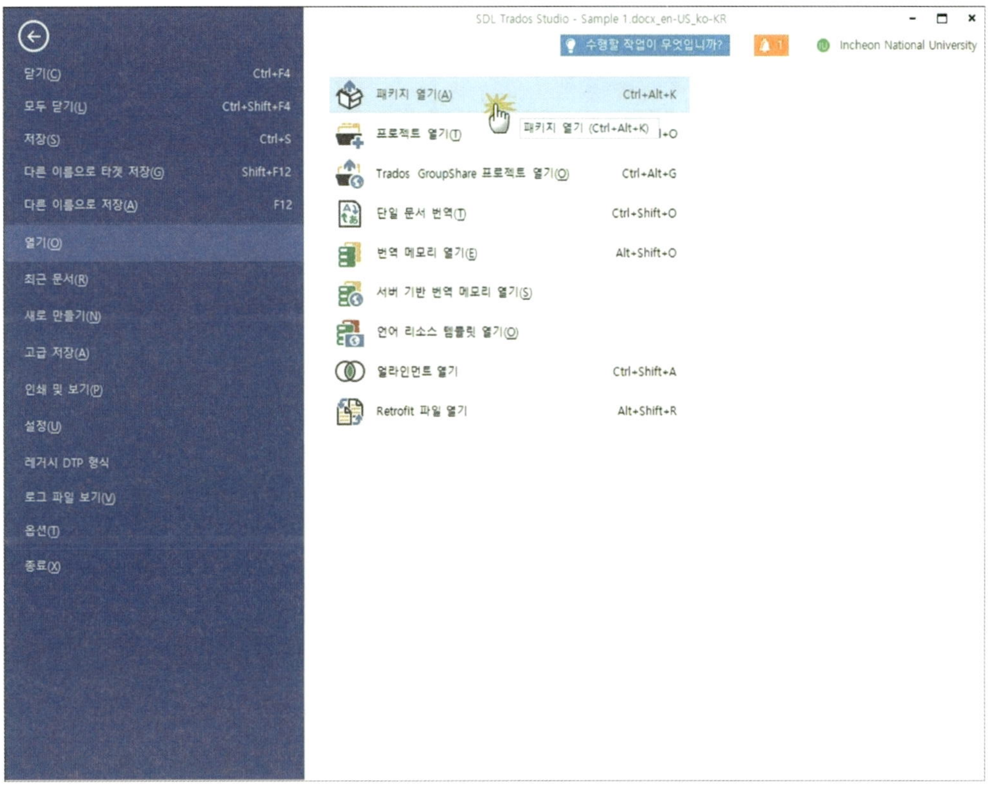

〈그림 8.1〉 프로젝트 패키지 열기

〈그림 8.2〉는 패키지 열기를 선택하면 나타나는 검색 창이다. 이 책에서 사용하는 Sample Machine Manual 프로젝트 패키지 파일을 선택한다.

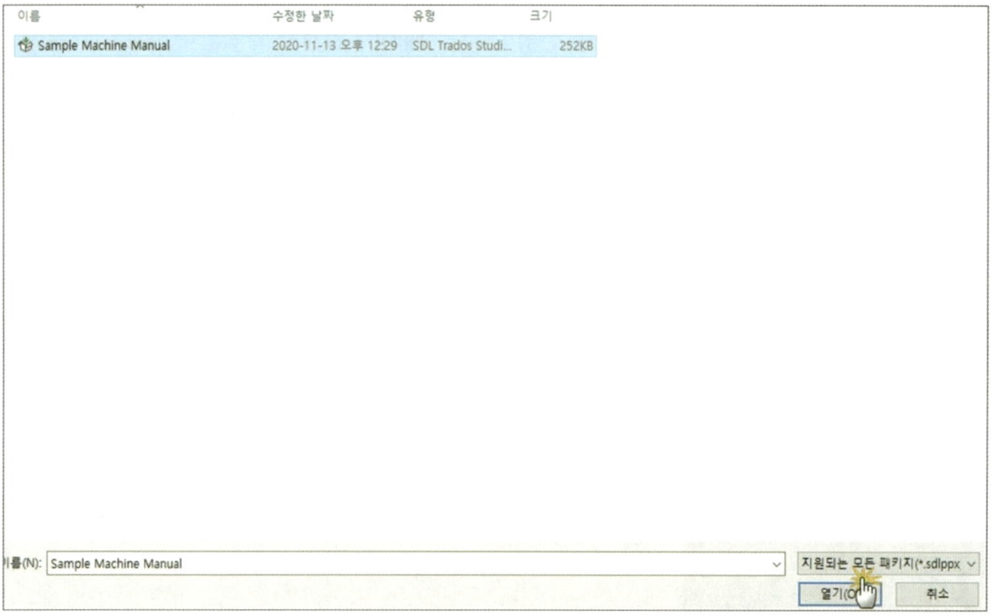

〈그림 8.2〉 Sample Machine Manual 프로젝트 패키지 선택하기

〈그림 8.3〉은 Sample Machine Manual 프로젝트 패키지를 불러오면 나타나는 알림창이다. 이곳에서 Sample Machine Manual 프로젝트 패키지의 간략한 내용 검토를 할 수 있다. 〈그림 8.3〉에서 볼 수 있듯이 Sample Machine Manual 프로젝트는 2개의 파일로 이루어져 있으며, 총 단어 수는 225개이다. 현재 번역되지 않은 단어 수는 215개이고, 검토되지 않은 단어 수는 225개이다.

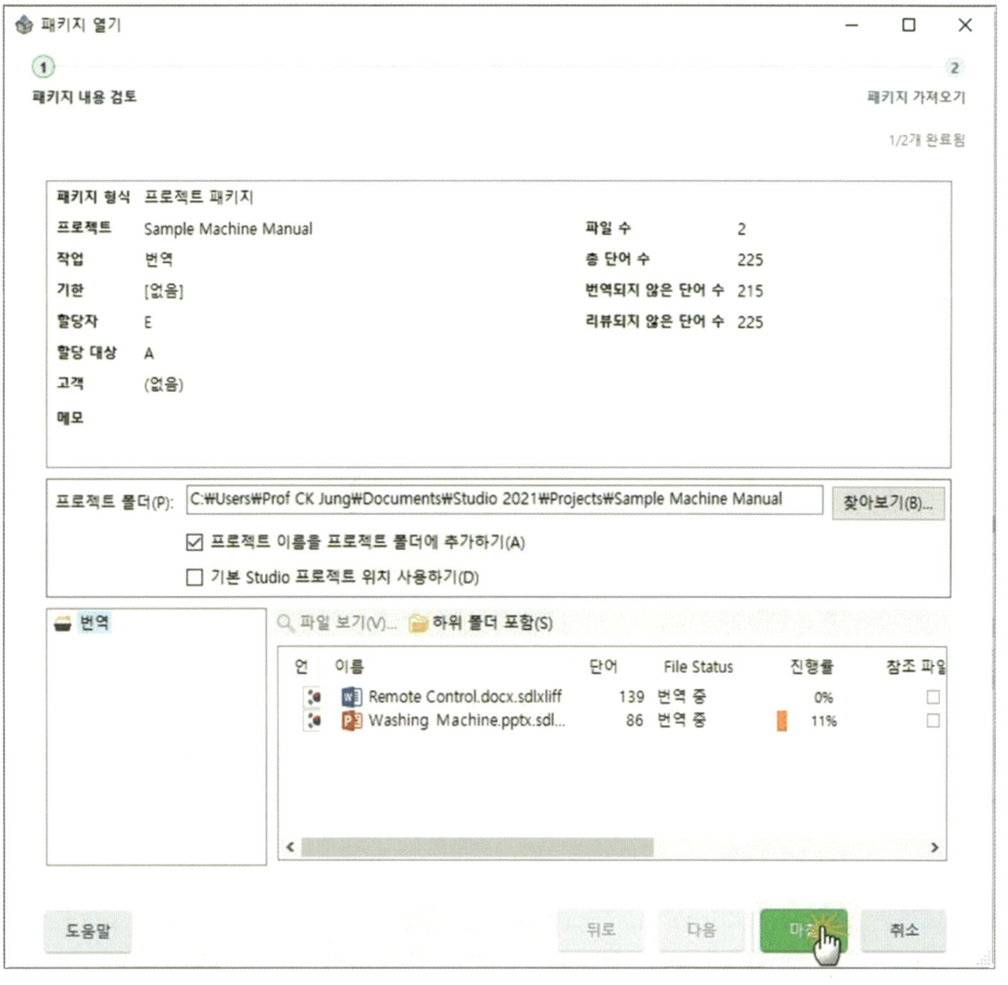

〈그림 8.3〉 Sample Machine Manual 프로젝트 패키지 열기 및 내용 검토

〈그림 8.4〉는 Sample Machine Manual 프로젝트 패키지 검토를 끝낸 후, **마침** 버튼을 클릭하면 나타나는 화면이다. 패키지 가져오는 과정이 마치면 **완료됨(오류 0개, 경고 0개)** 메시지가 나타난다. **닫기** 버튼을 클릭하여 Sample Machine Manual 프로젝트 패키지 열기 과정을 종료한다.

〈그림 8.4〉 Sample Machine Manual 프로젝트 패키지 내용 검토 완료

〈그림 8.5〉는 Sample Machine Manual 프로젝트 패키지 열기를 완료하면 나타나는 화면이다. 〈그림 8.5〉에서 볼 수 있는 것과 같이, SDL Trados Studio 2021에 Sample Machine Manual 프로젝트 패키지가 정상적으로 탑재된 것을 확인할 수 있다.

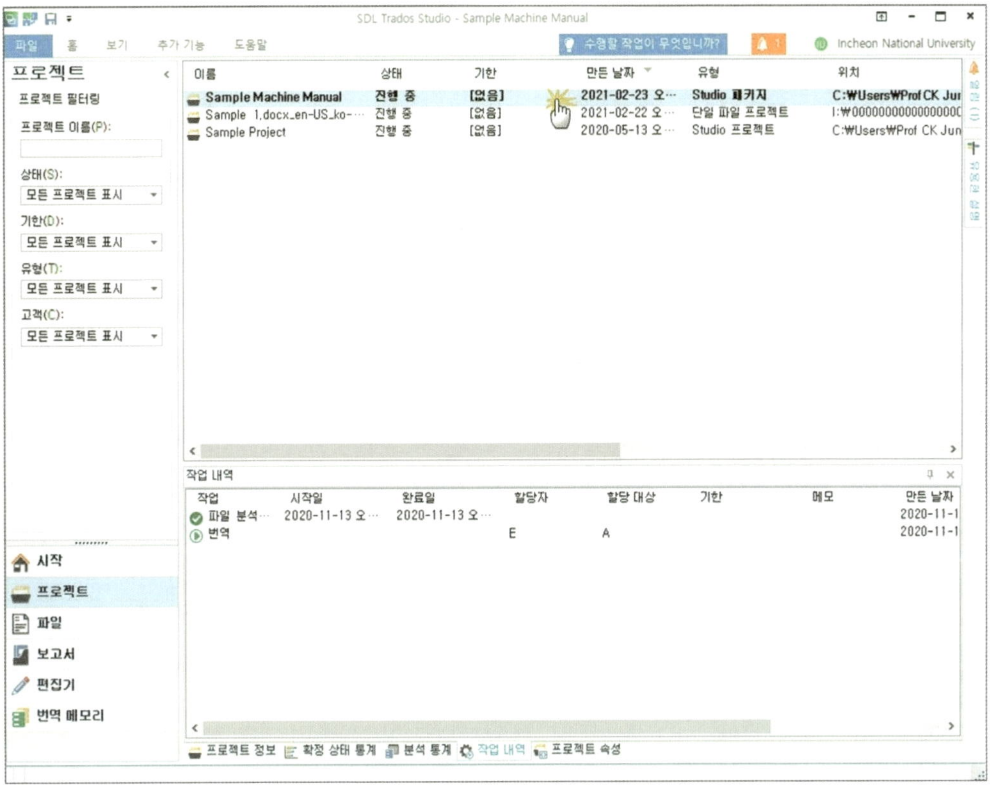

〈그림 8.5〉 Sample Machine Manual 프로젝트 패키지 탑재 완료

8.2 파일 분석 보고서 보기

Sample Machine Manual 프로젝트 패키지가 정상적으로 탑재되면, 본격적인 번역 작업을 하기에 앞서 우선 보고서를 살펴본다. **보고서**에는 〈그림 8.6〉과 같이 번역해야 할 문서에 관한 자세한 내용이 기록되어 있다. 참고로 파일 분석 보고서에는 **총 단어 수, 반복된 세그먼트 수, TM에서 일치하는 세그먼트 수** 등이 포함되어 있다.

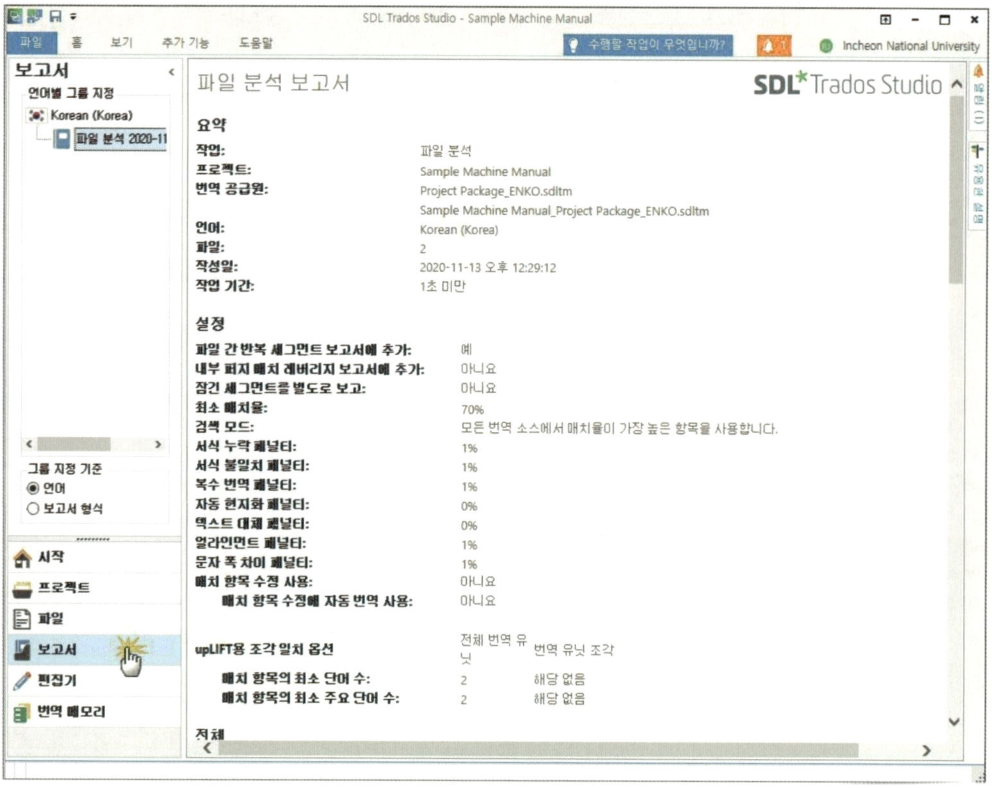

〈그림 8.6〉 파일 분석 보고서

8.3 프로젝트 패키지 파일 보기

〈그림 8.7〉은 Sample Machine Manual 프로젝트 패키지에 포함된 파일을 보여준다. 편집기 탐색 창에서 **파일**을 선택하면, Remote Control.docx.sddxliff 파일(139단어)과 Washing Machine.pptx.sdlxliff 파일(86단어)을 확인할 수 있다. 전자는 MS Word 파일이고, 후자는 MS PowerPoint 파일이다.

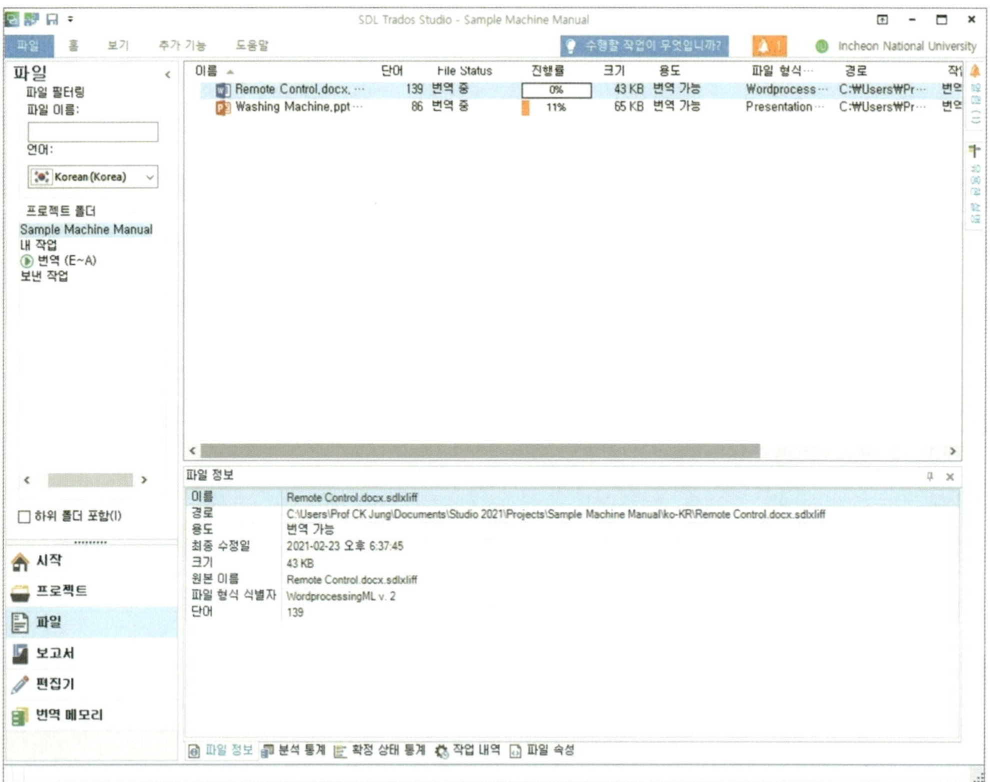

〈그림 8.7〉 프로젝트 패키지 파일 보기

8.4 프로젝트 패키지 파일 번역하기

Remote Control.docx.sdlxliff 파일의 번역 작업을 시작하기 위해서는 〈그림 8.8〉과 같이 해당 파일을 더블 클릭한다.

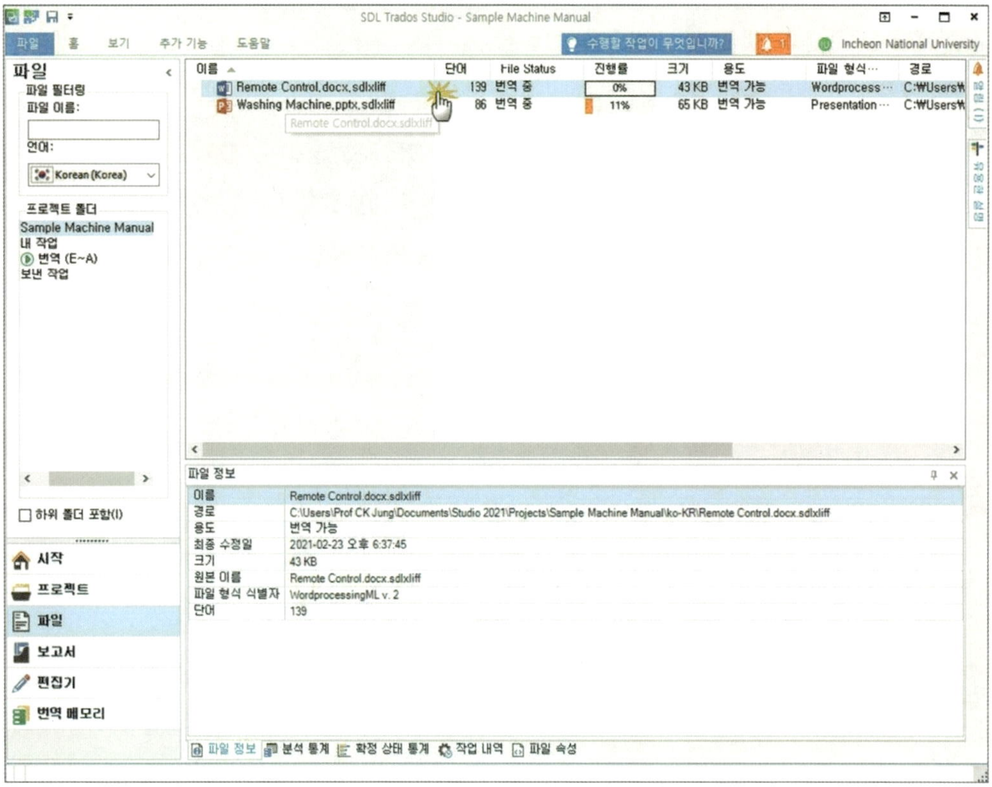

〈그림 8.8〉 Remote Control.docx.sdlxliff 파일 더블 클릭하기

〈그림 8.9〉는 Remote Control.docx.sdlxliff 파일을 더블 클릭하면 나타나는 편집기 화면이다. 이곳에서 제7장과 같은 번역 작업을 시작한다.

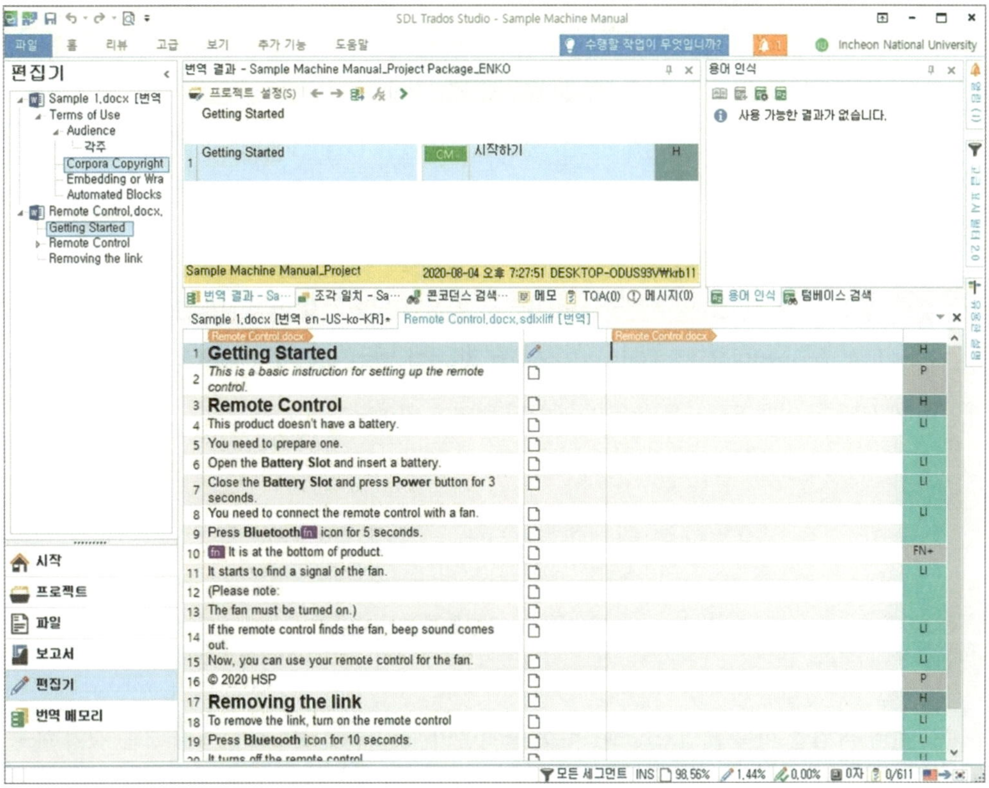

〈그림 8.9〉 Remote Control.docx.sdlxliff 편집기 창

세그먼트를 번역하다 보면 〈그림 8.10〉과 같이 **CM** 표시를 발견할 수 있다. **CM**은 **컨텍스트 매치**(Context Match)의 약자로 100% 매치 보다 더 신뢰할 수 있는 표시이다. 왜냐하면, CM이 표시되려면, TM에 있는 세그먼트가 ST 세그먼트와 동일한 문맥에서 100% 일치해야 하기 때문이다.

〈그림 8.10〉 컨텍스트 매치

한편 소스 세그먼트 일부 단어는 TB에서 발견되면 빨간색 괄호로 강조되어 나타난다. 〈그림 8.11〉과 같이 번역을 하다보면 TB 목록이 열리고 현재 번역하고 있는 단어에 관한 번역 제안이 제시된다. 이때 **Enter**를 누르면 제안된 번역이 입력된다.

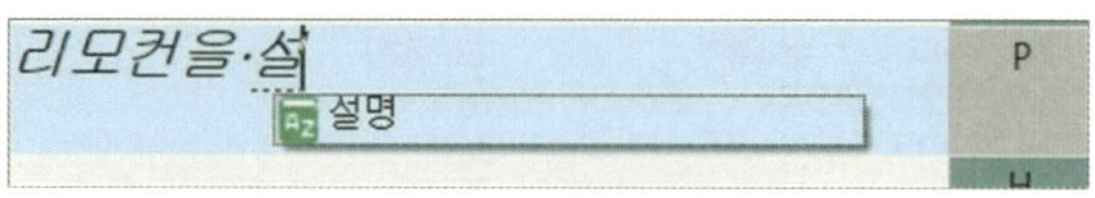

〈그림 8.11〉 TB 제안

번역 작업을 하다 보면, 소스나 타겟 용어만이 아니라 전체 TB 항목을 보는 것이 유용할 때가 있다. 그럴 때는 〈그림 8.12〉와 같이 **용어 인식** 창에서 **용어 세부 정보 보기**를 선택한 다음 클릭한다.

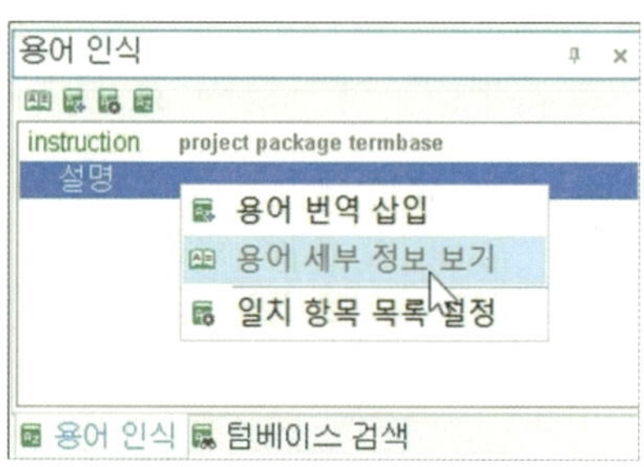

〈그림 8.12〉 용어 세부 정보 보기

〈그림 8.13〉는 용어 세부 정보 보기를 클릭하면 나타나는 TB 뷰어이다. 〈그림 8.13〉에서 볼 수 있듯이 설명이라는 용어가 instruction이라는 용어와 매치되어 있다. TB 항목에는 사용자가 원하는 사진, 그림, 그래프 등 다양한 정보를 추가할 수 있다.

〈그림 8.13〉 TB 뷰어

TB에 있는 용어를 타겟 세그먼트에 입력하는 것 이외에 TB를 번역을 하며 실시간으로 추가할 수도 있다. 이러한 과정을 통해 TB를 업데이트하고, 단어양도 늘릴 수 있다. 예를 들어, remote control은 현재 TB에서 찾을 수 없다. 따라서 TB에 추가하려면, 2번 소스 세그먼트에 있는 remote control을 〈그림 8.14〉와 같이 선택하여 타겟 세그먼트에서 remote control에 해당하는 리모트 컨트롤을 선택한 후, 마우스 오른쪽 버튼을 클릭하여 **새 용어 추가**를 선택하여 클릭한다.

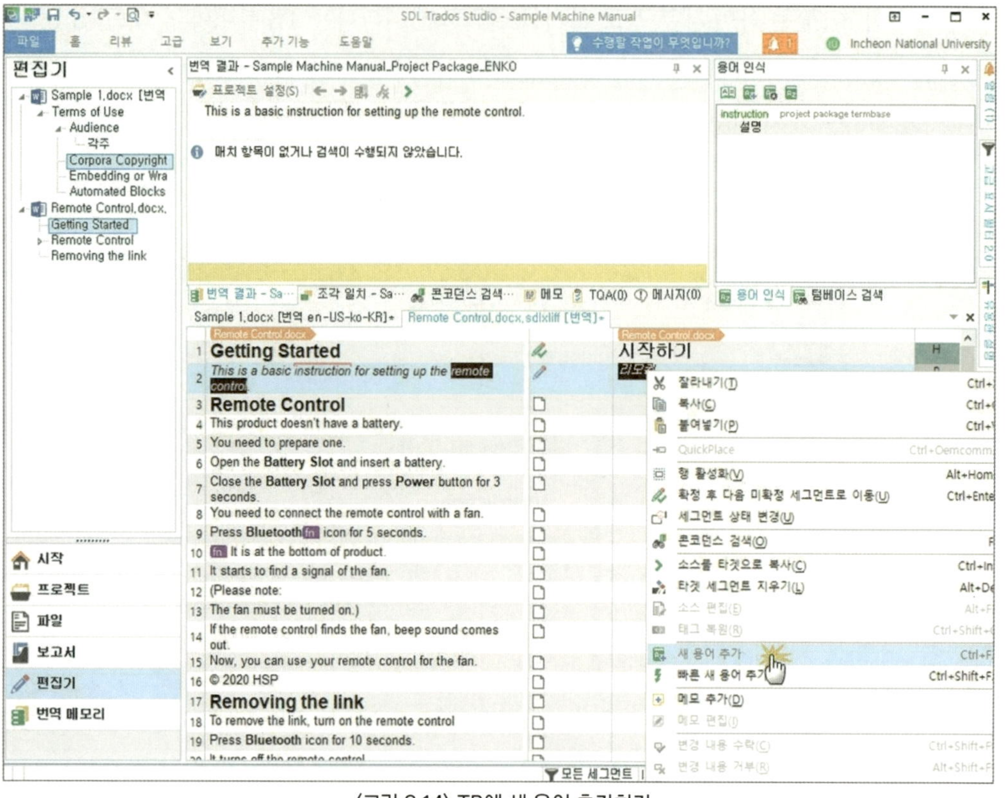

〈그림 8.14〉 TB에 새 용어 추가하기

〈그림 8.15〉는 TB에 새로 추가된 용어 화면이다.

〈그림 8.15〉 TB에 새로 추가된 용어

번역 작업을 하다 보면, 번역가가 나중에 확인해야 할 사항이나 검토자에게 남기고 싶은 내용이 있을 수 있다. 검토자도 번역가에게 검토 결과를 보낼 때 메모를 남겨야 하는 일이 많다. 예를 들어 5번 세그먼트에서 번역(건전지를 따로 준비해야합니다.)한 다음, 준비해야합니다를 두 번 클릭하여 선택한 다음, 마우스 오른쪽 버튼을 클릭하여 〈그림 8.16〉과 같이 **메모 추가**를 선택한다.

〈그림 8.16〉 메모 추가하기

메모 추가하기를 선택하면, 〈그림 8.17〉과 같이 메모로 남길 내용을 작성할 수 있는 알림창이 나타난다. 이곳에서 메모를 작성한 다음, **확인** 버튼을 클릭한다.

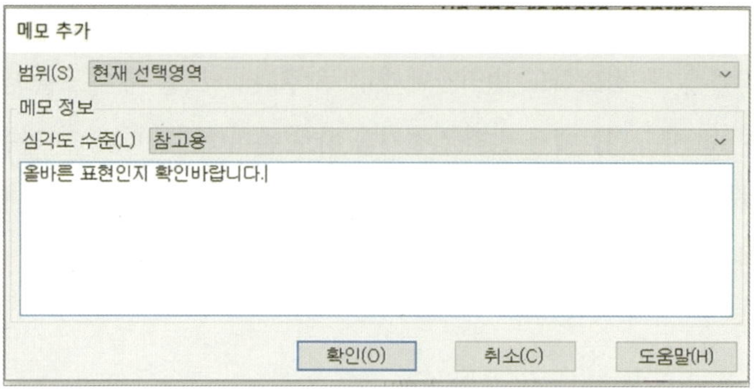

〈그림 8.17〉 메모 추가 창

〈그림 8.18〉은 메모가 추가된 부분을 보여준다. 마우스를 강조된 내용 위로 이동하면 메모를 추가한 사용자의 이름, 날짜, 시간 등이 표시된다. 참고로 메모는 특정 단어, 문구, 세그먼트 등 다양한 영역에 할 수 있다.

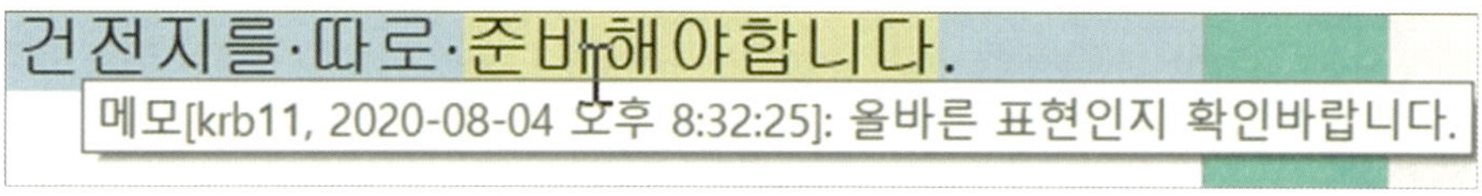

〈그림 8.18〉 메모 된 내용

8.5 프로젝트 패키지에서 두 번째 파일 선택하기

앞서 〈그림 8.7〉에서 확인하였듯이, 프로젝트 패키지에는 MS Word 파일뿐 아닐 MS PowerPoint 파일도 포함되어 있다. 첫 번째 MS Word 파일의 번역을 마쳤다면, 〈그림 8.19〉와 같이 진행률이 **100%**로 표시된다. 이제 두 번째 MS PowerPoint 파일을 번역할 차례다. 탐색 창에서 파일을 클릭한 다음, Washing Machine.pptx.sdlxliff 파일을 더블 클릭한다.

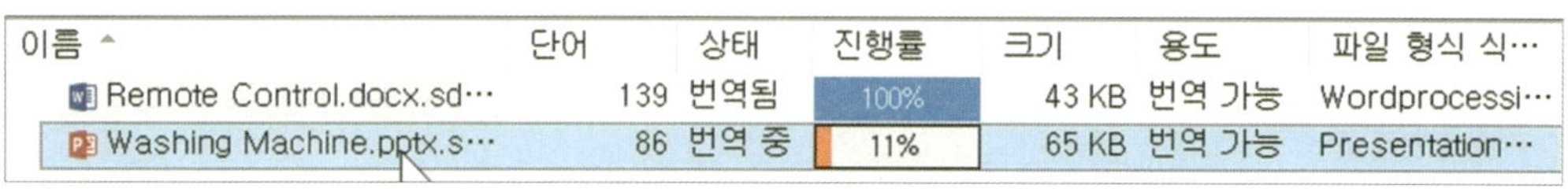

〈그림 8.19〉 Washing Machine.pptx.sdlxliff 파일 더블 클릭하기

만일 이전에 작업 중인 번역 파일이 있다면, 〈그림 8.20〉에서 볼 수 있듯이 탭이 아직 열려있다. 예를 들어 〈그림 8.20〉에서 현재 작업 중인 Washing Machine.pptx.sdlxliff 탭 좌측에 Remote Control.docx.sdlxliff 탭이 있는 것을 확인할 수 있다. 현재 번역 작업을 하다가 문득 이전에 작업하던 번역 파일에 추가할 내용이 떠오를 때 신속하게 해당 탭을 누르면 돌아갈 수 있다. SDL Trados Studio 2021에서는 〈그림 8.20〉과 같이 여러 탭을 열어 놓고 작업을 할 수 있다.

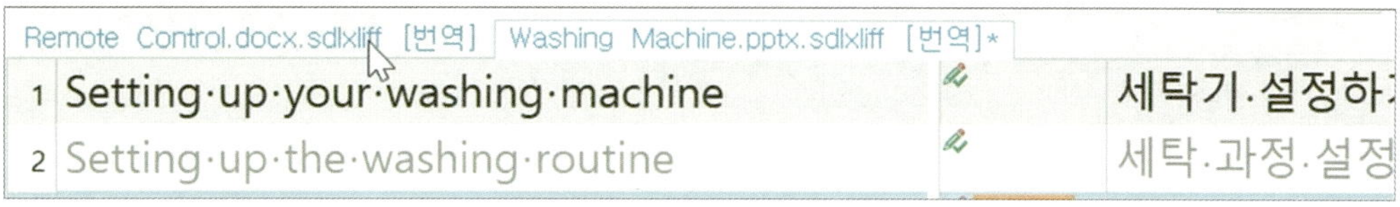

〈그림 8.20〉 편집기의 멀티 탭 화면

8.6 특정 세그먼트로 이동하기

아무리 인공지능을 사용한 자동번역을 하였더라도 이후 작업은 번역가가 한다. 번역 자체가 기계적으로 이루어지지 않으므로 번역을 하다 보면 문득 머릿속에 뭔가가 떠올라 이미 번역한 곳으로 다시 돌아가 수정을 할 필요가 생긴다. 표시 필터는 이미 번역되었거나, 아직 번역되지 않은 곳을 다르게 표시한다. 이러한 표시 필터를 사용하여 사용자가 원하는 세그먼트로 신속하게 이동할 수 있다. 〈그림 8.21〉은 **이동** 메뉴이다.

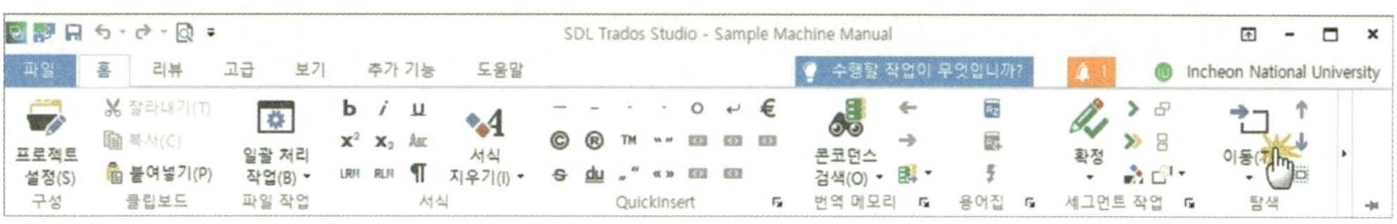

〈그림 8.21〉 이동 메뉴

〈그림 8.22〉은 **이동** 메뉴를 누르면 나타나는 이동 알림창이다. 〈그림 8.22〉에서 볼 수 있듯이 이동 알림창에는 숫자, 범주, 상태, 메모의 하위 항목이 있어서, 사용자가 원하는 항목으로 이동할 수 있다. 이동 알림창의 디폴트는 숫자 항목이므로, 사용자가 원하는 세그먼트 이동을 하기 위해서는 범주를 선택한다.

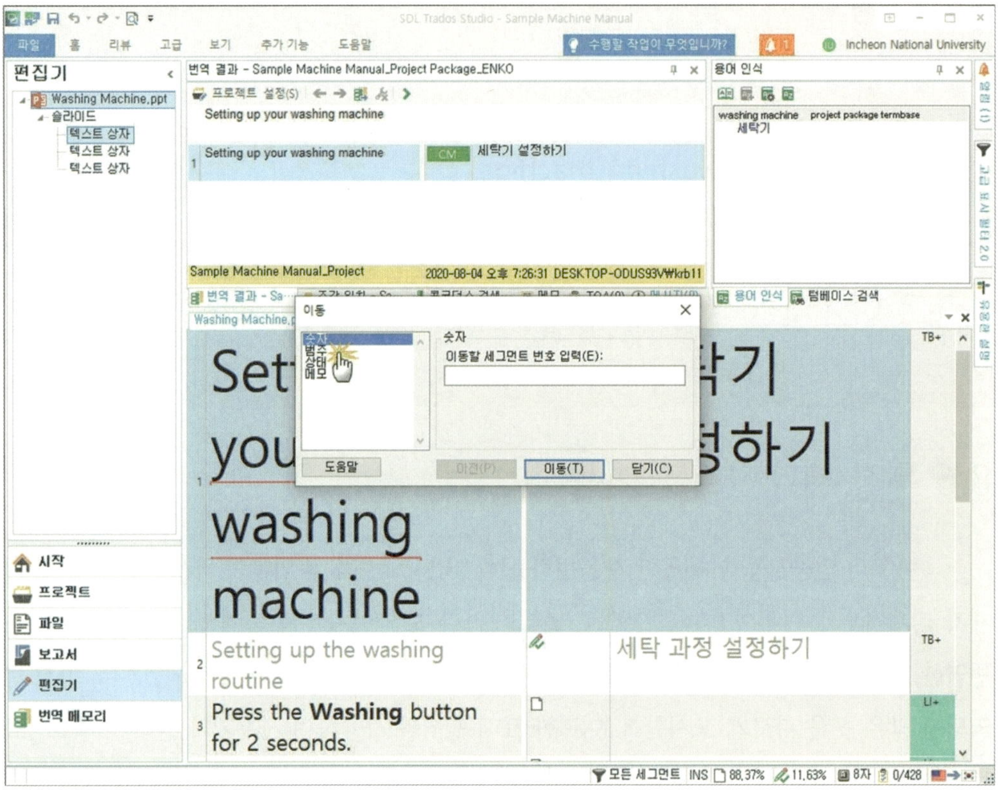

〈그림 8.22〉 이동 알림창

〈그림 8.23〉은 사용자가 원하는 아직 번역되지 않은 세그먼트로 이동하기 위해서는 **미번역** 범주를 선택한 다음, **다음** 버튼을 클릭한다.

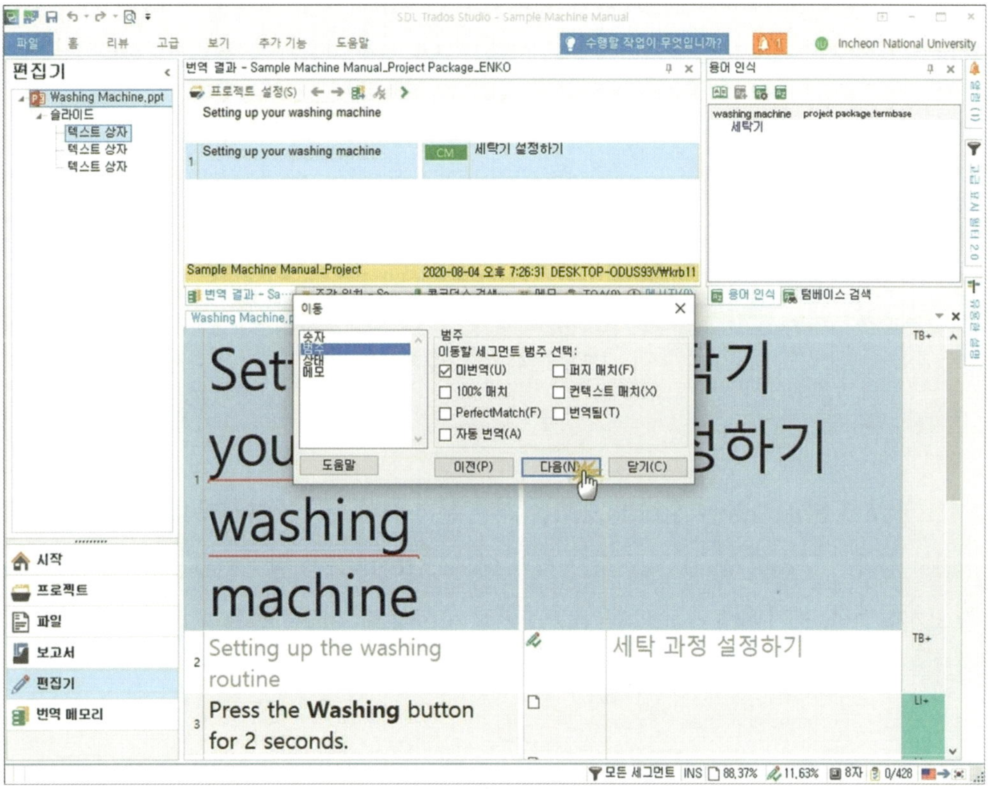

〈그림 8.23〉 미번역 범주 선택 후 다음 클릭하기

8.7 서식 제거하기

ST를 불러왔을 때 타겟 세그먼트에 소스 세그먼트에는 없는 서식이 적용된 경우가 생길 수 있다. 불필요한 서식이 타겟 세그먼트에 적용되었다면, 〈그림 8.24〉와 같이 **홈** 메뉴에서 서식 지우기를 선택하면, 1) **서식 지우기**와 2) **모든 서식 지우기** 두 개의 옵션을 찾을 수 있다. 특정 타겟 세그먼트의 서식을 지우려면 해당 타겟 세그먼트에 가서 1) **서식 지우기** 옵션을 선택하고, 타겟 세그먼트의 모든 서식을 지우려면 2) **모든 서식 지우기** 옵션을 선택한다.

〈그림 8.24〉 서식 지우기 옵션

참고로 SDL Trados Studio 2021에서는 문자 서식 태그가 표시되지 않는다. 어떤 서식인지 정확히 구분이 안 될 때는 문자 서식 태그도 표시되도록 할 수 있다. 문자 서식 태그를 표시하려면, **보기** 메뉴에서 〈그림 8.25〉와 같이 **서식 태그 표시 전환**을 선택하여, 이를 활성화한다.

〈그림 8.25〉 서식 태그 표시 활성화 버튼 클릭하기

8.8 리턴 프로젝트 패키지 생성 및 전송

번역 과정을 모두 마치면, 프로젝트 패키지를 리턴 프로젝트 패키지 형태로 프로젝트 관리자, 또는 클라이언트에게 보내게 된다. 프로젝트 패키지처럼 리턴 프로젝트 패키지는 번역하며 업데이트된 TM, TB, 파일 보고서, 참조용 자료 등을 포함한 압축 파일 형태이어야 한다. SDL Tradosu Studio 2021에서 리턴 프로젝트 패키지를 생성하려면, 〈그림 8.26〉과 같이 **프로젝트** 탭을 선택한다.

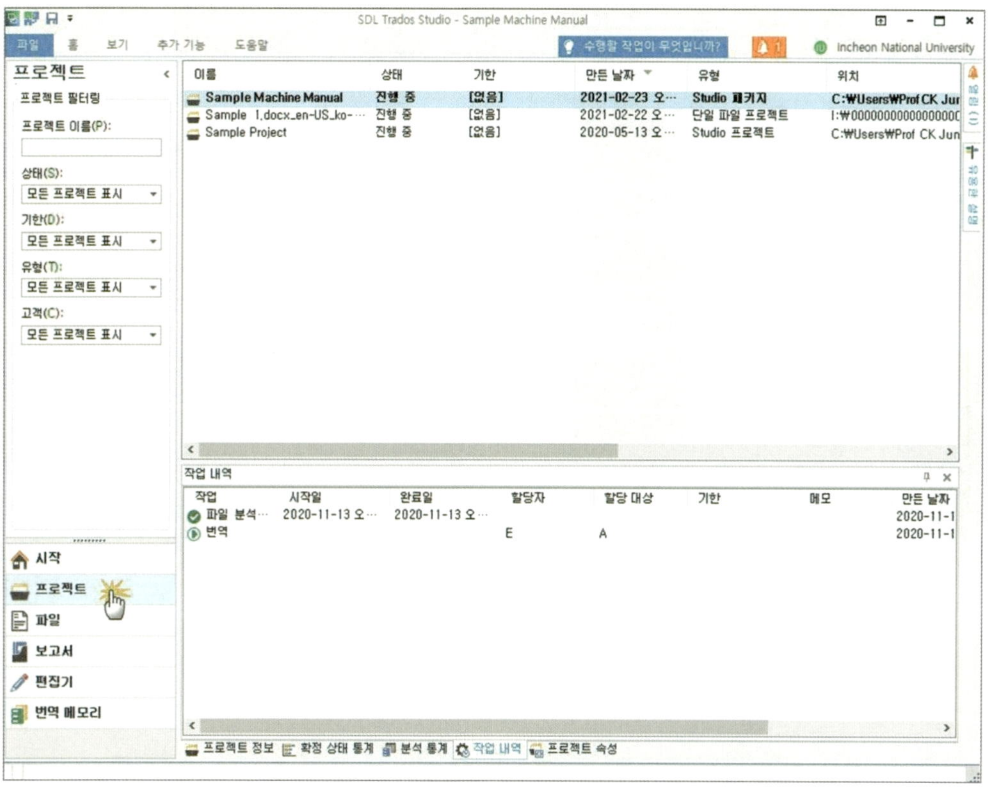

〈그림 8.26〉 Sample Machine Manual 리턴 프로젝트 패키지 만들기

리턴 프로젝트 패키지를 만들기 위해서는 〈그림 8.27〉에서 볼 수 있는 것처럼 Sample Machine Manual 프로젝트를 선택한다. 그다음 마우스 우측 버튼을 클릭하면 다양한 하위 항목들이 나타나는 데, 이때 **리턴 패키지 만들기** 항목을 선택한 **다음** 클릭한다.

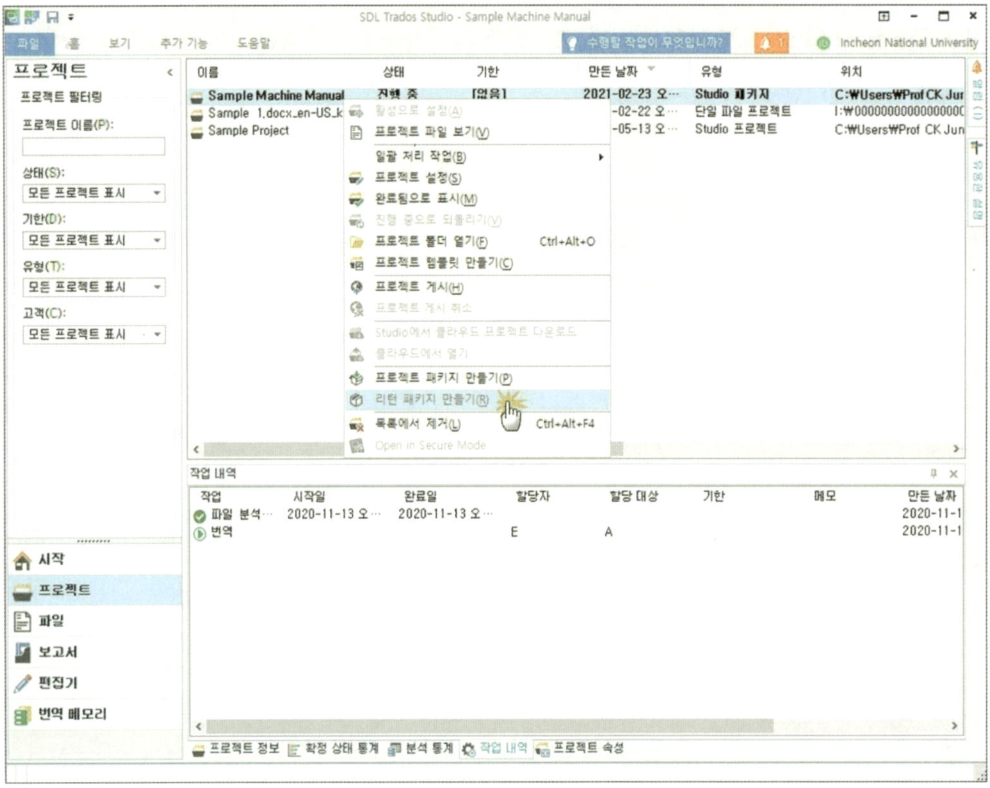

〈그림 8.27〉 리턴 패키지 만들기 항목 클릭하기

〈그림 8.28〉은 리턴 패키지 만들기 항목을 클릭하면 나타나는 리턴 패키기 만들기 알림창이다. 사용자가 원하는 리턴 프로젝트 패키지에 포함될 파일을 선택한 후, **다음** 버튼을 클릭한다.

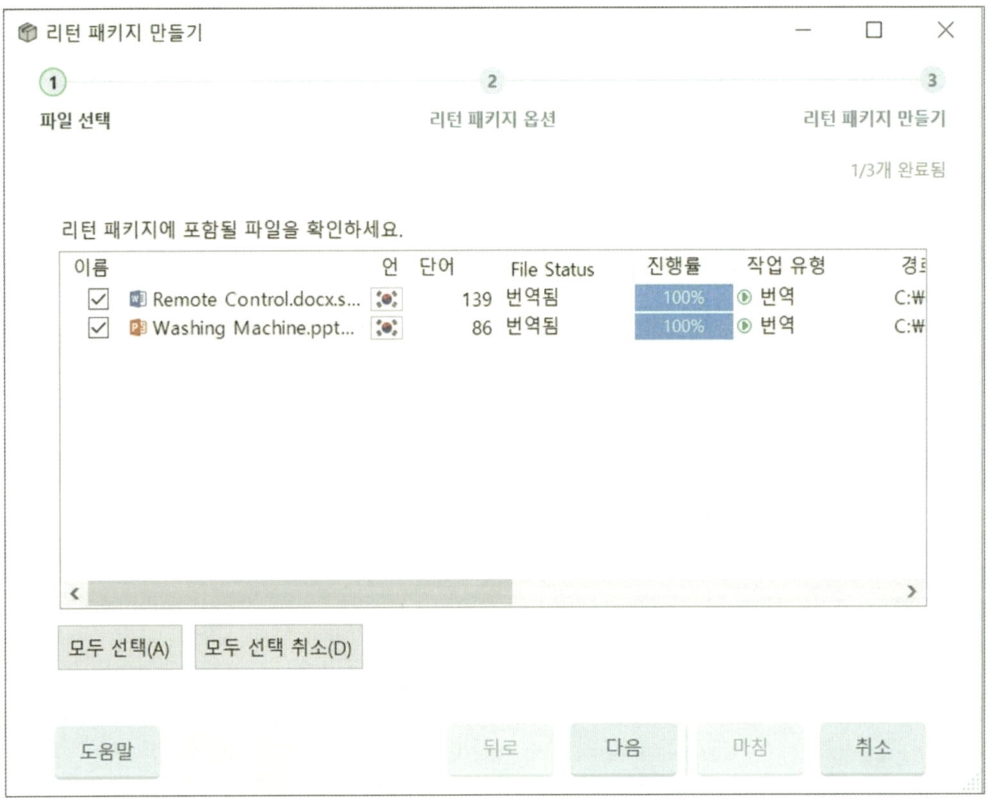

〈그림 8.28〉 리턴 프로젝트 패키지에 포함될 파일 선택하기

〈그림 8.29〉는 리턴 프로젝트 패키지가 저장될 위치를 설정하는 화면이다. 사용자가 원하는 곳을 **찾아보기** 버튼을 클릭하여 설정한 후, 해당 번역 프로젝트와 관련하여 관리자나 클라이언트에게 남길 메모가 있으면 메모 박스에 메모를 남긴 후 **마침** 버튼을 클릭한다.

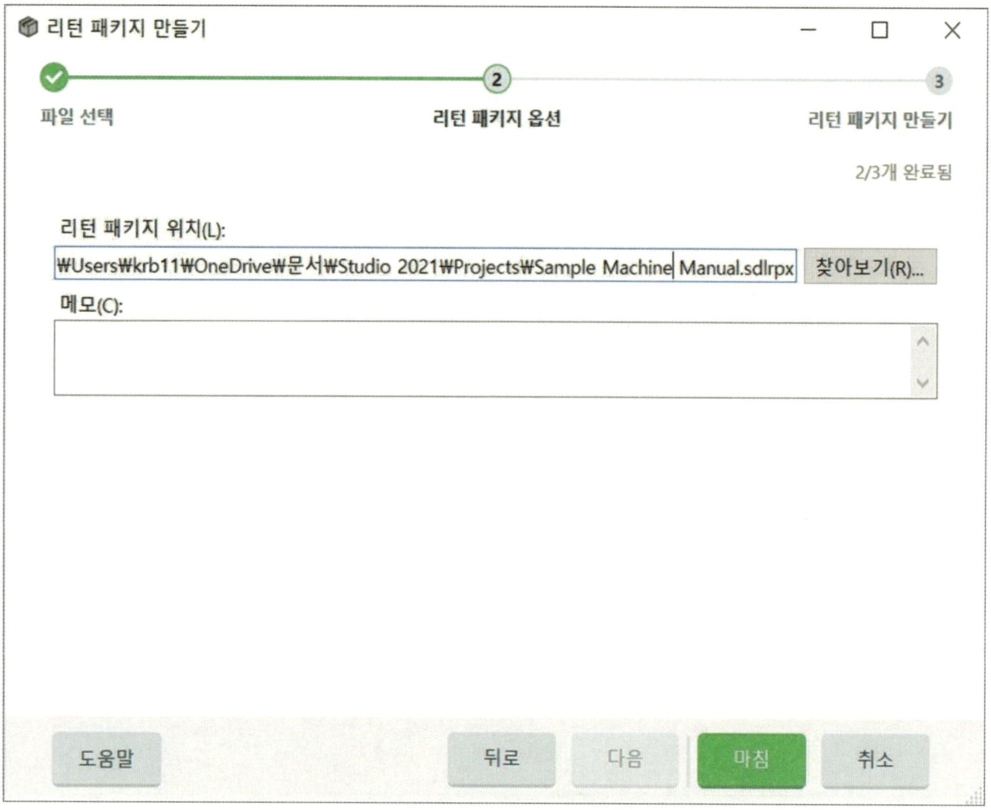

〈그림 8.29〉 리턴 패키지가 저장될 위치 설정하기

〈그림 8.30〉은 리턴 프로젝트 패키지가 생성 완료된 화면이다. 이렇게 만들어진 리턴 프로젝트 패키지는 바로 결과를 볼 수 있고, 대상 폴더를 열어 정상적으로 리턴 프로젝트 패키지가 생성되었는지 확인할 수 있고, 사용자가 원하면 결과물을 이메일로 관리자, 또는 클라이언트에게 바로 보낼 수도 있다.

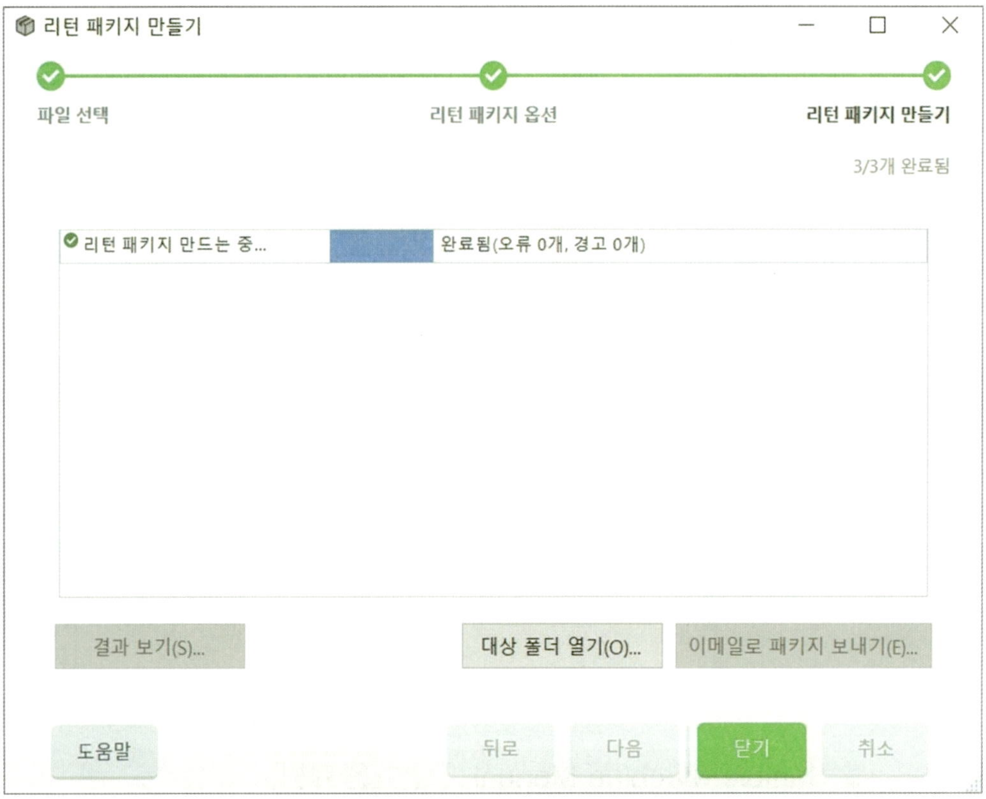

〈그림 8.30〉 리턴 프로젝트 패키지 생성 완료 화면

SDL Trados Studio 2021에서 진행한 번역 프로젝트 상태는 완료 상태로 변경하지 않으면 계속 **진행 중**으로 표시된다. 따라서 〈그림 8.31〉과 같이 Sample Machine Manual 프로젝트에 마우스를 올려놓고, 마우스 우측 버튼을 클릭하여 **완료됨으로 표시** 항목을 클릭한다.

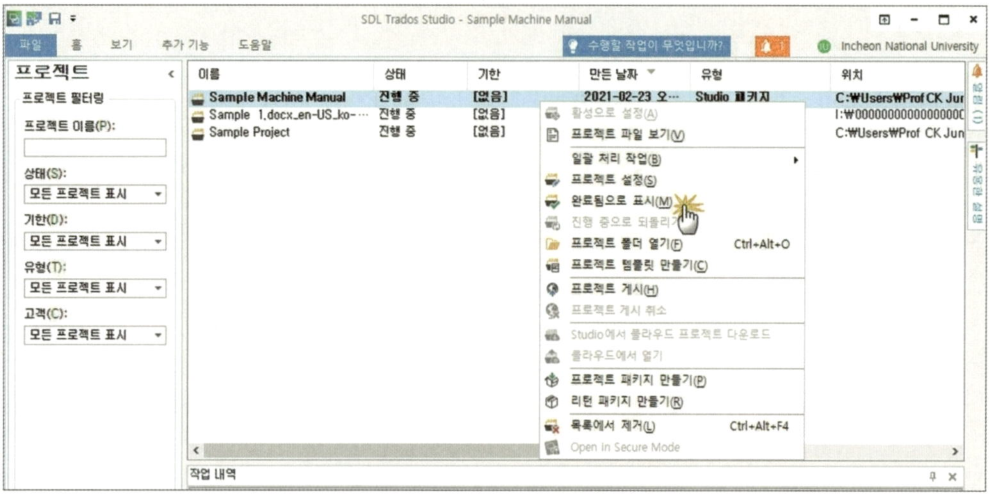

〈그림 8.31〉 프로젝트 완료됨으로 표시하기

이상과 같은 과정을 마치면, 프로젝트 상태가 〈그림 8.32〉와 같이 **완료됨**으로 변경된다.

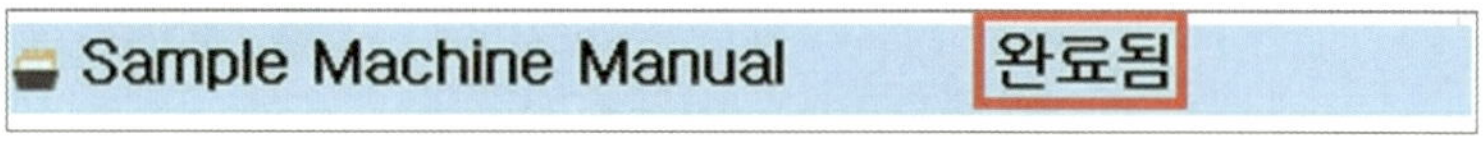

〈그림 8.32〉 프로젝트 완료됨 상태

9장 프로젝트 마무리하기

9.1 프로젝트 마무리 일괄 처리

프로젝트의 모든 파일의 번역이 마치면, 프로젝트를 마무리한다. 이 과정을 생략하며 프로젝트가 계속 진행 중인지, 아니면 완료되었는지 구분이 되지 않는다. 이때 일괄 처리를 통해 프로젝트 마무리를 할 수 있고, 완성된 TT 파일을 관리자나 클라이언트에게 전달하기 위해 사용자가 원하는 곳에 복사해 놓을 수 있다. 한편, 프로젝트를 완료한 후에는 반드시 프로젝트 완료됨으로 표시해야 한다. 그렇지 않으면 계속 진행 중이라는 표시로 되어있다. 프로젝트 마무리 일괄 처리를 위해서는 〈그림 9.1〉과 같이 탐색 창에서 **프로젝트** 선택한다.

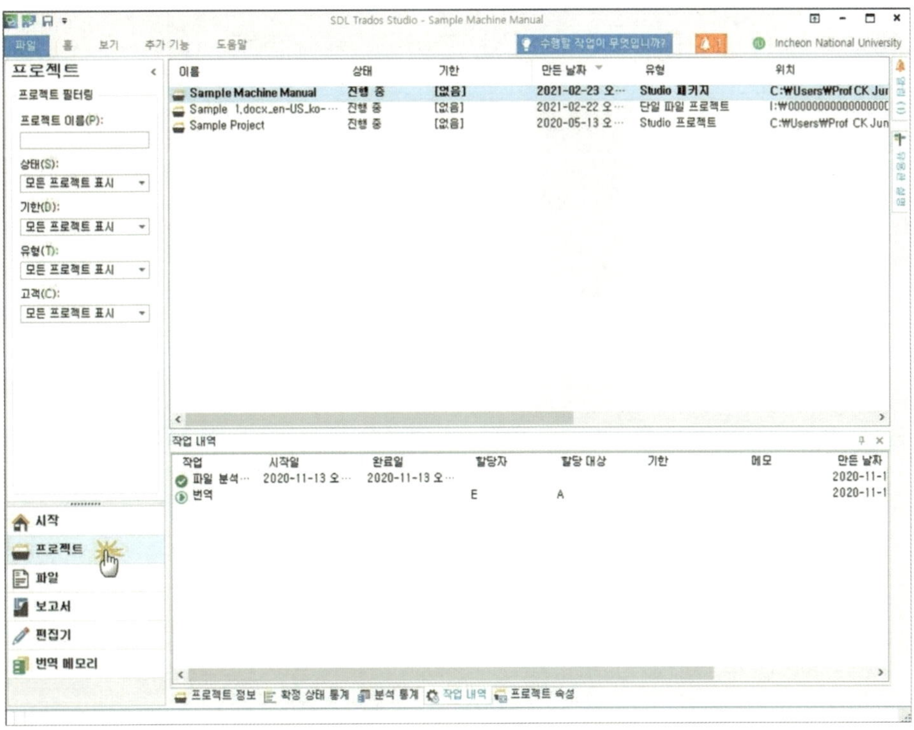

〈그림 9.1〉 프로젝트 마무리하기

프로젝트 마무리를 하기 위해서는 〈그림 9.2〉와 같이 마무리를 할 프로젝트를 선택한 다음, 마우스 우측 버튼을 클릭하여 **일괄 처리 작업**을 선택한다. 그러면 〈그림 9.2〉와 같이 다양한 하위 항목이 나타나는데, 이곳에서 **마무리**를 선택한 다음 클릭한다.

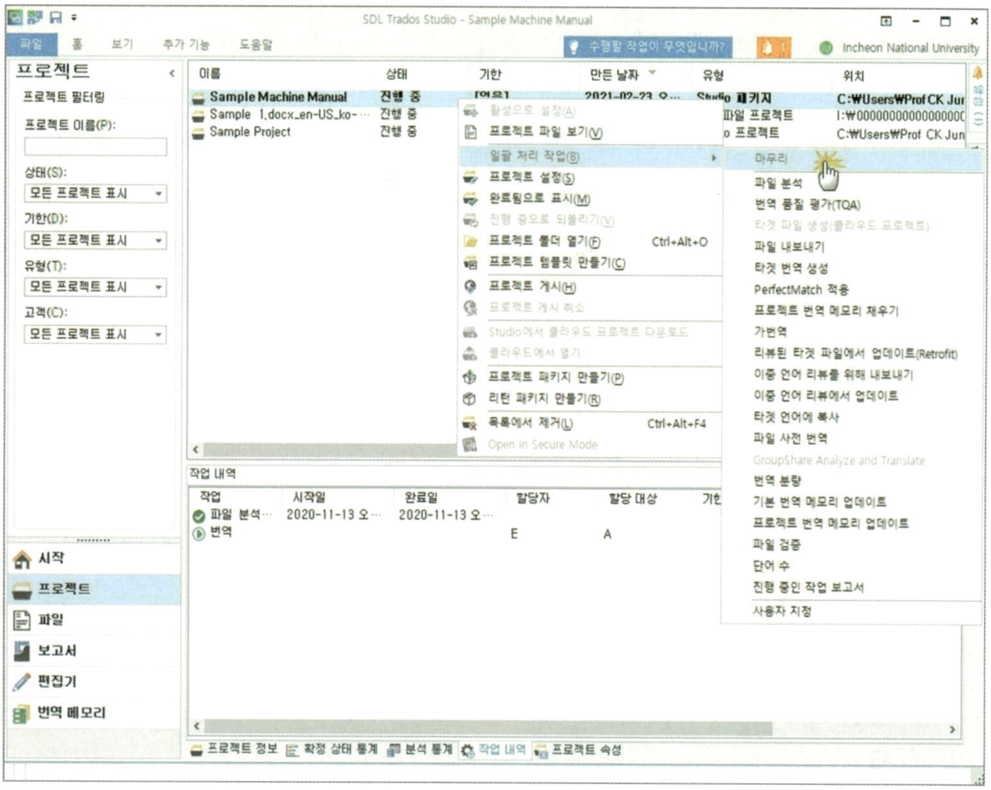

〈그림 9.2〉 마무리 선택하기

〈그림 9.3〉는 마무리 하위 항목을 선택하면 나타나는 알림창이다. 〈그림 9.3〉에서 볼 수 있듯이 미리 정의된 작업 또는 실행될 작업 시퀀스를 지정하거나 사용자 지정 작업 시퀀스를 만들 수 있는 곳이며, 현재 기본 번역 메모리를 업데이트하고 파일에 대한 TT를 생성한다. 이상과 같은 내용을 확인한 후, **다음** 버튼을 클릭한다.

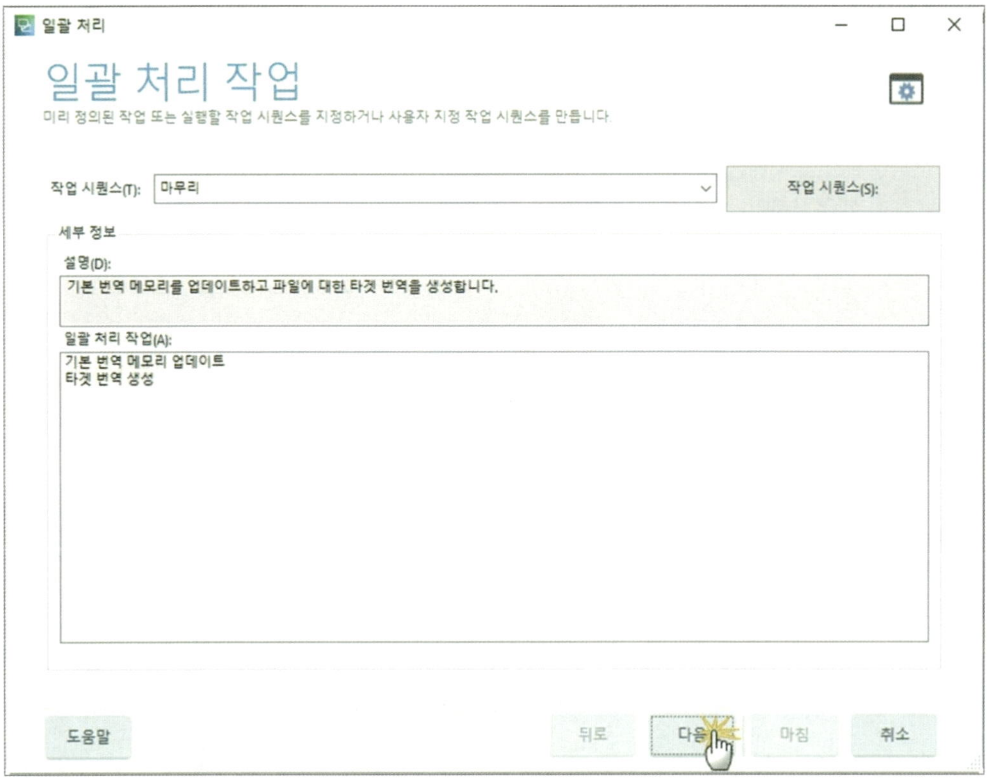

〈그림 9.3〉 마무리 일괄 처리 작업

〈그림9.4〉은 사용자가 마무리를 위해 선택한 파일을 검토한 후 마무리가 되어가는 화면이다. 정상적으로 진행이 되어 100% 진행률이 나타나면 **마침** 버튼을 클릭한다.

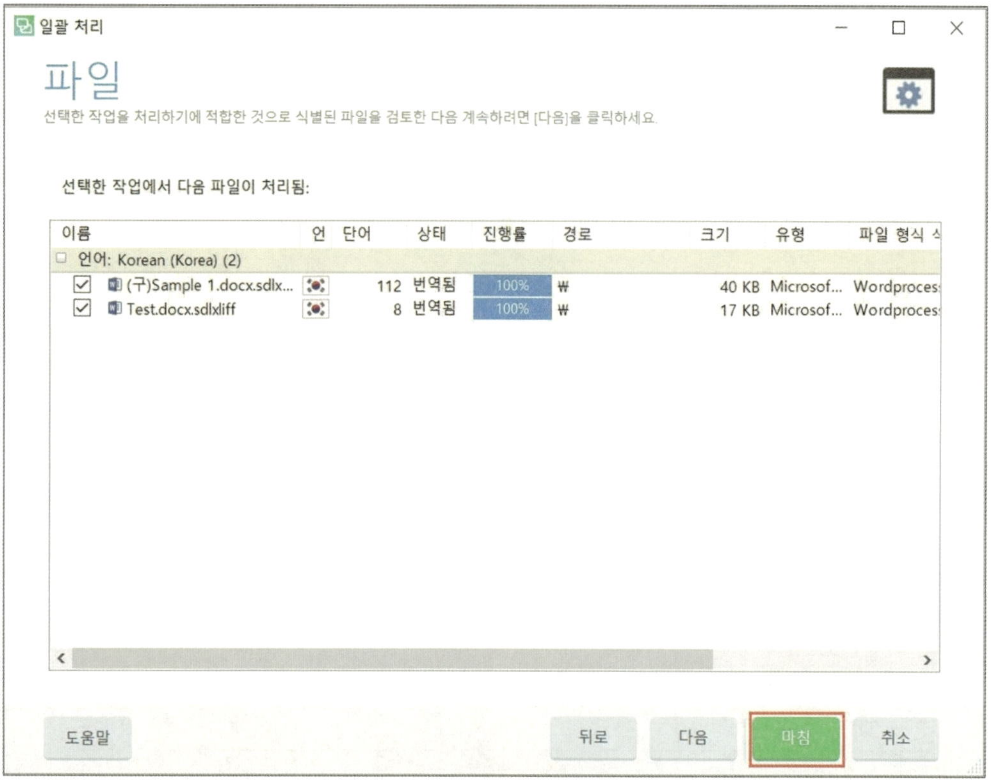

〈그림 9.4〉 마무리 파일 처리 완료하기

〈그림 9.5〉은 마무리 일괄 처리가 모두 완료된 화면이다. **닫기** 버튼을 클릭하여 마무리 과정을 종료한다.

〈그림 9.5〉 마무리 종료하기

9.2 TT 파일 보내기

ST의 번역이 끝났으면, TT를 ST의 파일 유형으로 생성한 다음, 이 TT 파일을 관리자나 클라이언트에게 보낸다. 이러한 과정을 하기 위해서는 〈그림 9.6〉과 같이 해당 프로젝트에서 **일괄 처리 작업**을 선택한 다음, **파일 내보내기** 하위 항목을 선택하여 클릭한다.

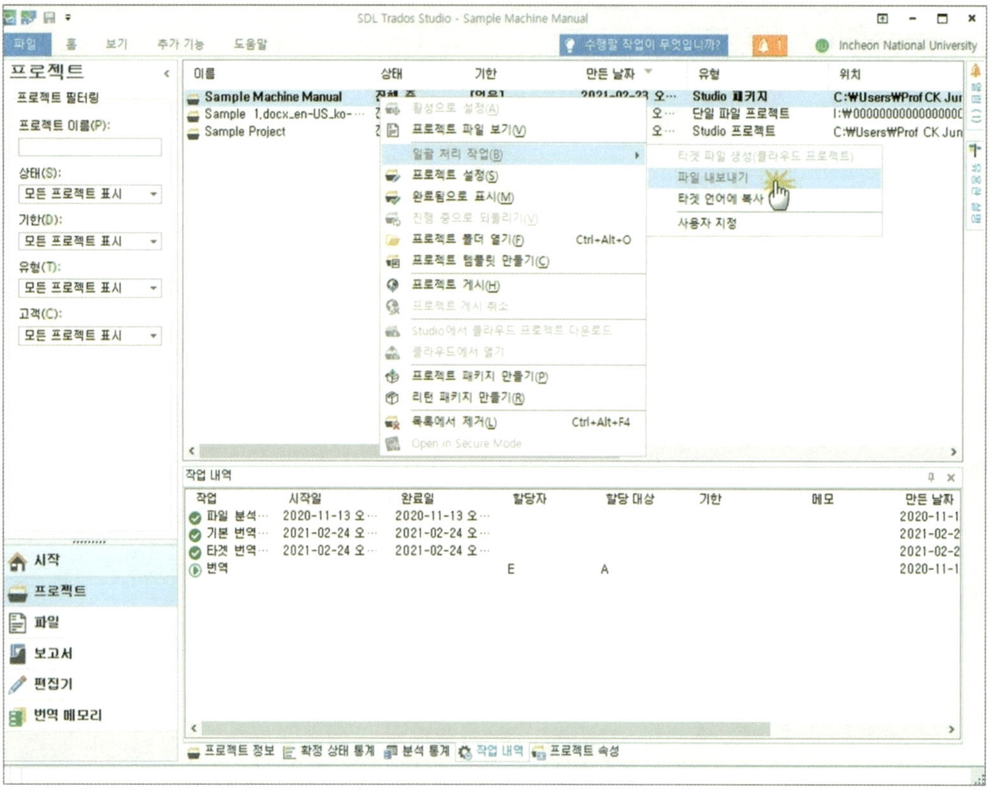

〈그림 9.6〉 파일 내보내기

파일 내보내기 하위 항목을 클릭하면, 〈그림 9.7〉와 같은 일괄 처리 알림창이 나타난다. 〈그림 9.7〉에서 볼 수 있듯이 이때 작업 시퀀스는 **파일 내보내기**이며, 최신 버전의 파일을 내보내는 과정이다. **다음** 버튼을 클릭한다.

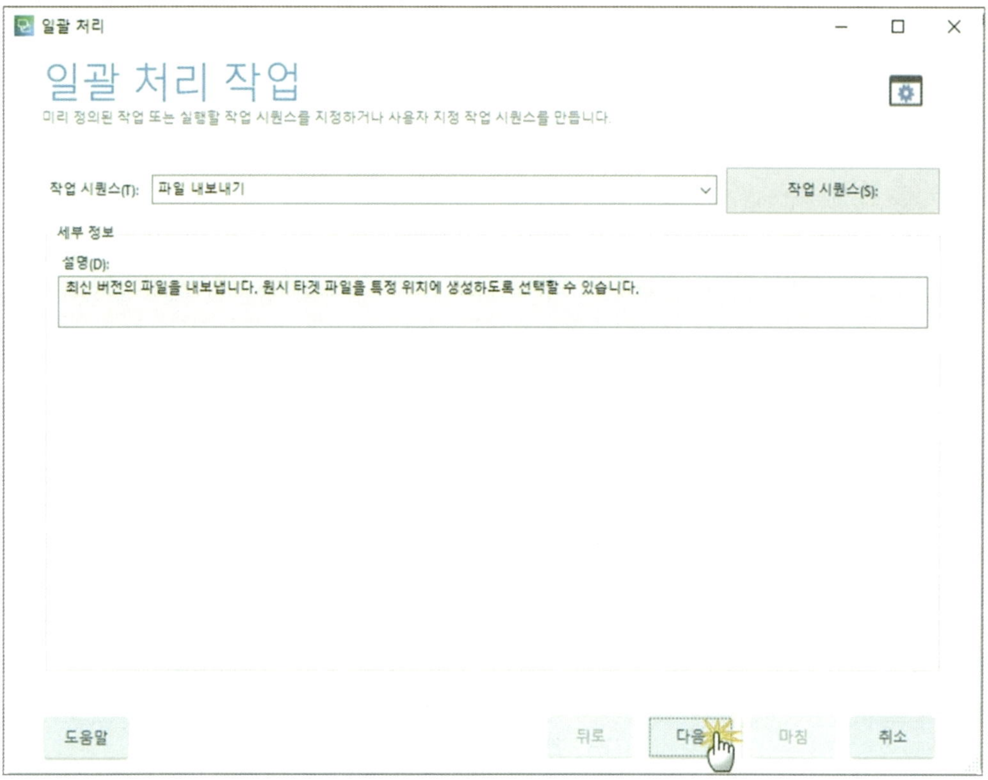

〈그림 9.7〉 파일 내보내기 작업 시작

일괄 처리 알림창에서 다음을 클릭하면 해당 파일에 관한 파일 내보내기 작업이 〈그림 9.8〉과 같이 완료된다. **다음** 버튼을 클릭한다.

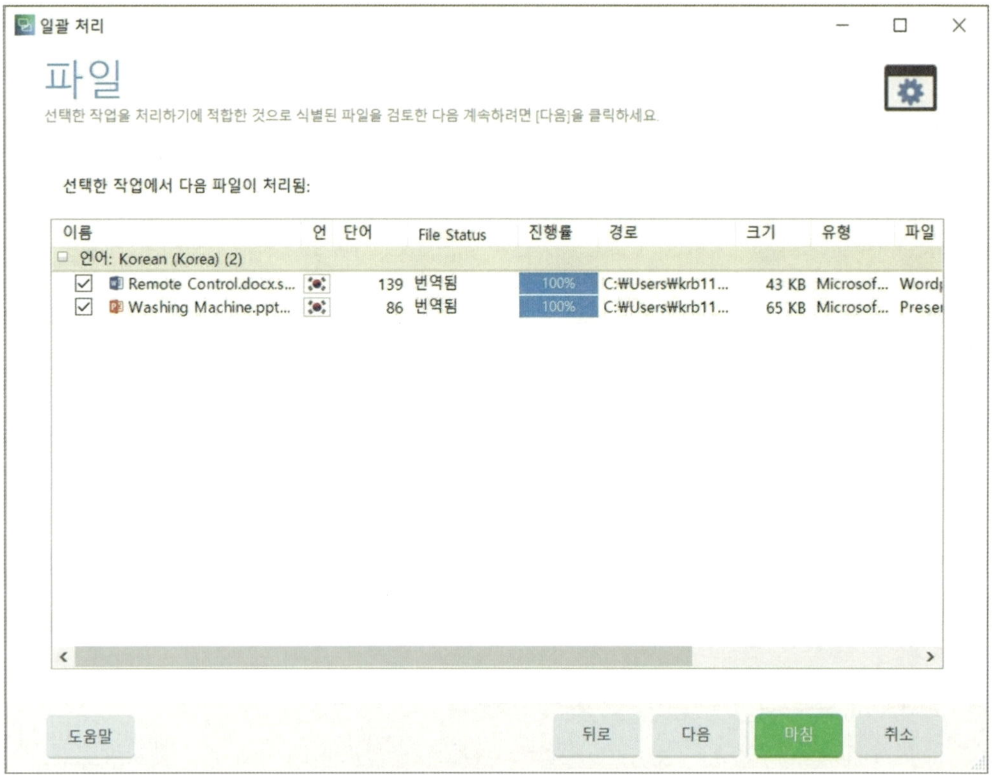

〈그림 9.8〉 파일 내보내기 작업 완료

〈그림 9.9〉과 같이 설정 페이지 좌측에서 모든 **언어 쌍 〉 일괄 처리 〉 파일 내보내기**를 선택한 다음, **찾아보기** 버튼을 클릭하여 TT 파일을 저장할 위치를 설정한 후 **마침** 버튼을 클릭한다.

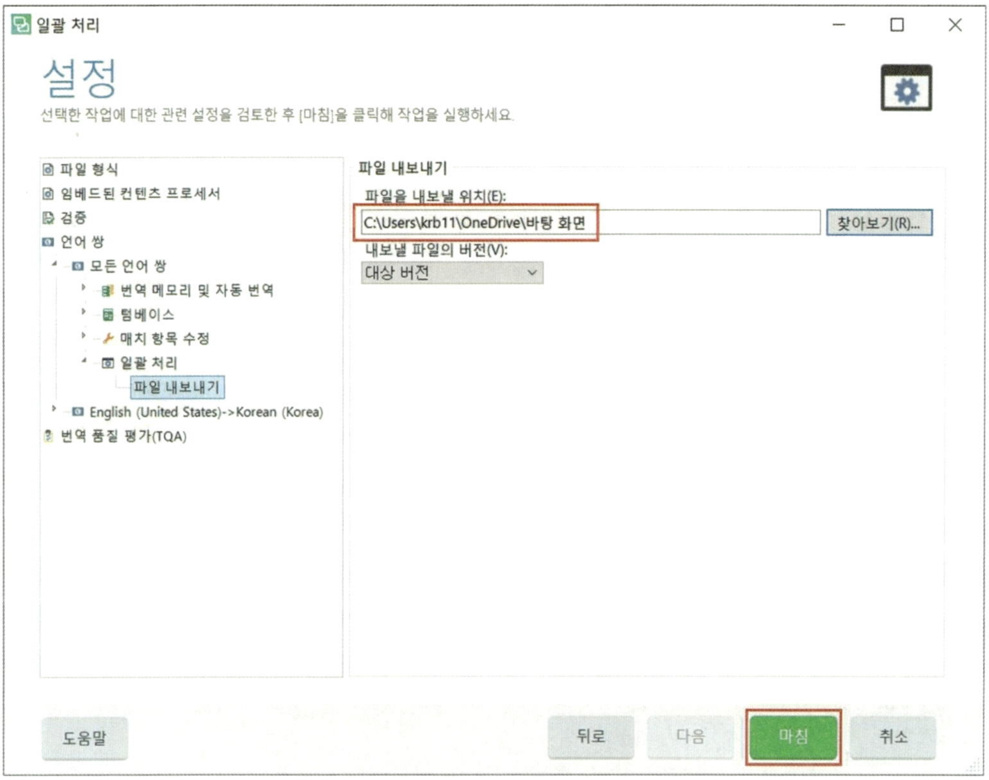

〈그림 9.9〉 파일 내보내기 저장 위치 설정 후 종료하기

9.3 프로젝트 완료됨으로 표시하기

SDL Trados Studio 2021에서는 프로젝트가 완료된 후에는 프로젝트가 완료되었다는 표시를 해야 한다. 그렇지 않으면 계속 진행 중으로 표시되기 때문이다. 〈그림 9.10〉와 같이 프로젝트 **완료됨**으로 표시할 프로젝트를 선택한 다음, 마우스 오른쪽 버튼을 눌러 완료됨으로 표시 하위 항목을 선택한 다음 클릭한다.

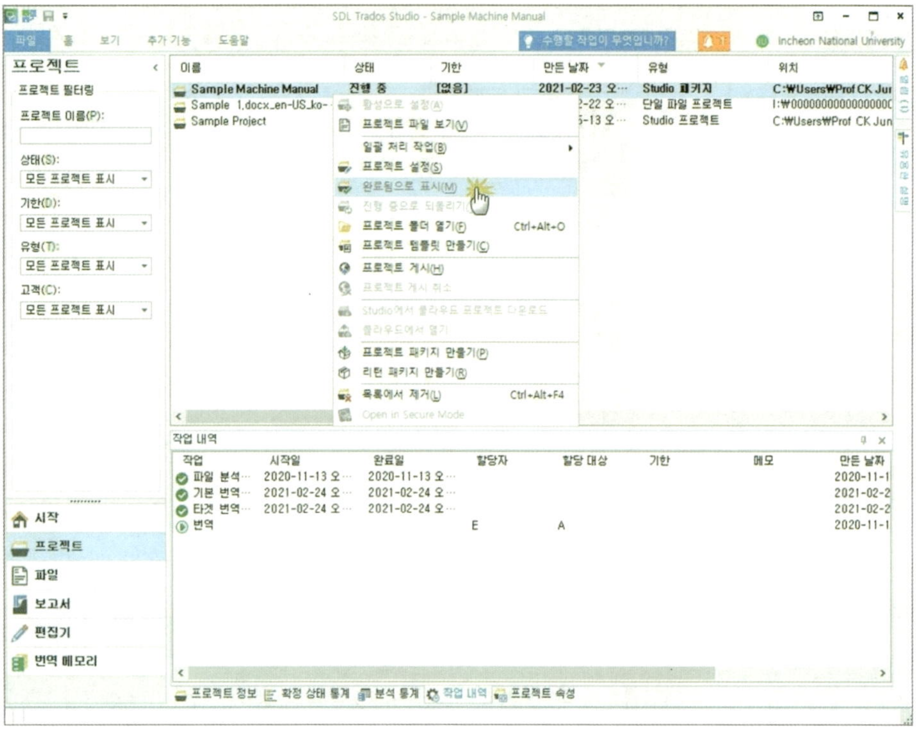

〈그림 9.10〉 프로젝트 완료됨으로 표시하기 클릭하기

〈그림 9.11〉은 프로젝트 완료됨으로 표시하기가 성공적으로 적용된 화면이다.

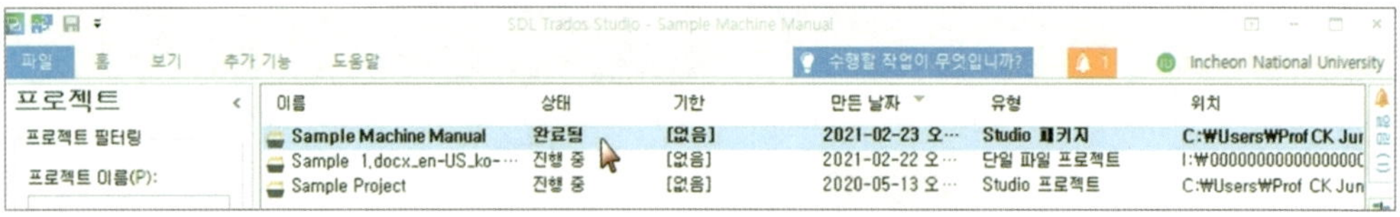

〈그림 9.11〉 프로젝트 완료됨으로 표시하기 완료 화면

10장 실전 번역: 자동차 사용자 매뉴얼

제10장 실전 번역: 자동차 사용자 매뉴얼

지금까지 SDL Trados Studio 2021에 관하여 간략히 설명하였다. 이 장에서는 영어로 작성된 자동차 사용자 매뉴얼을 번역하는 실전 번역을 해본다. 이 장에서 실전 번역으로 다룰 대상은 영문 자동차 매뉴얼이다. 매뉴얼은 제조사에서 작성하여 배포하는 제품 사용 설명서이다. 매뉴얼은 자칫 법적 분쟁으로 비화할 수 있는 중요한 문서이므로 정확한 내용을 전달하는 것이 번역의 주목적이라고 할 수 있다.

10.1 자동차 매뉴얼 용어 수집하기

본격적인 번역에 앞서 미리 번역 대상 관련 분야의 용어를 수집하고 TB를 만들어놓으면 번역 과정에서 매우 도움이 된다. 생각보다 분야에 따라 같은 단어라도 다른 의미로 사용되는 경우가 많기 때문이다. 예컨대, 의료 분야에서는 patch가 주로 몸에 붙이는 (금연)패치로 사용된다. 하지만, 게임 분야에서의 patch는 게임 업데이트라는 의미로 자주 사용된다. 이처럼 분야에 따라 단어의 의미가 조금씩 다를 수 있으므로 분야별 단어의 의미를 정리해놓으면 번역의 정확성과 일관성을 유지하고 오역을 예방할 수 있다. 분야별 용어를 새로 수집할 때는 〈그림 10.1〉과 같이 인터넷을 비롯한 여러 매체를 활용할 수 있다.

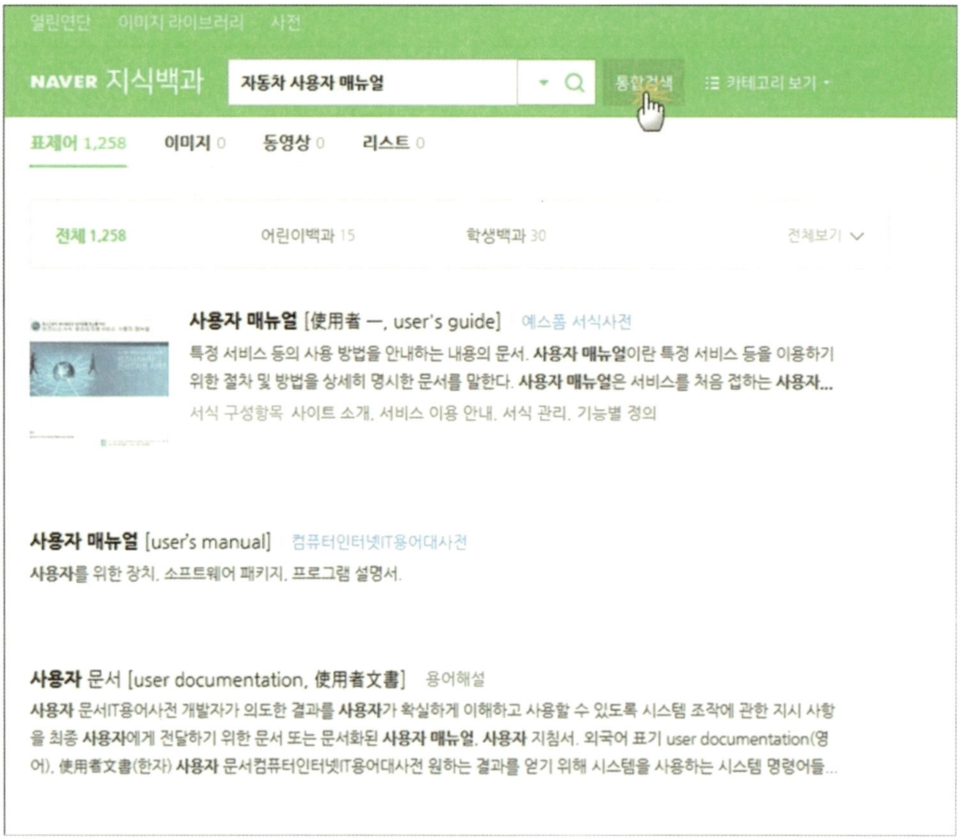

〈그림 10.1〉 네이버 지식백과에서 자동차 사용자 매뉴얼 검색 결과 화면

10.2 MS Excel로 자동차 사용자 매뉴얼 용어 정리하기

이 절에서는 MS Excel로 자동차 사용자 매뉴얼과 관련된 용어를 정리해 본다. 우선 MS Excel을 실행한다. 이 책에서 사용하는 샘플 매뉴얼 파일은 영한 번역이다. 따라서 ST가 **English**, TT이 **Korean**이다. 〈그림 10.2〉와 같이 1행에 **English**를 입력하고 2행에 **Korean**을 입력한다.

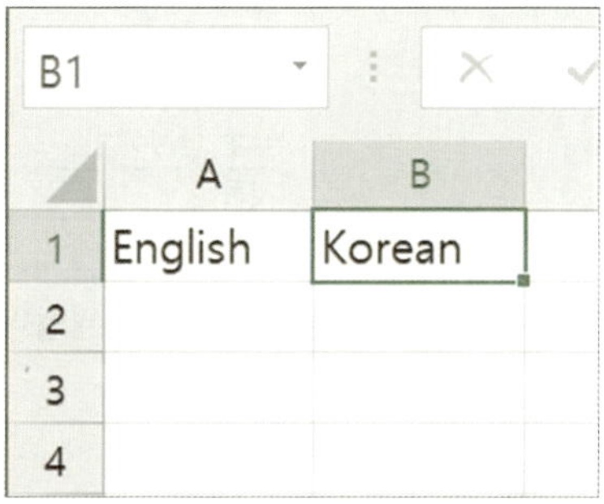

〈그림 10.2〉 MS Excel 용어집에 ST와 TT 언어 지정하기

〈그림 10.3〉은 MS Excel에 자동차 사용자 매뉴얼 관련 용어를 정리한 것이다. 전언한 대로 1행에는 영어를 입력하였고, 2행에는 한국어를 입력하였다. 다양한 분야의 번역을 하다 보면 이러한 데이터베이스가 계속 많아진다. 따라서 파일을 저장할 때 **Car_Manual_ENKO**와 같은 이름으로 저장하면 파일을 열지 않아도 무슨 내용인지 짐작할 수 있다. 참고로 자동차 사용자 매뉴얼이므로 Car_Manual을 사용하였고, 영어(EN)에서 한국어(KO)로 번역할 때 사용할 데이터베이스이므로 ENKO를 사용하였다.

	A	B
1	**English**	**Korean**
2	control	조작법
3	gasoline	가솔린
4	device	장치
5	operating	작동하는
6	Throttle	스로틀
7	clutch	클러치
8	handle bar grip	손잡이
9	brake	브레이크
10	gear	기어
11	tank	탱크
12		통
13	wheel	바퀴
14	motorcycle	오토바이
15	Auxiliary brake	보조 브레이크
16	ignition	시동
17		

〈그림 10.3〉 MS Excel에 자동차 사용자 매뉴얼 용어 정리하기

10.3 자동차 사용자 매뉴얼 TB 만들기

MS Excel을 사용하여 자동차 사용자 매뉴얼 데이터베이스를 만들었다면, 이러한 데이터베이스를 SDL Trados Studio 2021에서 사용할 수 있는 파일 형식으로 변경해서 TB로 만들어야 한다. 이때 사용되는 것이 **Glossary Converter**이다. Glossary Converter는 **SDL AppStore**에서 무료로 다운로드할 수 있다. 〈그림 10.4〉와 같이 SDL AppStore 웹사이트에서 Glossary Converter를 입력한 후 검색 창 우측에 있는 돋보기 아이콘을 클릭한다.

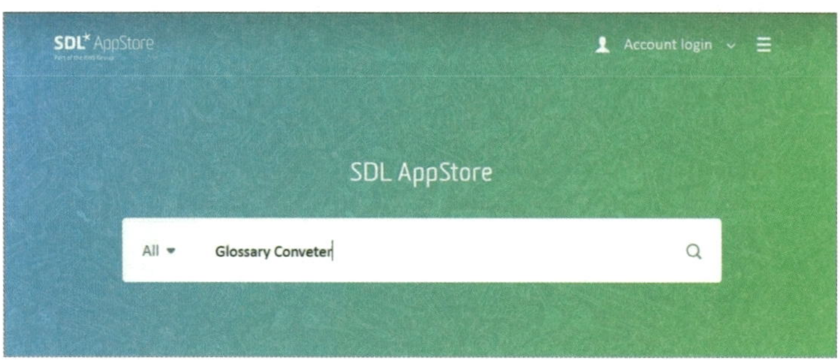

〈그림 10.4〉 SDL AppStore 에서 Glossary Converter 검색하기

SDL AppStore에서 Glossary Converter 검색을 하면 〈그림 10.5〉와 같은 Glossary Converter 플러그인이 검색된다. Glossary Converter는 무료로 다운로드할 수 있다. 바탕화면에 Glossary converter를 다운로드하여 설치한다. 설치는 일반적인 소프트웨어 설치 과정과 비슷하므로 큰 어려움이 없을 것이다.

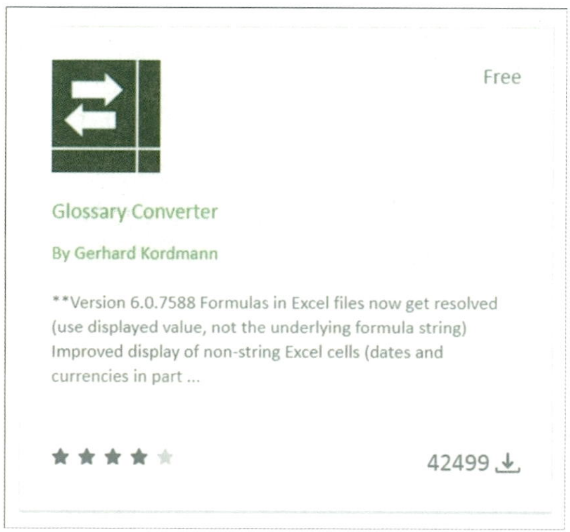

〈그림 10.5〉 Glossary Converter

Glossary Converter 설치가 끝나면 실행한다. 〈그림 10.6〉은 Glossary Converter를 처음 실행한 화면이다. Glossary Converter를 사용하기 전에 몇 가지 설정을 할 필요가 있다. 좌측 중앙에 있는 **Settings**를 클릭한다.

〈그림 10.6〉 Glossary Converter 화면

Glossary Converter에서 Settings를 클릭하면, 〈그림 10.7〉과 같은 설정 화면이 나타난다. 이곳에서 우선 **General** 탭을 누른 다음, **MultiTerm Termbase**를 선택한다.

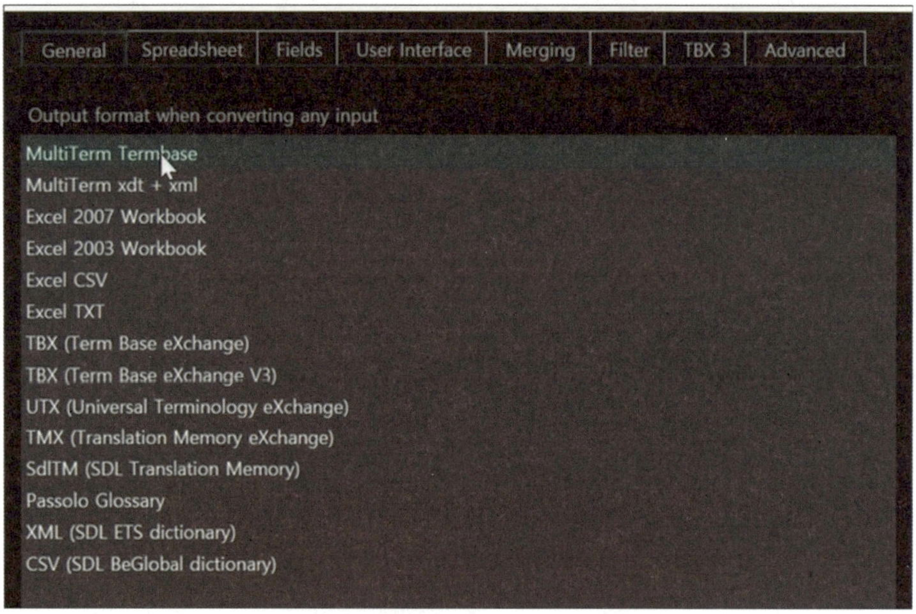

〈그림 10.7〉 Glossary Converter의 Settings 화면

Fields 탭을 누른 다음, 오른쪽 아래에 있는 **Add** 버튼을 클릭하면 〈그림 10.8〉과 같이 Field Name을 입력하는 알림창이 나타난다. 이곳에서 ST인 **English**와 TT인 **Korean**을 입력한다.

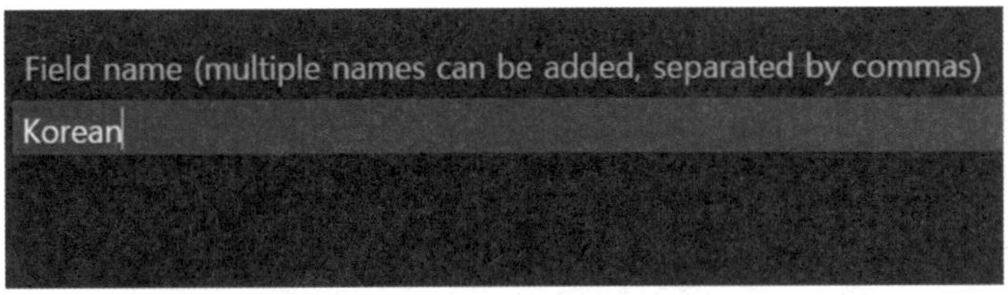

〈그림 10.8〉 Field Name 입력하기

〈그림 10.9〉는 Korean과 English를 추가한 상태 화면이다. 〈그림 10.9〉에서도 볼 수 있듯이 Field Time과 Content가 모두 빨간색으로 Unknown으로 되어있다. 이 단계에서 사용자가 사용하는 English가 미국영어인지 영국영어인지 구체적으로 설정해야 하고, 한국어도 남한어인지, 북한어인지를 명확히 해야 한다. Korean을 선택한 상태에서 우측에 있는 **Language** 버튼을 클릭한다.

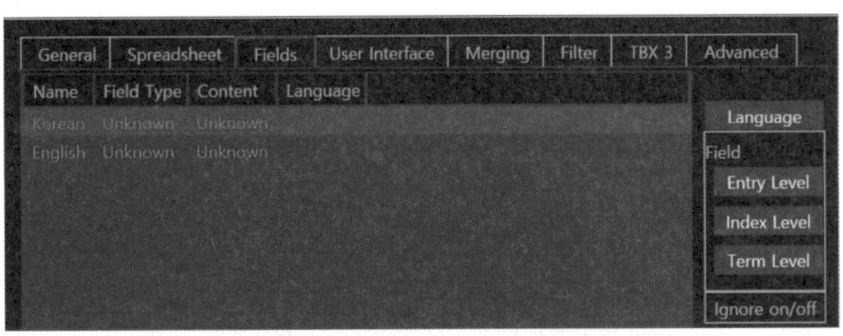

〈그림 10.9〉 ST, TT의 Language 입력하기

〈그림 10.10〉은 Language 버튼을 클릭하고 나타난 알림창이다. 이곳에는 Korean이 **Korean (Korea)**와 **Korean**이 있다. 전자가 남한어이고 후자는 북한어이다. **Korean (Korea)**를 더블 클릭한다. 영어도 같은 방식으로 Language에서 **English (United States)**를 더블 클릭한다.

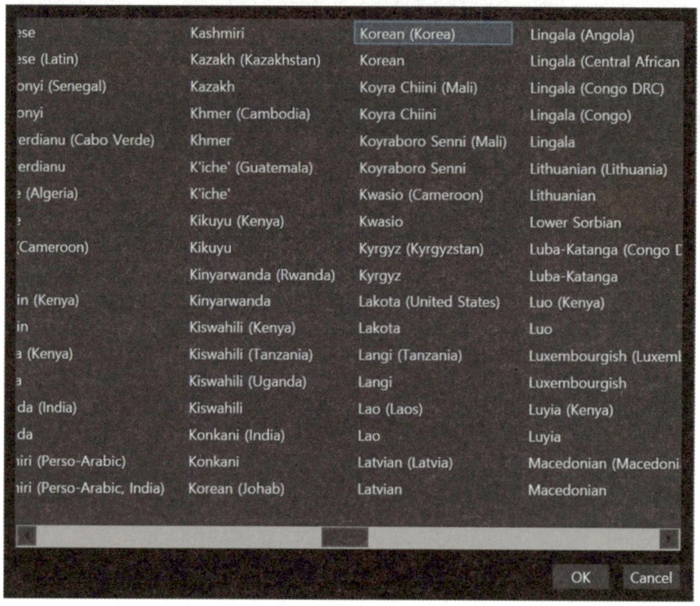

〈그림 10.10〉 언어 지정하기

이상의 과정을 마치면, 〈그림 10.11〉과 같이 Field Name은 Korean, Field Type은 Language, Language는 Korean (Korea)로 내용이 채워지고, 빨간색이었던 색깔이 하얀색으로 변경된다.

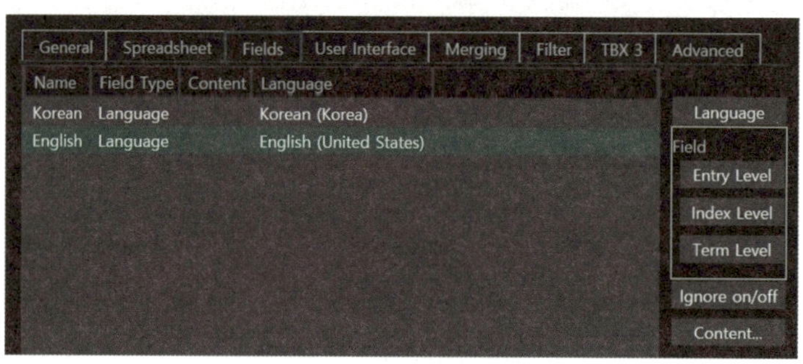

〈그림 10.11〉 언어가 지정된 상태

Glossary Converter에서 언어 설정을 모두 마치면, 오른쪽 아래에 있는 OK 버튼을 클릭한다. 그럼 〈그림 10.12〉와 같이 Glossary Converter 화면으로 다시 돌아온다.

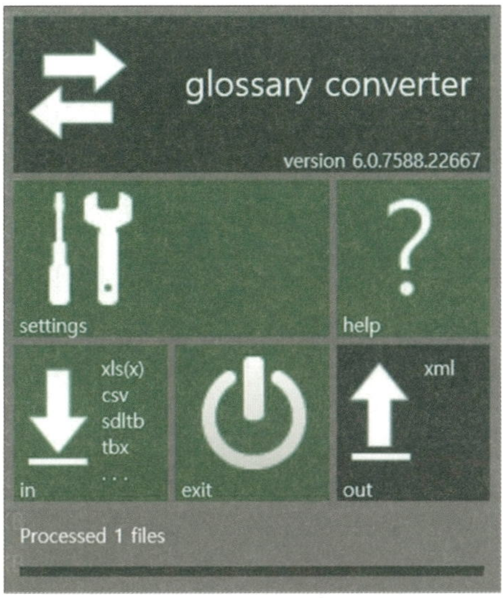

〈그림 10.12〉 언어 설정을 마친 상태

이제 앞서 MS Excel을 사용하여 만든 용어 데이터베이스 파일을 Glossary Converter 드래그한 다음 파일을 떨어트리면 자동으로 TB가 만들어진다. 〈그림 10.13〉은 이런 과정을 거쳐 만들어진 자동사 사용자 매뉴얼 TB이다.

〈그림 10.13〉 생성된 자동차 사용자 매뉴얼 TB 파일

10.4 자동차 사용자 매뉴얼 프로젝트 만들기

단일 문서로 번역은 하나의 문서를 별도의 설정을 건너뛰어 빠르게 번역하고 싶을 때 유용하다. 하지만, 샘플 매뉴얼 파일이 하나 이상이고 이 파일들이 같은 언어 쌍인 영한 번역 작업이기 때문에 **프로젝트 만들기**로 작업하는 것이 수월하다. 프로젝트를 한 번 생성해 두면 같은 분야의 문서나 같은 언어 쌍을 번역할 때 별도의 설정 없이 파일만 추가해서 이전에 설정값 그대로 번역을 할 수 있다. 또한, TB와 TM을 업데이트하는데 번거로움을 덜 수 있다. 앞서 배웠던 대로, 파일을 직접 SDL Trados Studio 2021의 시작 보기로 드래그해서 **새 프로젝트 만들기 - 로컬 프로젝트 생성**을 클릭해 〈그림 10.14〉와 같이 자동차 사용자 매뉴얼 번역 프로젝트를 생성한다.

〈그림 10.14〉 로컬 프로섹트 생성 화면

〈그림 10.15〉는 1단계 화면이다. **1단계**에서는 이전에 사용했던 프로젝트 설정을 불러오거나, 프로젝트 이름과 위치, 프로젝트에 포함할 파일, 소스 언어와 타겟 언어를 설정할 수 있다. **설정 사용 위치**는 이전 프로젝트에서 사용한 설정이 담겨 있다. 해당 템플릿을 선택해 손쉽게 이전 프로젝트 설정을 가져올 수 있는 기능이지만, 지금은 새 프로젝트를 만드는 것이기 때문에 Default로 설정한다. **프로젝트 이름**에 원하는 프로젝트의 이름을 정할 수 있다. 앞의 TB 파일처럼 어떤 문서를 다루는 프로젝트인지 나타내는 이름으로 하는 것이 좋다. 이 책에서는 **Sample_Manual_ENKO**를 프로젝트 이름으로 사용한다. **위치 경로**는 문서 – Studio 2021 – Projects 폴더로 설정되어 있다. 원하는 위치가 따로 있다면 **찾아보기**를 눌러 해당 경로로 설정한다. **소스 언어 / 타겟 언어**는 프로젝트에서 사용할 소스 언어와 타겟 언어를 지정한다. 언어를 클릭하면 앞에서 Glossary Converter에서 언어 목록을 설정할 때처럼 언어 이름과 국가명이 포함된 목록이 나타난다. 영한 번역이므로 소스 언어는 **English (United States)**, 타겟 언어는 **Korean (Korea)** 로 설정한다. 〈그림 10.15〉에서 볼 수 있듯이 현재 프로젝트 파일에 아직 Sample_Manual 1 하나뿐이다. 사용자가 원하면 Sample_Manual 2, 3 파일도 추가할 수 있다.

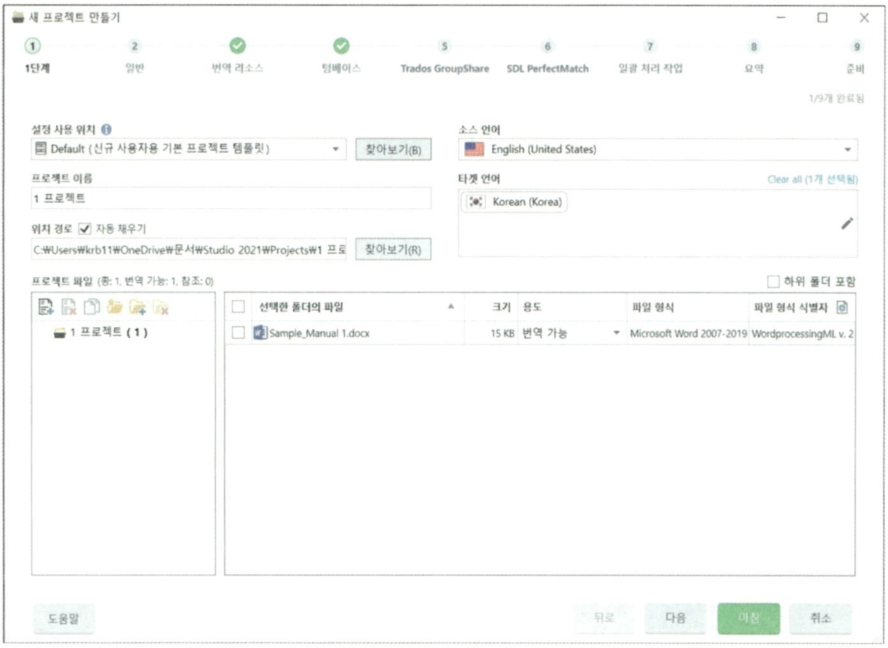

〈그림 10.15〉 1단계 화면

1단계 설정을 마쳤다면, **다음** 버튼을 클릭하여 〈그림 10.16〉과 같이 **새 프로젝트 만들기 - 일반** 단계로 넘어간다. **일반** 화면에서는 프로젝트 설명, 소스 텍스트, 기한 설정 등 프로젝트의 일반적인 설정을 포함하고 있다. **프로젝트 설명**은 프로젝트에 대한 설명을 입력할 수 있다. 예를 들어, 프로젝트가 어떤 파일을 포함하는지, 번역할 때의 유의사항 등 여러 가지를 메모할 수 있다. **소스 텍스트**는 소스 세그먼트를 편집하게 허용하는 기능을 담고 있다. 소스 세그먼트에 오타나 문법적 오류가 있을 때 유용하다. 또는 한 문장으로 번역할 수 있지만 두 세그먼트로 나뉘었을 때 세그먼트를 병합할 수 있게 해준다. 하지만, 일부 문서는 일부러 오류가 있는 문장을 포함할 수 있으므로 소스 편집은 신중하게 사용해야 한다. **아시아 언어 프로젝트**는 아시아 언어를 소스 언어로 사용하는 프로젝트에 해당한다. 이 옵션을 선택하면 SDL Trados Studio 2021은 단어 사이의 공백으로 서구권 언어와 비슷하게 아시아 언어를 식별한다. 비활성화하면 아시아 문자 하나를 하나의 단어로 취급해 단어 수를 계산한다. 지금 프로젝트와는 연관이 없으니 기본 설정(비활성화)으로 놔두는 게 좋다. 고객은 어떤 고객의 번역의뢰인지 설정할 수 있다. **고객** 버튼을 눌러 고객 명단을 열어 추가하거나 삭제할 수 있다. 기한은 이 프로젝트의 마감일이 언제인지 나타낼 수 있다. **기한**을 설정하면 여러 프로젝트를 다룰 때 우선순위를 두어 번역 작업을 할 수 있다. **검증**은 프로젝트 패키지로 받은 파일을 다시 돌려줄 때 검증을 필수적으로 실행하는 옵션이다. 이 프로젝트는 패키지 파일이 아니므로 활성화할 필요가 없다. 모든 설정을 마쳤다면 **다음** 버튼을 클릭한다.

〈그림 10.16〉 새 프로젝트 만들기 – 일반

〈그림 10.17〉은 **번역 리소스** 단계 화면이다. 이 단계에서 프로젝트에 사용할 TM을 등록할 수 있다. 〈그림 10.17〉에서 볼 수 있듯이 현재는 Google 번역기가 이미 탑재된 상태이다. MT를 적용하는 방법은 제5장을 참고한다. 이 단계에서 자동차 사용자 매뉴얼 분야 TM을 생성해야 한다. TM도 TB처럼 분야별로 만들어야 향후 비슷한 분야의 문서를 번역할 때 용어나 표현의 일관성을 유지할 수 있고 오역을 방지할 수 있다. TM을 만들기 위해 만들기 탭을 선택한 후, **번역 메모리** 만들기를 클릭한다.

〈그림 10.17〉 번역 리소스

〈그림 10.18〉은 TM을 만드는 새로운 창이다. TB와 마찬가지로 파일 이름만 봐도 어떤 TM인지 알 수 있도록 **Manual TM_ENKO이**라고 TM 파일 이름을 설정한다. 파일 위치를 확인하고 소스 언어, 타겟 언어가 각각 **English (United States), Korean (Korea)** 인지 확인 후 **마침** 버튼을 클릭한다.

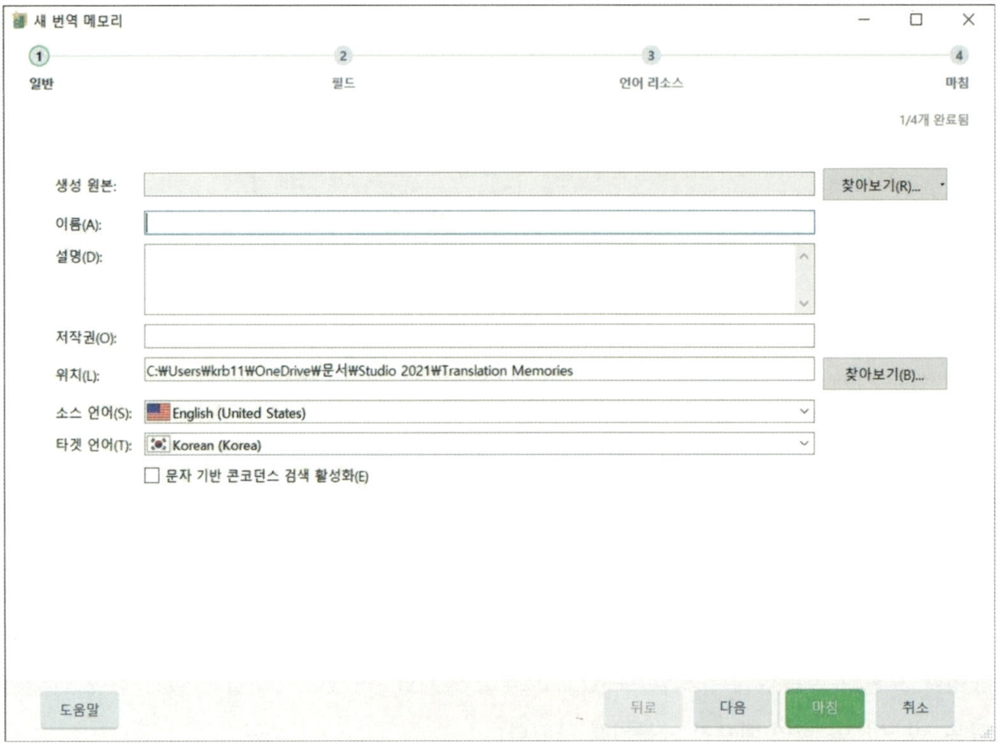

〈그림 10.18〉 새 번역 메모리 만들기

〈그림 10.19〉는 새로 추가한 TM 파일(ManualTM_ENKO)가 추가된 화면이다. 참고로 번역을 하다 보면 새로 추가되는 다양한 분야의 TM이 많아지게 된다. 이때 다른 분야의 TM이 있다면, 이 단계에서 다른 분야의 TM은 비활성화하는 것이 좋다. 물론 사용자가 원하면 다른 분야의 TM도 활성화하여 참고할 수는 있지만, 서로 다른 분야의 TM을 혼용하면 오역이 발생할 수도 있다. 참고로 화살표 버튼을 사용해 어떤 TM으로 먼저 번역 제안할 것인지 순서를 정할 수 있다. 예를 들어, Google 번역기가 자동차 사용자 매뉴얼 TM보다 위에 있다면 SDL Trados Studio 2021은 Google 번역기의 번역부터 제안한다. 반대로, 자동차 사용자 매뉴얼 TM이 맨 위에 있다면, 자동차 사용자 매뉴얼 TM을 검색하여 일치하는 문장이 없다면, 그다음 순서인 Google 번역기 TM이 실행된다. 이상과 같은 과정을 마치면, **다음** 버튼을 클릭한다.

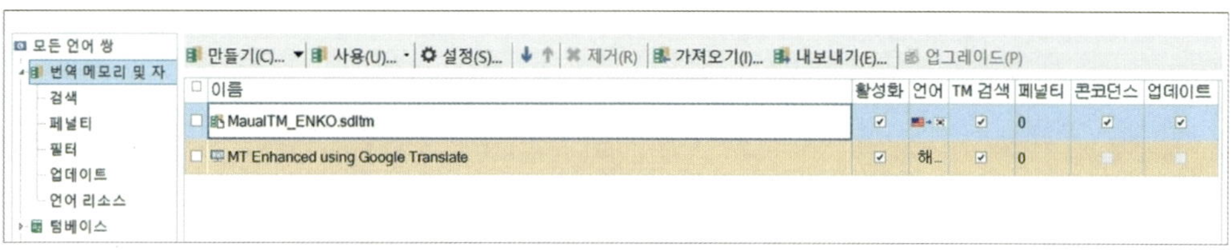

〈그림 10.19〉 자동차 사용자 매뉴얼 TM 활성화하기

〈그림 10.20〉은 자동차 사용자 매뉴얼 프로젝트에서 사용할 TB를 설정하는 화면이다. 〈그림 10.13〉에서 생성한 자동차 사용자 TB를 이곳에서 등록한다.

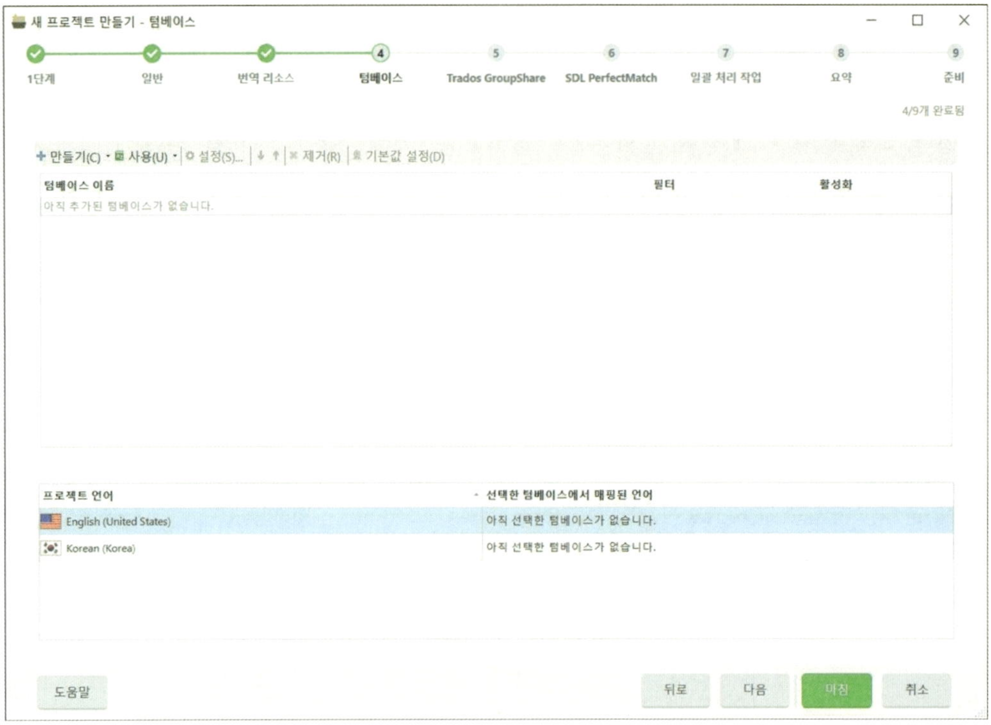

〈그림 10.20〉 TB 선택하기

〈그림 10.21〉과 같이 **사용** 탭을 눌러 파일 기반 **MultiTerm 텀베이스**를 선택한 다음, 앞서 만들어놓은 자동차 사용자 매뉴얼 TB를 선택한다.

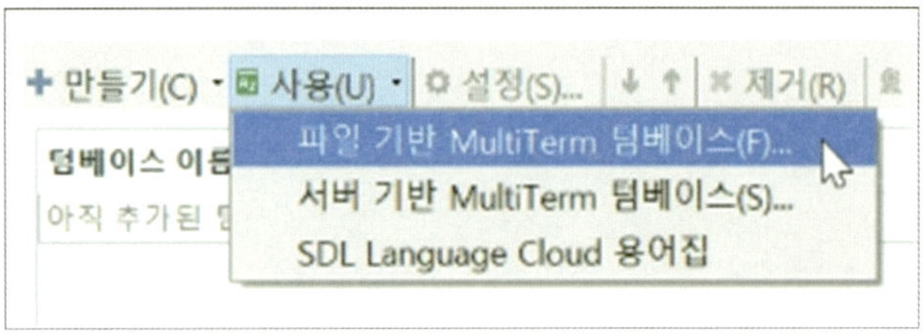

〈그림 10.21〉 파일 기반 MultiTerm 텀베이스 클릭하기

〈그림 10.22〉은 이상과 같은 과정을 거쳐 SDL Trados Studio 2021에 탑재한 TB 화면이다. 만일 추가로 등록해서 사용하고 싶은 TB가 있다면 이곳에서 추가할 수 있다. 여러 개의 TB를 사용할 경우, 이곳에서 TM과 마찬가지로 우선순위를 정해 제안 순서를 정할 수 있다. **다음** 버튼을 클릭하여 다음 단계로 이동한다.

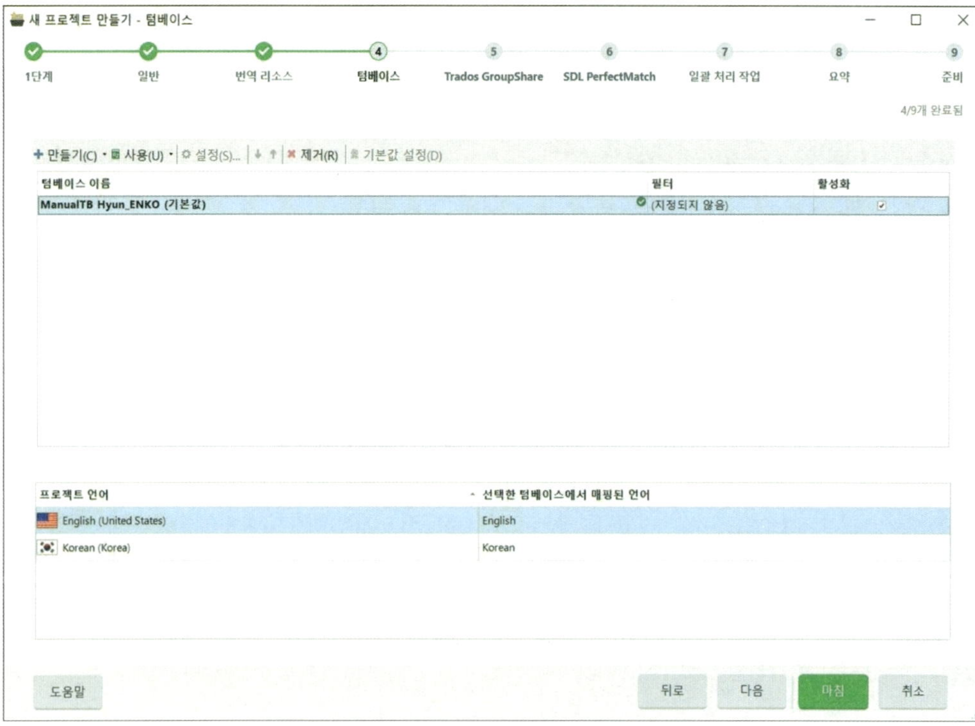

〈그림 10.22〉 자동차 사용자 매뉴얼 TB 탑재 완료

〈그림 10.23〉에서 볼 수 있듯이 Trados GroupShare와 SDL PerfectMatch는 건너뛰었다. 왜냐하면, Trados GroupShare는 온라인 서버를 통해 번역 작업을 할 수 있는 기능이고, PerfectMatch는 이전 번역 프로젝트의 업데이트 버전일 때 사용하는 기능이기 때문이다. **다음** 버튼을 클릭하여 새 프로젝트 만들기를 계속 진행한다.

〈그림 10.23〉 새 프로젝트 만들기 - 일괄 처리 작업

일괄 처리 작업 단계에서는 프로젝트 파일을 분석하고 미리 번역할 수 있는 세그먼트에 번역문을 삽입하는 작업을 수행한다. 작업 시퀀스에 **프로젝트 TM을 포함하지 않고 준비**가 설정되어 있다. 이 작업이 기본적으로 프로젝트를 준비하는 단계이다. 우측의 **작업 시퀀스** 버튼을 클릭하면 〈그림 10.24〉와 같은 알림창이 나타난다.

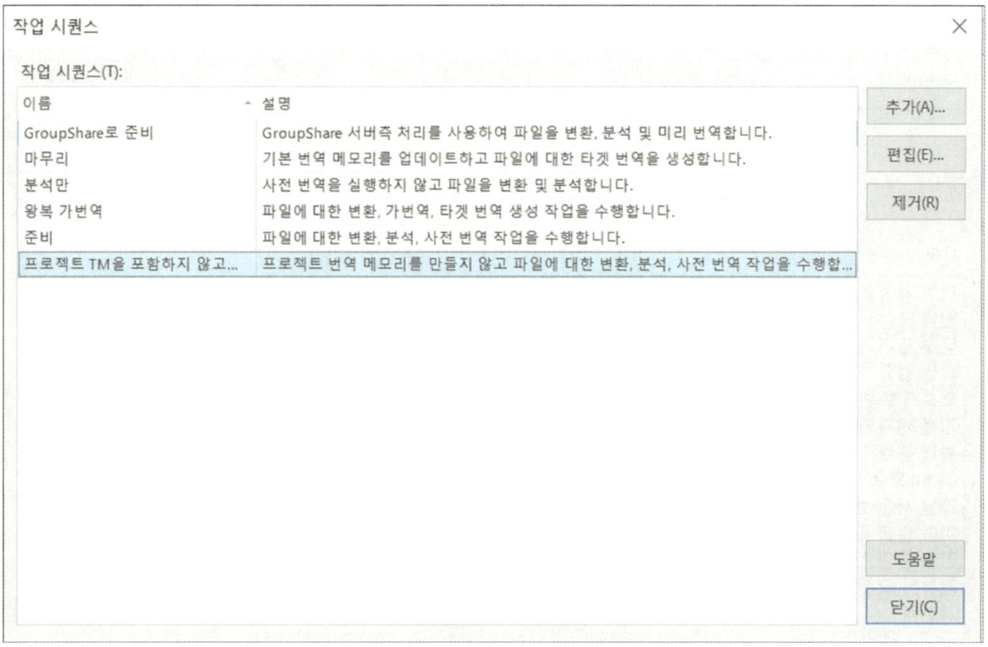

〈그림 10.24〉 작업 시퀀스

〈그림 10.25〉는 작업 시퀀스에서 **추가** 버튼을 클릭하면 나타나는 알림창이다. 만일 새로 추가하고자 하는 작업이 있다면 좌측에 있는 작업을 우측으로 추가한 다음 **확인** 버튼을 클릭한다. 새로 추가할 작업이 없다면, **취소** 버튼을 클릭한다.

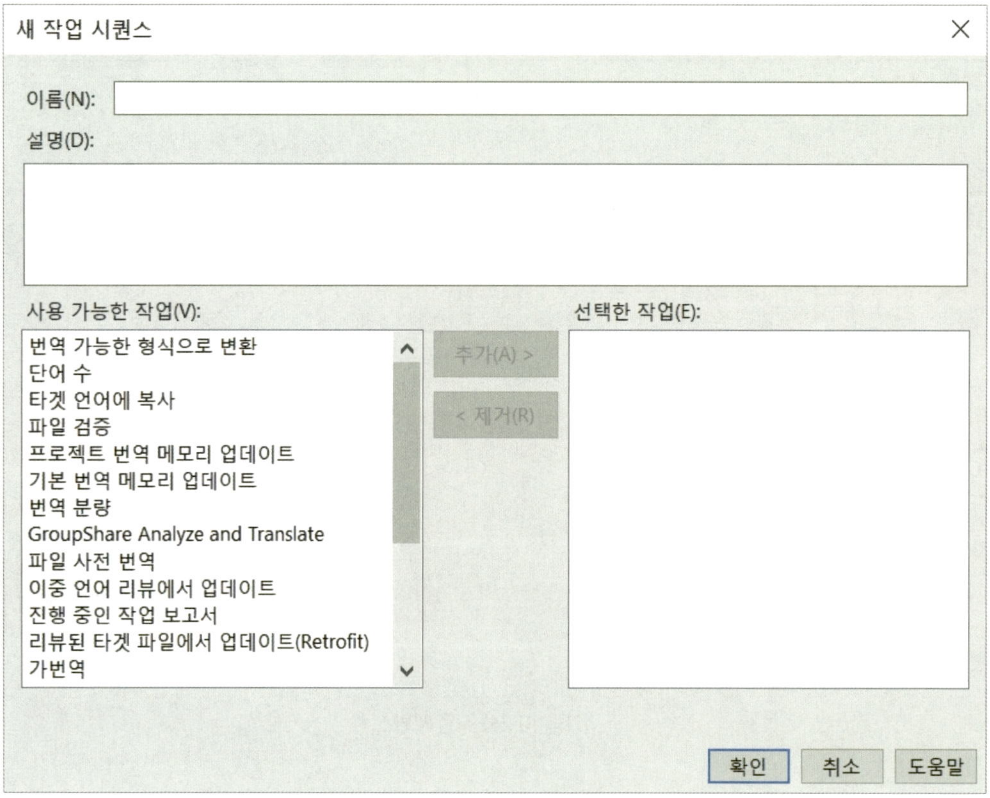

〈그림 10.25〉 새 작업 시퀀스

이상의 과정을 거치고 **마침** 버튼을 클릭하면 새 프로젝트가 생성된다. **닫기**를 누르면 프로젝트 보기로 이동하여 생성된 새 프로젝트를 확인할 수 있다.

10.5 자동차 사용자 매뉴얼 파일 번역하기

프로젝트 보기에서 생성된 매뉴얼 프로젝트를 두 번 클릭하면 프로젝트 파일이 나타난다. 이제부터 본격적으로 Sample_Manual 1을 번역해본다. Sample_Manual 1을 두 번 클릭하면 〈그림 10.26〉과 같이 화면이 편집기로 이동한다.

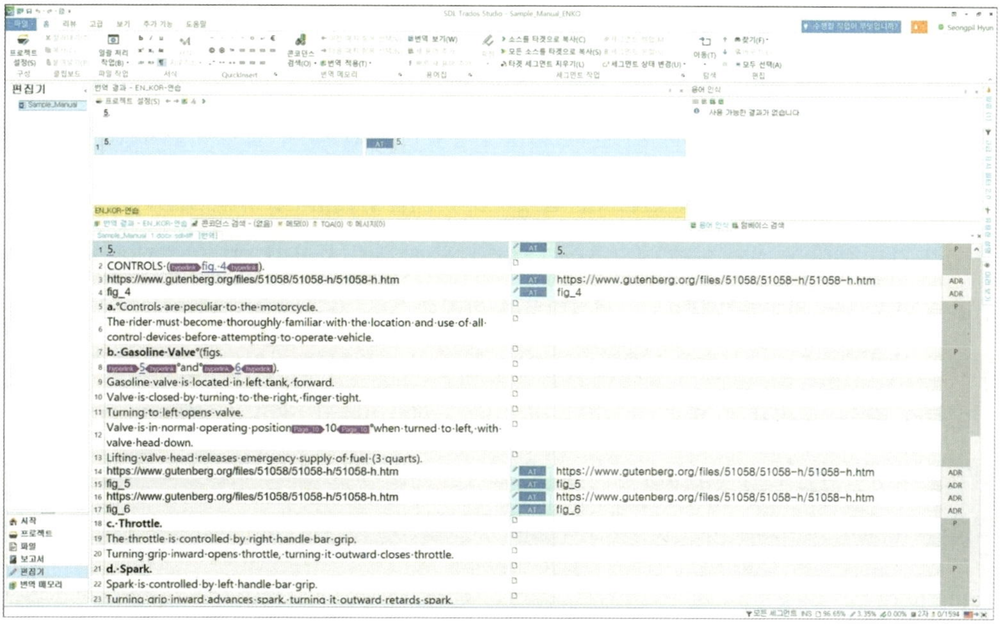

〈그림 10.26〉 편집기 보기

번역을 바로 하기에 앞서, 상단에 **홈 〉 서식 〉 공백 문자 표시**(¶)를 활성화한다. 공백 문자 표시를 하면, 모든 세그먼트에 공백, 줄 바꿈 등 기호가 나타난다. 이 기능을 사용하면 화면이 작아서 불필요한 공백이 있는지, 또 어떤 줄 바꿈 서식인지를 명확하게 구분할 수 있다. 1번 세그먼트를 보게 되면 AT 가 있다. **AT**는 자동번역을 뜻한다. SDL Trados Studio가 자체적으로 자동으로 삽입한 번역이라는 의미이다. AT는 주로 날짜나 숫자, 하이퍼링크 등과 같은 번역이 굳이 필요 없는 세그먼트에서 발생한다. AT 기호가 있는 세그먼트를 수정하면 기호가 AT 처럼 투명하게 바뀌게 된다. 만일, 구글 번역기 TM을 프로젝트에 설정했다면 NMT 와 같은 기호가 나타난다. **NMT**는 Google 번역기를 통해 해당 세그먼트를 번역했음을 의미한다. 해당 세그먼트를 수정하면 NMT 와 같이 투명하게 변경된다.

타겟 세그먼트에 번역을 입력하고 확정하려면 **Ctrl + Enter**를 누르면 된다. 여기서 '**확정**'이란 것은 해당 소스와 타겟 세그먼트의 텍스트를 자동차 사용자 매뉴얼 TM에 저장하고 번역을 확정하는 것이다. 계속해서 세그먼트를 확정할수록 자동차 사용자 매뉴얼 TM의 콘텐츠도 많아지게 되고 나중에 비슷한 표현이나 문장이 나타나면 저장한 번역문이 자동으로 삽입된다. 는 파란색의 연필 모양이다. 아직 해당 세그먼트가 '**초안**'인 상태임을 나타낸다. 번역을 확정하려면 **Ctrl + Enter**를 누른다. 그러면 기호가 초록색 체크 표시가 있는 로 변경되고, 해당 세그먼트가 확정되었다는 것을 의미한다.

번역하다 보면, 〈그림 10.27〉과 같이 다양한 요소들이 나타난다. 우선 2번 세그먼트에 CONTROLS 단어 위에 빨간색 꺾쇠가 있고 하이퍼링크 태그가 있는 것을 볼 수 있다. 하이퍼링크 태그는 타겟 세그먼트로 복사해야 한다. 소스 세그먼트에 있는 태그를 타겟 세그먼트로 복사하려면 상단의 **번역 결과** 창의 **소스를 타겟으로 복사**(›)를 클릭하거나 **Ctrl + Ins**를 누르면 ST가 그대로 타겟 세그먼트로 복사되고 태그도 함께 복사된다.

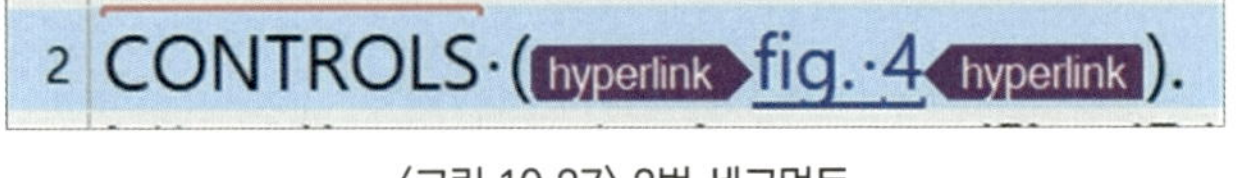

〈그림 10.27〉 2번 세그먼트

CONTROLS 위에 있는 빨간색 꺾쇠는 CONTROLS가 자동차 사용자 매뉴얼 TB에서 발견되었다는 것을 의미한다. 〈그림 10.28〉과 같이 오른쪽 위에 있는 **용어 인식** 창을 보면 해당 단어의 뜻을 확인할 수 있다.

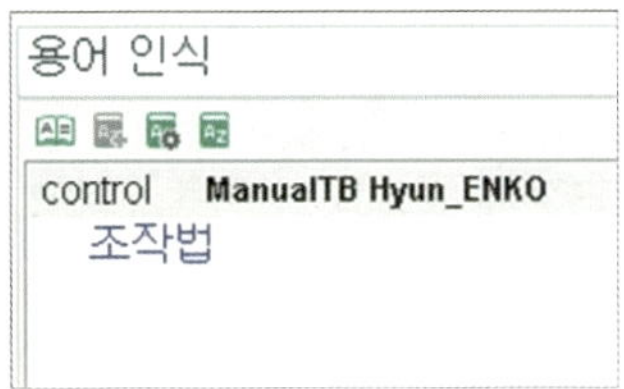

〈그림 10.28〉 용어 인식 창

2번 세그먼트에 타겟 단어인 조작법을 입력하다 보면, '조'만 입력해도 TB의 용어가 〈그림 10.29〉와 같이 자동 제안된다. 이렇게 제안된 상태에서 Enter를 누르면 해당 단어가 바로 삽입된다.

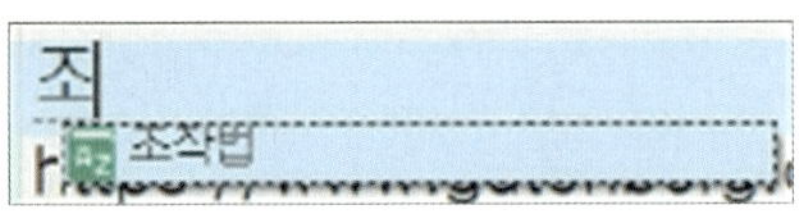

〈그림 10.29〉 TB 자동 제안

번역하다 보면 현재 번역하고 있는 작업이 어떻게 최종 문서의 형태로 나타나는지 궁금할 수 있다. 이때 사용하는 것이 '**미리 보기**' 기능이다. 보기 탭에서 미리 보기를 클릭하면 미리 보기 창이 아래 〈그림 10.30〉과 같이 나타난다. 번역하는 도중 미리 보기를 통해 어떻게 텍스트가 구성되어 있는지 확인하고 수시로 번역이 어떤 레이아웃에 나타나는지 모니터링 하는 것이 좋다. 참고로 미리 보기를 하면 현재 작업 중인 세그먼트는 미리 보기에서 배경색이 강조되어 나타난다. 현재 번역하는 부분이 문서의 어느 부분인지 확인하는 데 유용하다. 이외에도 미리 보기 창에서 임의로 문장을 클릭하면 편집기에서 해당 세그먼트로 이동한다.

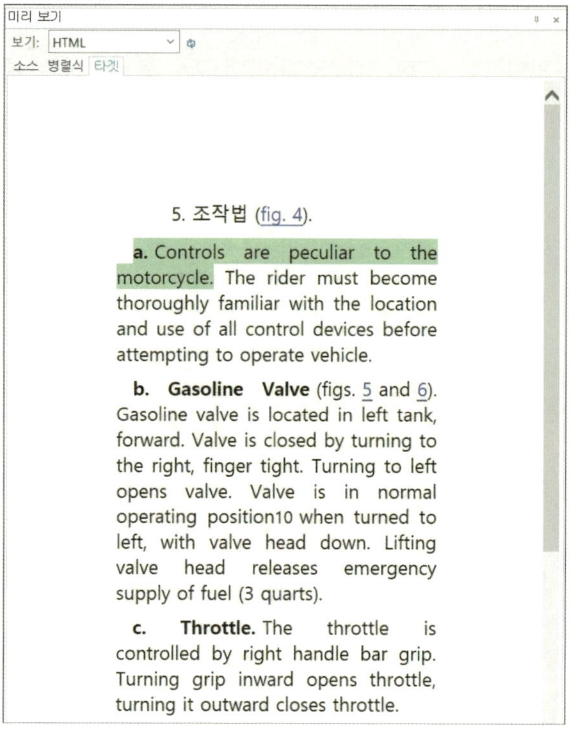

〈그림 10.30〉 미리 보기

번역하는 도중에 TB에 추가하고 싶은 용어가 있을 수 있다. 이때는 '**새 용어 추가**' 기능을 사용한다. 소스와 타겟 단어를 드래그해서 표시한 후, 마우스 오른쪽을 클릭하면 **새 용어 추가**를 선택할 수 있다. 이 기능을 사용하면 TB에 없는 단어를 바로 추가할 수 있다.

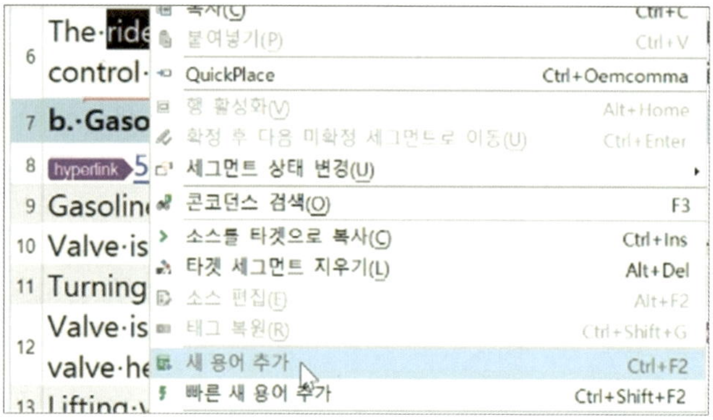

〈그림 10.31〉 TB에 용어 추가

새 용어를 추가하면 아래 〈그림 10.32〉와 같이 **텀베이스 뷰어**가 나타나고 추가된 용어를 바로 확인할 수 있다.

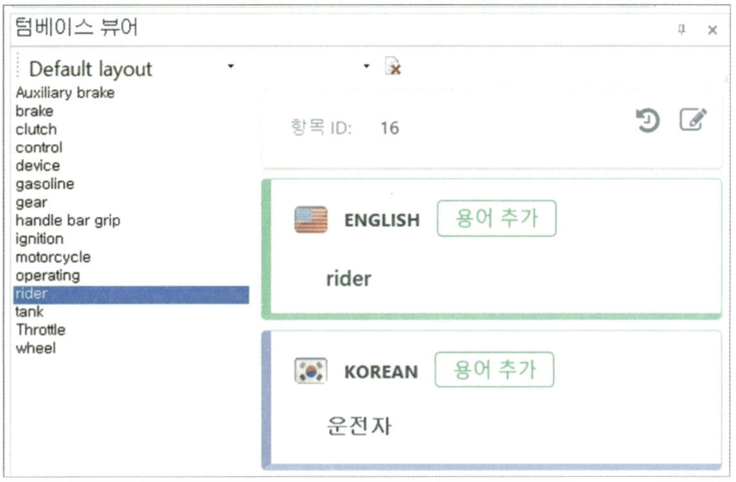

〈그림 10.32〉 TB에 추가된 용어

번역하다 보면 한 문장으로 번역이 가능한 세그먼트가 둘로 나뉘어 있을 때가 있다. 예컨데, 7번 세그먼트와 8번 세그먼트를 보면 두 세그먼트가 한 문장으로 번역될 수 있다. 세그먼트를 병합하려면 홈 탭을 눌러 **프로젝트 설정** 메뉴에서 〈그림 10.33〉과 같이 **프로젝트 - 소스 편집 허용하기**를 활성화해야 한다. 만일 서로 다른 단락에 있는 소스 세그먼트라면, **단락 간 세그먼트 병합 사용도** 활성화한다.

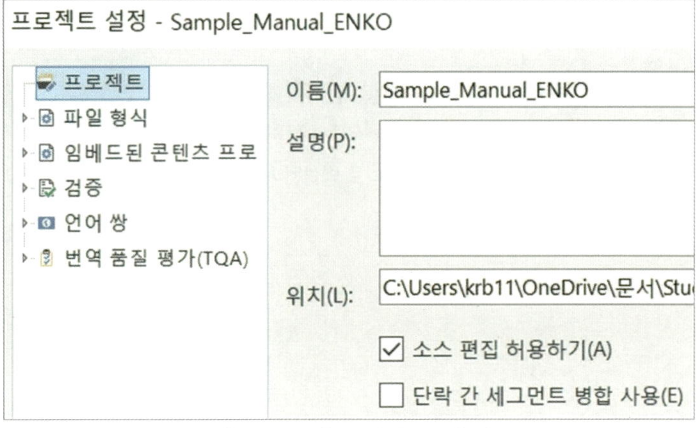

〈그림 10.33〉 TB에 추가된 용어

7번 세그먼트를 선택한다. 세그먼트 번호를 먼저 클릭하고 **Shift** 키를 누른 채로 8번을 클릭한다. 이때 꼭 번호를 클릭해야 한다. 그러면 두 세그먼트가 〈그림 10.34〉와 같이 서로 다른 배경색으로 선택된다.

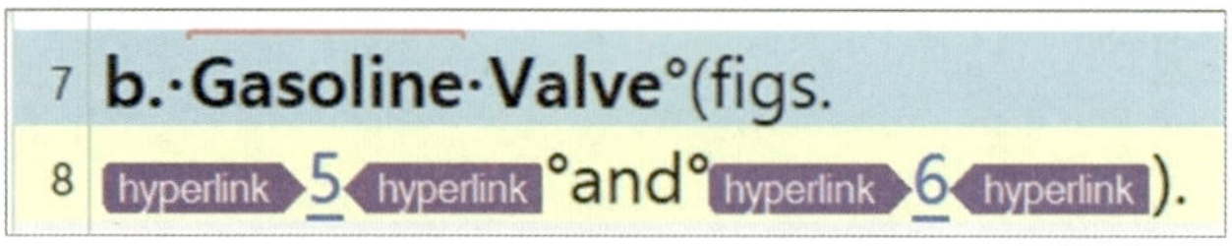

〈그림 10.34〉 서로 다른 배경색으로 선택된 세그먼트

세그먼트 선택이 끝났으면, 세그먼트 번호 위에 마우스 오른쪽 클릭하고 〈그림 10.35〉와 같이 **세그먼트 병합**을 선택한다. 그러면 두 세그먼트가 〈그림 10.36〉과 같이 하나로 합쳐진다. 이제 하나의 세그먼트로 번역할 수 있다.

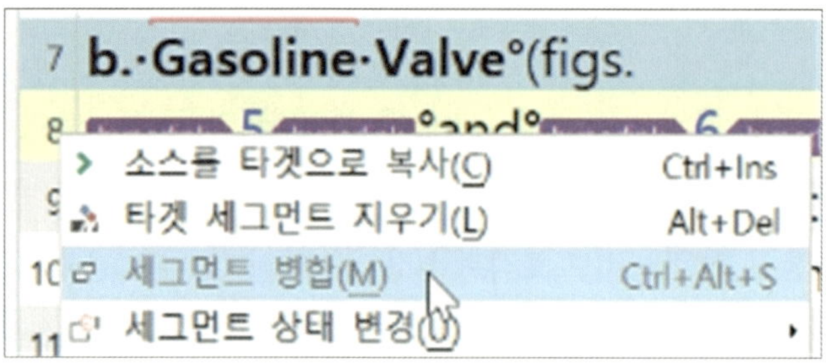

〈그림 10.35〉 세그먼트 병합 클릭하기

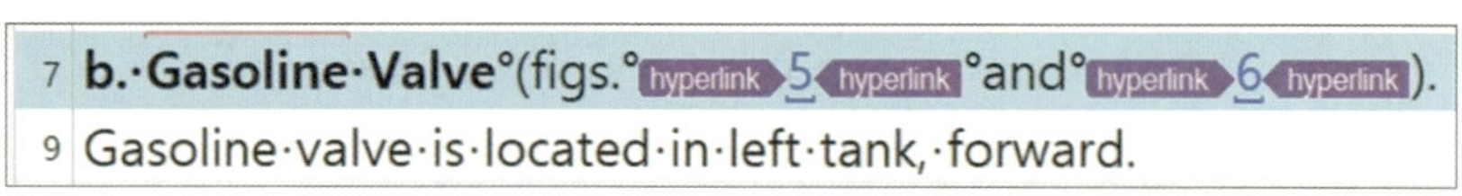

〈그림 10.36〉 하나로 병합된 세그먼트

번역하다 보면 간혹 %가 포함된 기호가 나타난다. 예컨대, 14번 세그먼트에는 100% 표시가 되어있다. 이 표시는 TM에서 해당 소스 세그먼트와 **100%** 똑같은 문장을 발견했다는 의미이다. 3번 세그먼트에서 이미 확정했으므로 똑같은 14번 세그먼트의 타겟 세그먼트에 자동으로 번역이 삽입되어 있다.

15번 세그먼트에 CM 가 있는데, 이 표시는 해당 세그먼트가 '**컨텍스트 매치**'라는 뜻이다. 컨텍스트 매치란, 해당 소스 세그먼트의 문맥이 TM의 문장 중 같은 문맥을 가진 문장이 발견되었다는 의미다. 이전에 2번과 3번 세그먼트는 지금의 14번과 15번 세그먼트와 문맥이 같다. 따라서 컨텍스트 매치가 발생한 것이다. 컨텍스트 매치는 앞뒤 문맥이 같다는 뜻으로 같은 표현이나 의미가 반복되었다는 의미로 다른 매치보다 더 신뢰할 수 있다.

번역을 확정하다가 22번 세그먼트에 오면 76% 가 나타난다. 이 세그먼트는 TM의 문장 중 해당 소스 세그먼트와 **76%** 정도 비슷한 문장이 발견되었다는 뜻이다. **번역 결과** 창을 살펴보면 텍스트의 어느 부분이 TM과 다른지 알 수 있다. 빨간색 취소선은 없는 단어를, 청록색 밑줄은 새로운 단어를 나타낸다. TM과 비교해 소스 세그먼트를 적절하게 번역한다.

〈그림 10.37〉 번역 결과 창

번역 도중에 **메시지** 창에 **오류, 주의** 메시지가 나타날 때가 있다. 메시지 창에 나타난 오류나 주의 등은 꼼꼼히 확인해봐야 한다. 그러나, 오류 메시지가 나타난다 해서 무조건 잘못된 것은 아니다. 검증 설정에 따라 올바른 번역이 오류로 인식될 수 있기 때문이다. 따라서 해당 메시지를 확인 후, 이상이 없다면 **메시지 삭제**를 눌러 오류 메시지를 제거하거나, 〈그림 10.38〉과 같이 모든 메시지를 삭제할 수도 있다.

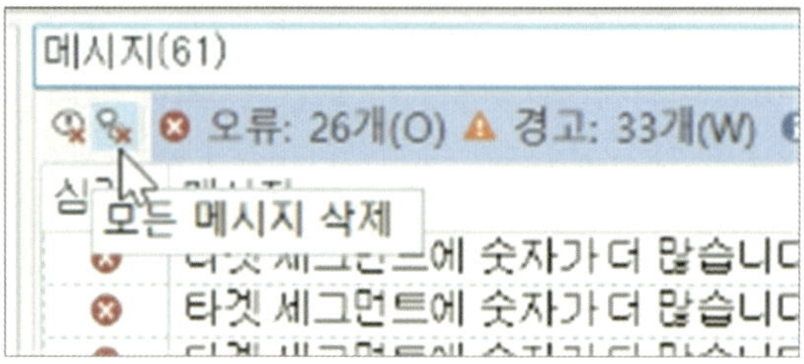

〈그림 10.38〉 모든 메시지 삭제하기

번역하다 보면 이해가 잘되지 않거나 해석에 어려운 세그먼트가 나타난다. 이때 해당 세그먼트를 번역하는 데 시간이 오래 걸릴 것 같다고 판단되면, **메모 추가** 기능을 사용해 나중에 다시 검토할 수 있다. 메모를 추가하려는 세그먼트에 마우스 오른쪽 클릭한 다음, '**메모 추가**'를 선택하면 메모 추가 창이 〈그림 10.39〉와 같이 나타난다.

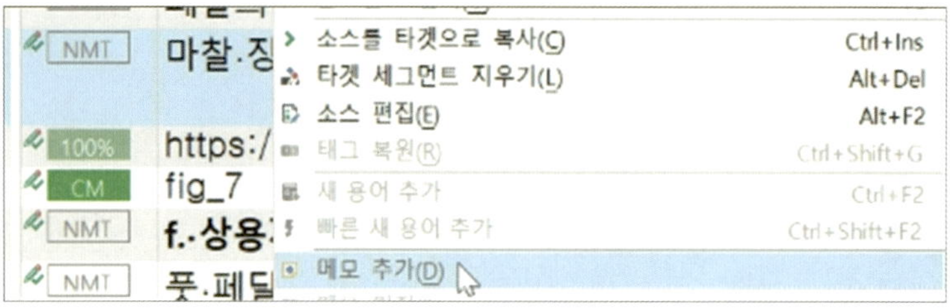

〈그림 10.39〉 메모 추가하기

〈그림 10.40〉은 메모 추가 알림창이다. 범위는 메모를 어느 범위에 추가할 것인지 설정할 수 있다. **현재 세그먼트**는 메모를 추가하려고 선택한 세그먼트에 추가된다. **현재 파일**로 설정하면 파일 전체에 메모를 추가할 수 있다. **메모 정보**의 **심각도 수준**은 해당 메모가 얼마나 중요한지 설정할 수 있다. 해당 메모가 번역에 중대한 영향을 끼치면 **주의, 경고** 등으로 선택하면 된다. 메모 정보의 텍스트 박스에에 메모할 내용을 입력한다.

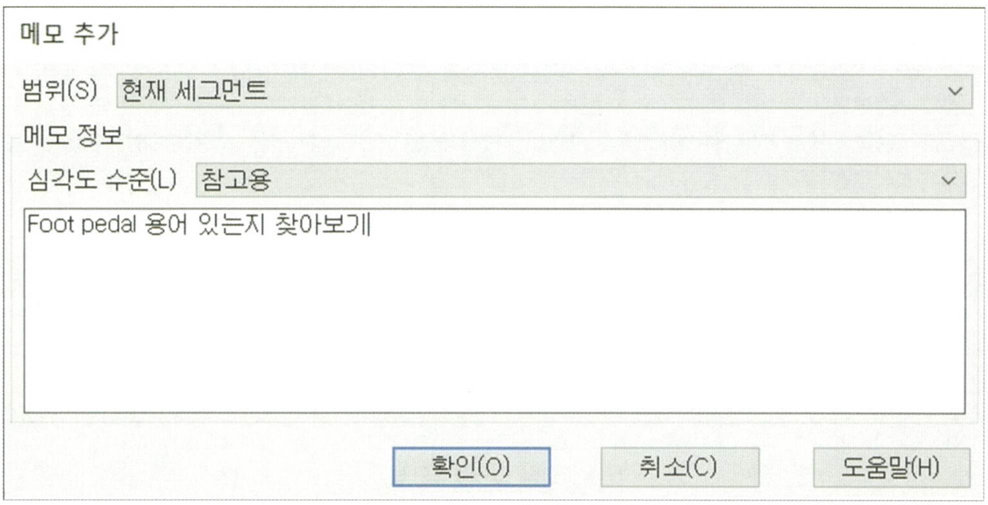

〈그림 10.40〉 메모 추가 알림창

메모 내용을 입력했다면 **확인** 버튼을 클릭한다. 〈그림 10.41〉은 메모가 포함된 세그먼트를 보여준다. 메모가 포함된 세그먼트는 노란색 배경으로 표시되고, 마우스를 올리면 메모 내용을 확인할 수 있다.

〈그림 10.41〉 메모가 추가된 세그먼트

규모가 큰 번역을 하다 보면 메모 기능이 매우 중요하다. 번역하면서도 메모를 사용하지만, 검토하면서도 서로 이견 조율을 할 때 유용하기 때문이다. 특히 여러 번역가가 참여하는 프로젝트에서는 메모 기능이 필수이다. 파일을 나눠서 번역 작업을 할 때 다음 번역가에게 파일을 전달하며 메모를 추가해서 세그먼트에 대한 정보나 유의점을 알려줄 수 있다. 〈그림 10.42〉와 같이 **번역 결과 창**의 **메모** 탭을 클릭하면 모든 메모 목록을 확인할 수 있다.

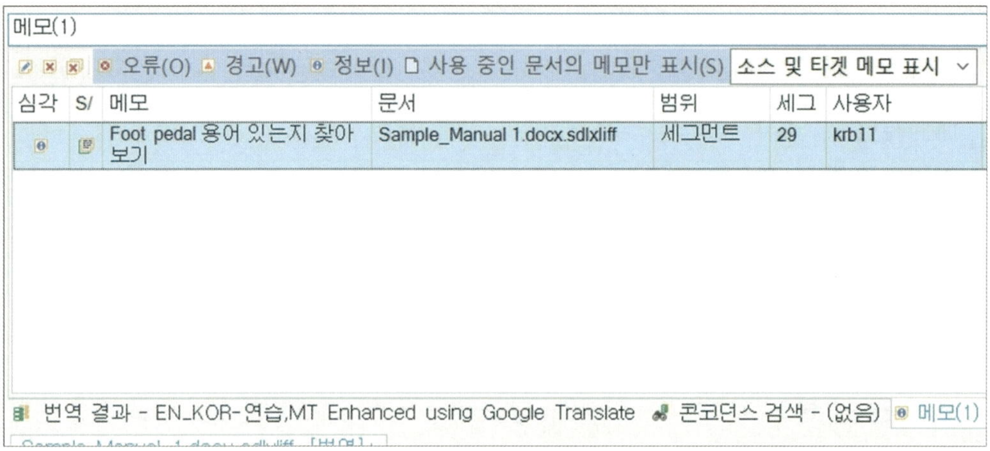

〈그림 10.42〉 메모 탭

번역 작업 도중 현재 번역 진행률을 확인하고 싶을 때가 있다. SDL Trados Studio의 오른쪽 아래를 보면, 〈그림 10.43〉과 같이 **작업표시줄**이 있다. 여기서 현재 번역 작업의 진행률을 확인할 수 있다. 〈그림 10.43〉이 의미하는 것은 현재 세그먼트 중 초안인 상태가 약 9.6%, 확정된 상태가 약 90%이다. 아직 남은 세그먼트는 0%이며, 현재 선택된 타겟 세그먼트의 문자 수는 0자이며, 편집기 보기에 모든 세그먼트가 표시되고 있다.

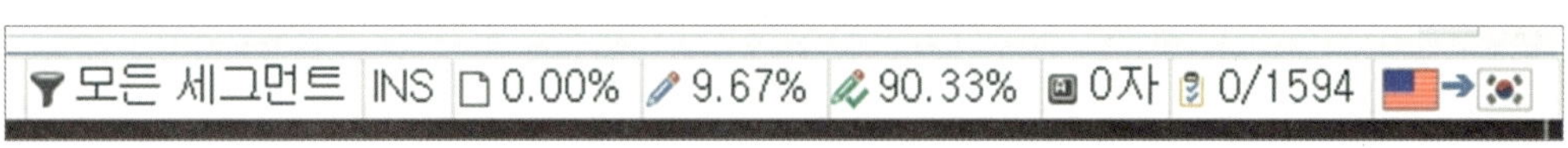

〈그림 10.43〉 작업 표시 줄

모든 세그먼트를 클릭하면 〈그림 10.44〉와 같이 **리뷰** 탭의 **세그먼트 필터링** 기능이 열리고 원하는 조건을 가진 세그먼트만 표시하도록 설정할 수 있다.

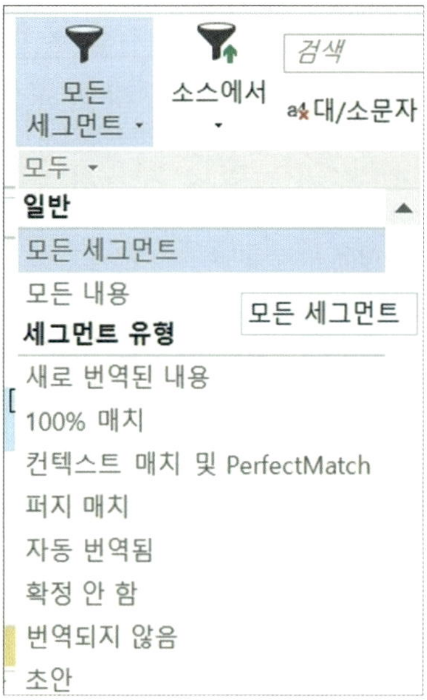

〈그림 10.44〉 세그먼트 필터링

모든 번역을 확정했다면 이제 TT 파일을 ST 파일 유형으로 내보내야 한다. **일괄 처리 작업** 목록에서 **마무리**를 선택하면 된다. 마무리 작업에는 **기본 번역 메모리 업데이트**와 **타겟 번역 생성** 작업을 포함한다. 현재 번역 메모리를 업데이트하고 타겟 번역을 생성하는 작업이다.

〈그림 10.45〉 일괄 처리 작업 - 마무리

ST와 TT 파일을 열어 올바르게 TT 파일이 만들어졌는지 확인한다. 이상이 없다면 Sample_Manual 1 파일의 번역이 끝난 것이다. 이제 프로젝트의 다른 파일도 같은 방식으로 번역한다.

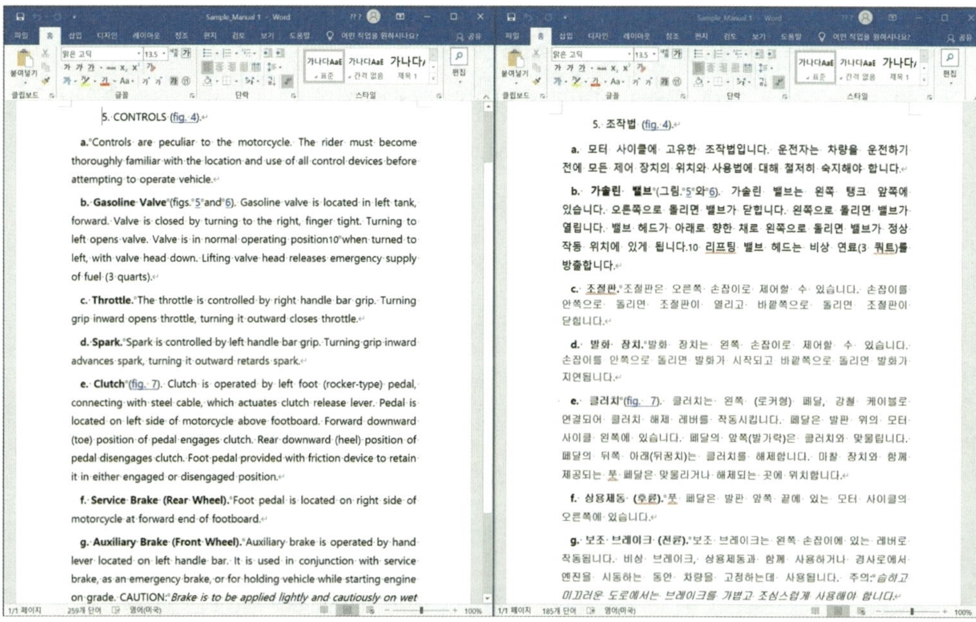

〈그림 10.46〉 ST와 TT 파일

부록 1: SDL Trados Studio 2021 주요 단축키 모음

- Ctrl + Enter 현재 세그먼트를 확정하고, 확정되지 않은 다음 세그먼트로 이동한다. 현재 세그먼트 쌍은 TM에 저장된다.
- Enter 선택한 텀베이스 및 AutoSuggest 적중을 타겟 세그먼트에 삽입한다.
- Ctrl + Space 선택한 문자열에서 서식을 제거한다.
- Ctrl + Shift + L 현재 타겟 세그먼트에 삽입할 텀베이스 제안이 포함된 목록을 연다.
- Shift + Enter 소프트 브레이크를 삽입한다.
- F3 선택한 문자열에 대한 콘코던스 검색을 시작한다.
- Ctrl + F 찾기 및 바꾸기를 사용해 특정 단어를 찾고 일괄적으로 변경할 수 있다.
- Ctrl + S 현재 문서를 SDL XLIFF 형식으로 저장한다.
- Ctrl + F4 현재 문서를 닫는다.
- Ctrl + G 특정 세그먼트로 빠른 이동을 할 수 있다.
- Ctrl + Ins 소스 세그먼트를 타겟 세그먼트로 복사한다.
- Alt + Del 입력된 타겟 세그먼트 문장을 지운다.
- Ctrl + Alt + F6 표시 필터를 초기화한다.

부록 2: 성공적인 프리랜서 번역가 등록을 위한 이력서 작성 팁

2020년 실제 있었던 일이다. 9명의 학생과 함께 번역 수업을 하며 번역회사에 번역 테스트를 받도록 한 적이 있다. 그런데 예상보다 많은 학생이 번역 테스트에서 좋은 결과를 받지 못하였다. 번역 테스트를 통과한 그룹과 그렇지 못한 그룹의 번역 결과물을 비교·분석하였는데, 두 그룹 간 결과물의 질적 차이는 두드러지게 커 보이지 않았다. 하지만, 학생들이 제출한 이력서를 검토하였고, 두 그룹 간 이력서의 질적 차이가 분명히 있는 것으로 나타났다.

번역 테스트에 통과한 그룹의 학생은 이력서 빈칸을 최대한 충실히 채우려고 노력하였고, 자기소개서도 길게 쓰려는 노력이 보였다. 반면, 번역 테스트에 통과하지 못한 그룹 학생의 이력서에 빈칸이 많았고, 오·탈자가 있었고 내용도 대충 채웠다는 인상을 지울 수 없었다. 사진을 붙여야 하는데 붙이지도 않았고, 지원자 서명에 서명도 하지 않았다. 자기소개서를 아예 쓰지 않거나 불성실하게 작성한 예도 있었다. 결과적으로 번역 테스트에 통과한 그룹과 그렇지 못한 그룹이 실력의 차이도 있을 수 있었겠지만, 부차적이라고 볼 수 있었던 이력서 작성의 충실성이 지원자의 번역 테스트 결과에 영향을 끼쳤다는 생각을 지울 수 없었다.

〈그림 1〉은 프리랜서 번역가 등록 웹사이트이다. 등록지원 웹사이트를 보면 분류에서 지원자가 통역, 번역, 또는 둘 다 전문적으로 수행할 수 있는 능력을 보유하고 있는지를 선택하게 되어있다. 이름, 생년월일, 이메일, 국적, 주소, 휴대전화 번호 등 개인 신상정보를 입력한 후 번역할 수 있는 언어를 입력한다. 그다음 의료, 법학, 경영, 제약, 교육, 특허, 종교, 문화, 게임 등 전문적으로 특화된 분야가 있다면 해당 전문분야를 입력한다. 자주 사용하고 있는 번역 도구가 있거나 대형 프로젝트 경험이 있다면, 기타사항에 간략히 입력한다. 이상과 같은 지원자 기본 정보 입력이 끝나면 이력서와 기타파일을 첨부한다. 이때 기타파일은 예전에 번역했던 샘플이 있으면 첨부한다.

▌등록신청

분류	□전문가등록 □통역자원봉사자 □번역자원봉사자
이름	
생년월일	-- 년 -- 월 -- 일
이메일	@ 직접입력
국적	○내국인 ○외국인
주소	- 주소찾기
휴대폰번호	010 - -
번역언어	
통역언어	
전문분야	ex) 의료,법학,경영,제약,교육,특허,종교,문화,게임,기업,영상,계약,
기타사항	
이력서	찾아보기... 파일이 선택되지 않았습니다.
기타파일첨부	찾아보기... 파일이 선택되지 않았습니다. 찾아보기... 파일이 선택되지 않았습니다.
스팸글방지	284125 * 왼쪽의 자동등록방지 코드를 입력하세요.

확인 취소

〈그림 1〉 번역회사 통번역 전문가 등록 웹사이트

전언하였듯이 프리랜서 번역가를 지원하며 가장 중요한 것 중 하나가 바로 이력서이다. 따라서 이력서를 매우 신중히 작성할 필요가 있고 이력서를 제출하기 전에 쉽게 간과할 수 있는 실수와 오류를 반드시 점검할 필요가 있다. 어떤 부분을 주의하고, 어떤 부분은 강조하여 이력서를 작성하면 좋을지 살펴본다.

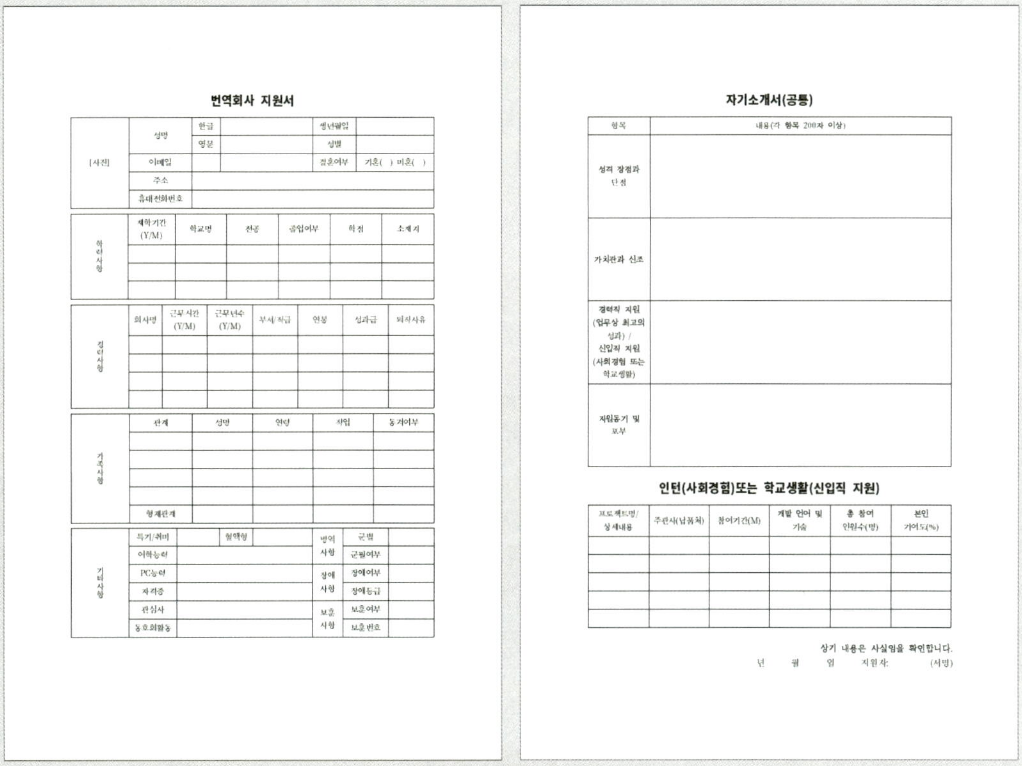

번역회사 지원서

[사진]	성명	한글		생년월일	
		영문		성별	
	이메일			결혼여부	기혼( ) 미혼( )
	주소				
	휴대전화번호				

학력사항	재학기간 (Y/M)	학교명	전공	졸업여부	학점	소재지

경력사항	회사명	근무시간 (Y/M)	근무년수 (Y/M)	부서/직급	연봉	성과급	퇴직사유

가족사항	관계	성명	연령	직업	동거여부
	형제관계				

기타사항	특기/취미		혈액형		병역사항	군별	
	어학능력					군필여부	
	PC능력				장애사항	장애여부	
	자격증					장애등급	
	관심사				보훈사항	보훈여부	
	동호회활동					보훈번호	

자기소개서(공통)

항목	내용(각 항목 200자 이상)
성격 장점과 단점	
가치관과 신조	
경력직 지원 (업무상 최고의 성과) / 신입직 지원 (사회경험 또는 학교생활)	
지원동기 및 포부	

인턴(사회경험)또는 학교생활(신입직 지원)

프로젝트명/상세내용	주관사(납품처)	참여기간(M)	개발 언어 및 기술	총 참여 인원수(명)	본인 기여도(%)

상기 내용은 사실임을 확인합니다.

년 월 일 지원자: (서명)

〈그림 2〉 이력서 양식

1. 사진

이력서는 지원자를 면접하기 전에 처음 상대방을 가상으로 만나는 매개체이다. 종이 두 장 정도의 서류라고 생각해서 대강 작성하면 안 된다. 특히 사진이 중요할 수 있다. 작은 사진이지만 그 작은 사진을 통해 신뢰감을 줄 수 있는 모습을 보여야 한다. 그런데 간혹 이력서에 개인정보를 보호한다며 본인 사진을 안 붙이거나, 대충 티셔츠를 입고 찍은 사진을 붙이는 경우가 있다. 친구들과 바닷가에 놀러 가서 찍은 단체 사진에서 본인 얼굴만 오려서 붙이는 일도 있다. 사는 게 바빠 시간이 없어서 사진 찍을 시간이 없었다는 등 이상한 핑계 대지 말고 시간을 만들어서 정장 차림에 반듯한 이력서용 사진을 찍어놔야 한다. 이력서에 붙일 사진은 인화해서 출력한 사진도 있어야 하고 사진 파일도 따로 가지고 있어야 한다. 그래야 한글 문서 이력서에 사진을 넣어서 이메일로 보낼 수 있기 때문이다. 가끔 사진 파일을 한글 문서 이력서에 어떻게 붙이는지 모르는 사람도 있던데 낙담하지 말고 미리미리 주위 친구에게 부탁해서 미리 이력서에 사진을 넣어놓자. 참고로 주소는 우편번호를 포함한 정식 주소를 넣도록 하자. 정확한 집 주소와 우편번호를 모른다면 우체국 검색 사이트에서 검색하여 입력한다(https://www.epost.go.kr/search.RetrieveIntegrationNewZipCdList.comm).

2. 학력사항

우선 재학 기간이 '(Y/M)'으로 되어있으니 예를 들어 2020년 3월에 졸업하였다면 양식에 맞춰 '2017/03~2020/02'으로 입력한다(참고로 현재 재학 중이면 2020/03~현재'라고 입력한다). 이력서 학력 사항을 작성할 때 보면 통상 대학교를 기준으로 양식이 준비된 것을 발견한다. 상황이 이렇다 보니 고등학교에서의 '전공', '학점' 등을 어떻게 써야 할지 혼란스러워하는 때도 있다. 고등학교에는 전공이 없으므로, '이과' 또는 '문과' 등으로 입력하거나, 그런 상황이 아닌 경우에는 본인이 생각하기에 잘하는 과목이나 분야를 입력한다. 고등학생 때는 '학점'이라는 점수가 따로 나오지 않으므로 고등학교 내신 등급이나 반에서 등수를 입력하는 것도 하나의 방법이다.

이력서 작성할 때의 핵심은 절대 빈칸으로 남겨두지 말라는 것이다. '소재지'를 작성할 때 대충 '경상북도', '충청북도'라고 작성하지 말고, '구미시', '청주시'와 같이 시 단위를 입력하는 게 좋다. 참고로 재학 중인 대학이 국립대학일 때 될 수 있으면 '국립'임을 넣는 것이 좋을 수도 있다(참고로 학교 홍보도 된다. 예컨대, 아직 인천대학교가 사립대학이나 시립대학인 줄 잘못 알고 있는 사람도 적지 않으므로 '국립인천대학교'라고 입력하면 인천대학교가 국립대가 되었다는 홍보가 되는 효과도 있다).

3. 경력사항

대학생 번역 프리랜서 지원자가 빈칸으로 가장 많이 남겨두는 부분이 바로 '경력사항'이다. 특히 대학교 1학년 신입생은 그 정도가 심하다. 하지만, 이력서는 무슨 대단한 경력을 적는 게 아니라 소소한 사회경력을 적는 것으로 생각하고 팩트 중심으로 적절한 표현으로 기술하는 것도 이력서 작성 방법의 비결이다. 예컨대, 은행에서 한 달 정도 사무 보조로 아르바이트한 적이 있는데, 기간이 너무 짧고 중요한 일을 하지 않았으므로 경력이 아닌 줄 알고 아무것도 입력하지 않은 학생이 있다. 경력은 경험의 이력이다. 즉 내가 실제로 해보거나 겪은 일이고, 그것에 대한 기록이다. 지원자가 그 일을 한 게 몇 살 때든 상관없다. 경력은 돈을 받고 일을 한 것과 돈을 받지 않고 일을 한 것 모두를 포함한다. 이력서는 지원자가 어떤 일을 해보았고, 면접하게 되면 면접관에게 물을 거리를 제공하는 자료집이다. 그러므로 빈칸으로 남겨두면 절대 안 된다.

참고문헌 및 번역할 때 유용한 서적

- 곽성희(2018). 번역 길라잡이: 영한 번역을 중심으로. 서울: 한국문화사.
- 김명철(2017). *초급번역패턴 500+*. 서울: 넥서스.
- 남영신(2002). *나의 한국어 바로 쓰기 노트*. 서울: 까치글방.
- 류상민, 김유철(2020). *연봉 1억 영문특허번역 가이드 북*. 서울: 넥서스.
- 마스터유진(2020). *사용빈도 1억 영어 실수 백신*. 서울: 사람in.
- 안정효(2013). *안정효의 오역 사전*. 서울: 열린책들.
- 이병갑(2019). *우리말 문장 바로 쓰기 노트*. 서울: 민음사.
- 이용성, 이주은(2019). *통·번역이야기*. 서울: 동인.
- 이윤제. 이종준(2013). *좋은 영어 지식 사전*. 경기: 다락원.
- 이진영(2020). *이진영의 통역번역 기초 사전*. 서울: 이화여자대학교출판문화원.
- 이희재(2009). *번역의 탄생*. 서울: 교양인.
- 정호정(2007). *제대로 된 통역·번역의 이해*. 서울: 한국문화사.
- 함혜숙(2017). *영상번역가로 산다는 것*. 서울: 더라인북스.
- Davis, J., 유현정(2020). *거의 모든 숫자 표현의 영어*. 서울: 사람in.

국내 주요 번역 교육 관련 학과(가나다 순서)

- 국립인천대학교 영어영문학과 https://ui.inu.ac.kr
- 경희대학교 응용영어통번역학과 http://aelts.khu.ac.kr
- 동국대학교 영어통번역학과 https://english.dongguk.edu/?page_id=225
- 사이버한국외국어대학교 영어학부 https://www.cufs.ac.kr/english/main.do
- 상명대학교 영어권지역학전공 https://depenglish.smu.ac.kr/depenglish/index.do
- 서울대학교 영어영문학과 http://english.snu.ac.kr
- 부산외국어대학교 영어통번역학부 http://cms.bufs.ac.kr/trans/html/intro.aspx
- 한국외국어대학교 통번역학과 http://eicc.hufs.ac.kr
- 한세대학교 영어학과 https://www.hansei.ac.kr/kor/504/subview.do

국내 주요 번역 관련 회사(가나다 순서)

- (주)베리타스 http://www.veritasco.co.kr
- (주)솔트룩스 파트너스 https://academy.saltlux.com/partners.php
- (주)프로랭스 http://www.prolangs.co.kr
- (주)펜트랜스넷 http://www.pantrans.net
- 글로벌번역원 http://glo.co.kr
- 무사이 스튜디오 http://www.musaikorea.com/index_kr.html
- 보트라 http://www.botra.biz
- LanguageLine Solutions https://www.languageline.com
- Lionbridge https://www.lionbridge.com/ko
- SDL https://www.sdl.com/kr
- TransPefect https://kr.transperfect.com/services/translation.html

TB 만들 때 유용한 참고 자료(가나다 순서)

- 대한화장품협회 성분사전 https://kcia.or.kr/cid/main
- 법제처 법령용어한영사전

  https://www.moleg.go.kr/board.es;jsessionid=QTWxiw0K-EUXLcNYInCReNoB.mo_usr10?mid=a10504000000&bid=0010&act=view&list_no=43927&nPage=2
- 코스콤 IT 용어사전

  https://www.koscom.co.kr/portal/bbs/B0000034/list.do?ise=A&searchWrd=&menuNo=200320
- 한국관광공사 관광용어사전 https://kto.visitkorea.or.kr/kor/translation/main.kto
- 한림대학교의학용어사전

  https://www.hallym.or.kr/hallymuniv_sub.asp?left_menu=left_health&screen=ptp118
- 현대 글로비스 자동차 용어사전 https://www.glovisaa.com/carlife/carDicList.do\
- Computer Hope (컴퓨터관련용어사전)

  https://www.computerhope.com/jargon.htm
- Urban Dictionary https://www.urbandictionary.com

기타 유용한 자료(가나다 순서)

- 네이버 영어사전 https://en.dict.naver.com/#/main
- Oxford Learner's Dictionaries https://www.oxfordlearnersdictionaries.com
- Project Gutenberg Free eBooks https://www.gutenberg.org
- Subtitle Edit(영상번역프로그램) https://nikse.dk/SubtitleEdit

SDL Trados Studio 입문

펴 낸 곳 | 인천대학교 출판부
펴 낸 이 | 양운근
저　　자 | 정채관·현성필

초판 1쇄 인쇄 2021년 2월 20일
초판 1쇄 발행 2021년 2월 20일

출판등록 | 제2009-000010호(2006년 2월 9일)
출판부장 | 김창희
주　　소 | 22012 인천광역시 연수구 아카데미로 119(송도동)
19호관 2층 208호 대학출판부
전　　화 | (032) 835-9941
팩　　스 | (032) 835-0836
이 메 일 | chgs50@inu.ac.kr
(주문상담_조길수)

가격 27,000원
ISBN 979-11-89007-23-2